21世纪法学系列教材

刑事法律系列

刑事侦查学

第二版

杨殿升 张若羽 张玉镶 编著

北京大学出版社
PEKING UNIVERSITY PRESS

新登字(京)159 号

图书在版编目(CIP)数据

刑事侦查学(第二版)/杨殿升等编著.—2 版.—北京:北京大学出版社,2001.7
ISBN 978-7-301-02296-2

Ⅰ.刑… Ⅱ.杨… Ⅲ.刑事侦查-理论 Ⅳ.D918

书　　　　名:	刑事侦查学(第二版)
著作责任者:	杨殿升 等编著
责 任 编 辑:	杨立范
标 准 书 号:	ISBN 978-7-301-02296-2/D·0221
出 版 发 行:	北京大学出版社
地　　　　址:	北京市海淀区成府路 205 号　100871
网　　　　址:	http://www.pup.cn
电　　　　话:	邮购部 62752015　发行部 62750672　编辑部 62752027
	出版部 62754962
电 子 邮 箱:	law@pup.pku.edu.cn
印　刷　者:	北京虎彩文化传播有限公司
经　销　者:	新华书店
	730 毫米×980 毫米　16 开本　17.75 印张　360 千字
	2001 年 7 月第 2 版重排本　2023 年 1 月第 33 次印刷
定　　　　价:	38.00 元

未经许可,不得以任何方式复制或抄袭本书之部分或全部内容。
版权所有,侵权必究
举报电话:010-62752024　电子邮箱:fd@pup.pku.edu.cn

内 容 简 介

本书是刑事侦查综合型理论著作。全书由导论、刑事技术、侦查措施和侦查方法四部分组成，共二十五章。作者在深入实际调查研究的基础上，广泛吸收了当代刑事侦查学的最新成果，对刑事侦查的基本理论和重大实践问题作了全面、系统、深入的论述。本书内容丰富，具有很强的科学性、知识性和实用性，适合于刑事侦查学教学、科研工作者，侦查人员及其他司法实际工作者，在校大学生和自学法学的人阅读。

说　明

本书是北京大学教材，主要供法律系学生学习刑事侦查学课程之用。

我们在80年代初曾编写一本《刑事侦查学》，1983年6月由北京大学出版社出版，迄今已逾十几年。其间，我国刑事侦查学的理论和实践已经有了很大发展。为了适应当前形势发展的需要，更好地为实践服务，我们在该书的基础上，重新编写了《刑事侦查学》（第二版）。

这一新编教材对原教材的体系作了重大变动，充实了许多新的内容。在编撰中，我们努力反映刑事侦查学的最新成果，力求达到科学性、知识性和实用性的统一。由于我们的水平和经验所限，本书疏漏不妥之处在所难免，希望读者予以批评指正。

本书第一、二、九、十、十二、十三、十四、十五、十六、十七、十八、二十、二十一、二十二、二十三、二十四、二十五章和第七章的第一、二、三节由杨殿升执笔；第四、八、十九章由张若羽执笔；第三、五、六、十一章和第七章的第四、五、六、七节由张玉镶执笔。最后由杨殿升统一修改定稿。

本书在编撰过程中，曾得到蓝绍江、张文生、孙东东等同志的热情支持和帮助，在此一并致谢。

编　者
2001年5月

目　录

第一章　导论 ··· (1)
　　第一节　刑事侦查学的对象和体系 ····················· (1)
　　第二节　刑事侦查学与邻近学科的关系 ··············· (4)
　　第三节　刑事侦查学的研究方法 ·························· (7)
第二章　刑事侦查的任务和原则 ···························· (10)
　　第一节　刑事侦查的概念 ··································· (10)
　　第二节　刑事侦查的任务 ··································· (12)
　　第三节　刑事侦查的原则 ··································· (15)
第三章　刑事技术鉴定概述 ·································· (19)
　　第一节　刑事技术鉴定的概念和作用 ·················· (19)
　　第二节　刑事技术鉴定的类型 ···························· (20)
　　第三节　刑事技术鉴定的程序 ···························· (21)
　　第四节　同一鉴定 ··· (23)
　　第五节　种属鉴定 ··· (30)
第四章　刑事照相 ·· (33)
　　第一节　刑事照相的任务 ··································· (33)
　　第二节　刑事现场照相 ······································ (33)
　　第三节　痕迹照相 ··· (37)
　　第四节　文书翻拍与复印 ··································· (39)
　　第五节　检验照相 ··· (40)
　　第六节　辨认照相 ··· (46)
第五章　痕迹勘验 ·· (48)
　　第一节　痕迹勘验的对象和任务 ·························· (48)
　　第二节　形象痕迹的形成及分类 ·························· (49)
　　第三节　手印勘验 ··· (51)
　　第四节　脚印勘验 ··· (60)
　　第五节　人牙印勘验 ·· (67)
　　第六节　工具痕迹勘验 ······································ (68)
　　第七节　开锁和破坏锁痕迹勘验 ·························· (71)
　　第八节　车辆痕迹勘验 ······································ (73)
　　第九节　断离痕迹勘验 ······································ (75)

第六章　枪弹勘验 (78)
  第一节　枪弹勘验的概念和任务 (78)
  第二节　枪弹的种类和构造 (78)
  第三节　枪弹射击痕迹和射击附带物质 (79)
  第四节　寻找和提取射击枪弹及射击附带物质 (82)
  第五节　枪击现场分析判断 (83)

第七章　文书检验 (87)
  第一节　文书检验的概念和任务 (87)
  第二节　书写习惯的特定性和稳定性 (88)
  第三节　书写文字的特征 (92)
  第四节　非书写文字及文书物质材料的特征 (95)
  第五节　现场文书物证的发现和提取 (98)
  第六节　对案情的分析判断 (99)
  第七节　文书样本的收集 (101)

第八章　刑事登记 (103)
  第一节　刑事登记的概念和意义 (103)
  第二节　十指指纹登记 (104)
  第三节　单指纹登记 (109)
  第四节　其他几种刑事登记 (110)

第九章　现场勘查 (112)
  第一节　犯罪现场的概念和种类 (112)
  第二节　现场勘查的任务和基本原则 (117)
  第三节　现场保护 (120)
  第四节　现场勘查的组织领导 (122)
  第五节　现场勘验 (125)
  第六节　制作现场勘验记录 (129)
  第七节　现场访问 (135)
  第八节　现场分析 (139)
  第九节　现场勘查后的处理 (144)

第十章　侦查破案 (145)
  第一节　侦查破案的概念和意义 (145)
  第二节　立案 (146)
  第三节　制定侦查计划 (150)
  第四节　寻找线索，发现和认定犯罪人 (153)
  第五节　破案 (159)

第十一章 侦查实验 (161)
   第一节 侦查实验的概念和种类 (161)
   第二节 侦查实验的任务和规则 (162)
   第三节 侦查实验的组织实施 (163)
   第四节 侦查实验结果的审查和运用 (164)

第十二章 辨认 (166)
   第一节 辨认的概念和种类 (166)
   第二节 辨认的规则 (167)
   第三节 辨认的方法 (168)
   第四节 辨认结果的分析评断 (173)

第十三章 询问 (175)
   第一节 询问的概念和意义 (175)
   第二节 询问证人 (176)
   第三节 询问被害人 (180)

第十四章 搜查和扣押 (184)
   第一节 搜查的概念和搜查前的准备 (184)
   第二节 搜查的程序和方法 (185)
   第三节 扣押的概念、程序和方法 (187)

第十五章 侦缉措施 (190)
   第一节 追缉堵截 (190)
   第二节 通缉、通报 (191)
   第三节 控制销赃 (193)
   第四节 拘留、逮捕 (195)

第十六章 讯问 (200)
   第一节 讯问的概念和任务 (200)
   第二节 讯问前的准备 (203)
   第三节 讯问的策略方法 (205)
   第四节 讯问应当注意的问题 (212)

第十七章 杀人案件的侦查 (216)
   第一节 杀人案件的特点 (216)
   第二节 杀人案件的现场勘查和案情分析 (217)
   第三节 侦查杀人案件的一般方法 (225)
   第四节 几种杀人案件的侦查方法 (227)

第十八章 投毒案件的侦查 (230)
   第一节 投毒案件的特点 (230)

第二节　侦查投毒案件的一般方法……………………………(231)
第十九章　放火案件的侦查………………………………………(236)
　　第一节　放火案件的特点…………………………………………(236)
　　第二节　侦查放火案件的一般方法………………………………(237)
第二十章　抢劫案件的侦查………………………………………(242)
　　第一节　抢劫案件的特点…………………………………………(242)
　　第二节　侦查抢劫案件的一般方法………………………………(243)
第二十一章　强奸案件的侦查……………………………………(247)
　　第一节　强奸案件的特点…………………………………………(247)
　　第二节　侦查强奸案件的一般方法………………………………(248)
第二十二章　盗窃案件的侦查……………………………………(251)
　　第一节　盗窃案件的特点…………………………………………(251)
　　第二节　侦破入室盗窃案件的一般方法…………………………(252)
　　第三节　侦破扒窃案件的一般方法………………………………(258)
第二十三章　诈骗案件的侦查……………………………………(261)
　　第一节　诈骗案件的特点…………………………………………(261)
　　第二节　侦查诈骗案件的一般方法………………………………(262)
第二十四章　贪污案件的侦查……………………………………(264)
　　第一节　贪污案件的特点…………………………………………(264)
　　第二节　侦查贪污案件的一般方法………………………………(266)
第二十五章　贿赂案件的侦查……………………………………(269)
　　第一节　贿赂案件的特点…………………………………………(269)
　　第二节　侦查贿赂案件的一般方法………………………………(271)

第一章 导 论

第一节 刑事侦查学的对象和体系

一、刑事侦查学的对象

任何一门科学都有自己的研究对象。这种研究对象的特殊性,是一门科学区别于其他科学的依据。毛泽东曾经指出:"科学研究的区分,就是根据科学对象所具有的特殊的矛盾性。因此,对于某一现象的领域所特有的某一种矛盾的研究,就构成某一门科学的对象。"① 刑事侦查学作为一门科学,当然有其特定的研究对象。它是以侦查机关在同犯罪作斗争中所采用的各种侦查措施、技术手段和策略方法为研究对象的科学。简而言之,刑事侦查学是一门研究侦查犯罪的措施、手段和方法的专门科学。它的研究对象是由刑事技术手段、侦查措施和侦查方法三个方面的基本内容构成的。

所谓刑事技术手段,是指为了发现、提取、固定、检验物证和防范控制犯罪而采取的各种科学技术方法的总称。主要包括刑事照相、痕迹检验、枪弹检验、文书检验、笔迹鉴定、指纹鉴定、物证化验、外貌识别和人像鉴定,以及指纹档案管理和犯罪防范技术,等等。随着科学技术的飞速发展,原来属于刑事技术重要组成部分的法医检验、司法精神病鉴定等,相继从刑事技术中分离出来,成为独立的学科。但是,在刑事侦查实践中,法医学、司法精神病学等学科同刑事技术有着极为密切的联系,所以,广义的刑事技术中应当包括法医检验、司法精神病鉴定、司法化学检验、司法会计鉴定、声纹鉴定等内容。

所谓侦查措施,是指侦查机关对犯罪案件实施侦查所采取的各种策略方法。主要包括:现场勘查、侦查实验、询问、搜查、扣押物证、通缉、通报、讯问等项措施,以及实施各项侦查措施应当采取的策略方法。

所谓侦查方法,是指各项侦查措施和技术手段在侦查破案中的综合运用。包括侦查破案的一般方法和侦破各类案件的具体方法。侦查破案的一般方法,是指侦查机关侦破各类犯罪案件所采取的侦查步骤和一般的策略方法,诸如有关立案、制定侦查计划、发现和审查犯罪嫌疑线索、收集证据以及破案和结束侦

---

① 《毛泽东选集》,人民出版社 1991 年版(下同),第 1 卷,第 309 页。

查等整个侦查活动的程序和策略方法。侦查破案的具体方法，是指根据各种不同种类犯罪的特点而采取的有针对性的策略方法。如杀人案件的侦查方法、抢劫案件的侦查方法、盗窃案件的侦查方法，等等。

在侦查实践中，侦查措施、刑事技术手段和侦查方法三者是有机结合、密不可分的。例如，现场勘查，这是一项重要的侦查措施。为了达到现场勘查的目的，首先必须正确地进行现场实地勘验和现场访问，并且对现场勘查中所获得的材料认真地进行分析研究，以便正确地确定侦查方向和侦查范围。同时，还需要运用刑事技术手段发现、提取、固定犯罪分子在作案时遗留下来的各种痕迹物证，客观真实地记录现场情况，为揭露和证实犯罪提供可靠的证据。至于案件的侦查方法，则是各种侦查措施和刑事技术手段的综合运用。如果离开了各种侦查措施和刑事技术手段的相互配合和综合运用，对案件的侦查工作就不可能正确有效地进行。实践证明，对具体案件的侦查活动能否取得成功，这不仅取决于侦查人员所运用的某项侦查措施或技术手段是否正确，而且还取决于所选择的各种侦查措施、手段能否做到有机联系，相互配合。即各种侦查措施、手段的整体效应能否在侦查破案过程中得到充分有效地发挥。这就要求侦查人员既要精通各种侦查措施，又要掌握刑事技术知识，并且要善于根据各种案件的不同特点，正确运用各种侦查策略方法和技术手段，不断提高侦查艺术。

我国同刑事犯罪作斗争，历来坚持打击与防范相结合的方针。侦查机关的基本任务是对已经发生的犯罪案件，积极开展侦查活动，及时准确地查明案情，揭露和证实犯罪，查获犯罪人，使之受到应得的惩罚，同时还应积极主动做好防范控制工作，主动出击，先发制敌，力争把犯罪活动制止在预谋阶段，以预防和减少犯罪案件的发生，确保国家和人民的安全。因此，刑事侦查学除了研究侦查犯罪的措施、手段和方法外，还应研究每个时期犯罪活动的规律特点，以及通过侦查破案防范和控制犯罪的有效措施。

刑事侦查学是以我国刑事侦查实践为基础的，是对刑事侦查实践经验的科学总结和理论概括。但是，刑事侦查学作为一门研究犯罪侦查的专门科学，其研究对象不能仅仅局限于国内的刑事侦查实践，还应以马克思列宁主义、毛泽东思想为指导，深入系统地研究我国历史上和外国有关犯罪侦查的理论和方法，从中汲取和借鉴对我有用的东西，以便达到古为今用，洋为中用的目的，不断丰富刑事侦查学的内容。

在我国，关于刑事犯罪有两种含义：一种是指我国刑法规定的一切犯罪，既包括危害国家安全犯罪，也包括其他刑事犯罪；一种仅仅指危害国家安全犯罪以外的其他刑事犯罪，又称普通刑事犯罪，诸如杀人罪、放火罪、抢劫罪、盗窃罪、流氓罪、贪污罪、贿赂罪，等等。刑事侦查学是以普通刑事案件的侦查措施、手段和方法为主要研究对象；反革命罪侦查学，则是以各类反革命犯罪案件的侦查措施、手段和方法为主要对象。刑事侦查和反革命罪侦查都属于犯罪侦查,二者的区分主要在于侦查对象的不同。其实,反革命罪侦查与刑事侦查在措施、手段和方法上有许多共同之处,是不可能截然分开的。由此可见,刑事侦查学和反革命罪侦查学是犯罪侦查学的两个组成部分。

二、刑事侦查学的体系

刑事侦查学的体系包括刑事侦查学的学科体系和课程体系两种含义。刑事侦查学的学科体系,是指刑事侦查学所包括的全部内容,以及各部分内容之间的内在联系和结构形式。刑事侦查学的课程体系,是指各类政法公安院系应设立哪些刑事侦查学方面的课程,以及每门具体课程的编、章、节、目的排列次序和相互关系。学科体系与课程体系二者既有联系,又有区别。课程体系是以学科体系为基础的,但是,学科体系的范围要比课程体系广泛得多,它包括各个分支学科。课程体系的范围比较窄,仅限于学科的某一部分内容,但其结构要比学科体系严谨。课程体系的建立应以学科体系为依据,但还要考虑到每门课程的教学目的、学时安排和学生接受能力等因素。所以,同一门课程其体系安排可以有所不同。各类政法公安院校可以根据自己的培养目标,设立一门或若干门刑事侦查学课程,各院校不必强求一律。研究刑事侦查学体系,有助于了解本学科的研究对象和范围,从而弄清本学科同其他学科的联系和区别。

刑事侦查学的学科体系是由各分支学科构成的。它能够反映本学科的当前水平和未来发展趋势。自党的十一届三中全会以来,我国刑事侦查学发展很快,相继出现了许多新的分支学科,已初步形成了比较完整的学科体系。刑事侦查学是一门实践性很强的应用学科。但是从总体上来看,又可分为基础理论和应用理论两大部分。这两个组成部分都有自己下属的分支学科。

刑事侦查学基础理论部分的分支学科主要包括:刑事侦查原理;刑事侦查学总论;刑事侦查心理学,等等。

刑事侦查学应用理论又分为刑事侦查策略方法与刑事科学技术两个部分。刑事侦查策略方法部分的分支学科主要包括:刑事侦查学(不含刑事技术);现场勘查学;预审学;杀人罪的侦查方法;盗窃罪的侦查方法;经济犯罪的侦查方法,等等。

刑事科学技术,又称刑事鉴定学,其下属分支学科主要有:物证检验学;痕迹学;指纹学;枪弹痕迹学;工具痕迹学;足迹学;断离痕迹学;文书检验学;笔迹学;司法化学;司法会计学;法医学;司法精神病学,等等。

上述各分支学科有些已比较成熟,并且有一批专著、教材、论文面世,取得了可喜的成绩,但有的目前还只是个雏形,有待进一步发展。今后,随着现代科技的飞速发展,将会有更多的分支学科相继问世,从而使刑事侦查学的学科体系日臻完善。

本书涉及的内容很广泛,对刑事侦查学各分支学科的基本内容都做了概括阐述。因此,它属于概论的性质,而不属于刑事侦查学的某一分支学科。本书体系由以下五部分构成:

第一部分,导论。主要包括:刑事侦查学的对象和体系;刑事侦查学的研究方法;刑事侦查学与邻近学科的关系。

第二部分,刑事侦查概述。主要包括:刑事侦查的概念、任务和基本原则。

第三部分,刑事技术。主要包括:刑事技术鉴定的概念、种类和程序;刑事技术鉴定中的同一鉴定和种属鉴定;刑事照相;痕迹勘验;枪弹勘验;文书检验;刑事登记。

第四部分,侦查措施。主要包括:现场勘查;侦查破案;侦查实验;辨认;询问;搜查和扣押;侦缉措施;讯问,等等。

第五部分,侦查方法。主要包括:杀人案件的侦查方法;投毒案件的侦查方法;放火案件的侦查方法;抢劫案件的侦查方法;强奸案件的侦查方法;盗窃案件的侦查方法;贪污案件的侦查方法;贿赂案件的侦查方法,等等。

第二节 刑事侦查学与邻近学科的关系

刑事侦查学是法学与自然科学和其他社会科学相互交叉、渗透而形成的一门法学边缘科学,属于边缘法学。刑事侦查学作为多学科相互交叉、渗透的产物,与刑法学、刑事诉讼法学、犯罪学、证据学等学科有着密切联系,而且涉及自然科学和其他社会科学的许多门类。因此,明确刑事侦查学与有关学科的联系和区别,有助于了解本学科在社会主义法学体系中的地位和学习刑事侦查学的目的意义,同时也有助于根据刑事侦查学的特点,掌握正确的研究方法。

一、刑事侦查学与刑法学的关系

刑事侦查学与刑法学之间的联系极为密切。一般而言,刑法学所研究的基本内容是关于犯罪与刑罚问题,即阐明刑法中犯罪的概念,构成犯罪的要件,以及刑罚的种类和适用方法等。我国刑法学的任务,简言之,就是研究如何运用刑罚的方法同犯罪作斗争的问题。刑事侦查学并不直接研究犯罪与刑罚的问题,而是专门研究如何开展侦查活动,及时、准确地揭露犯罪和查获罪犯。但是,刑事侦查学在制定和运用侦查策略和方法时,必须是以某种行为构成犯罪为前提的。如果某种行为根本不构成犯罪,那就谈不上立案侦查的问题。另一方面,刑法所规定的目的和任务也需要通过一系列侦查活动来实现。因为没有强有力的刑事侦查工作,犯罪事实就不可能被查清,罪犯就不可能被查获,当然也就不可能运用刑法对犯罪者进行定罪科刑。由此可见,刑事侦查学所研究的侦查策略和方法是实现刑法规范的重要工具,而刑法学所研究的犯罪与刑罚问题,则是制定刑事侦查策略和方法的法律依据。因此,刑事侦查人员,必须认真学习刑法,搞清楚罪与非罪,反革命罪与其他刑事犯罪的界限,明确各种犯罪的构成要件,以及刑罚的种类和适用方法,只有这样,才能对各种犯罪正确地开展侦查活动,及时准确地揭露和证实犯罪,也才能保证无罪者不受刑事追究。

二、刑事侦查学与刑事诉讼法学的关系

刑事侦查学与刑事诉讼法学也有着密切的联系。我国刑事诉讼法是规定人民法院、人民检察院和公安机关办理刑事案件应当遵守的原则、制度和程序,以及公安、检察、法院三机关的关系和诉讼参与人的权利义务的法律。刑事诉讼法学这门科学主要是研究如何从诉讼程序上保证准确地查明犯罪事实,正确地运用刑法。侦查机关为了准确地查明犯罪事实和查获犯罪人,在侦查破案过程中,必须严格依照刑事诉讼法规定的程序进行活动。但是,侦查工作所包括的内容是极其丰富的,刑事诉讼法作为一门程序法,它只规定进行侦查活动的程序、规则、制度,并不具体规定进行侦查活动应采取的各种策略方法和技术手段。例如,我国《刑事诉讼法》第108条规定:"为了查明案情,在必要的时候,经公安局长批准,可以进行侦查实验。""侦查实验,禁止一切足以造成危险、侮辱人格或者有伤风化的行为。"这里,法律只规定了进行侦查实验的程序和原则,并没有具体规定如何进行侦查实验,即进行侦查实验的步骤和策略方法,以及对侦查实验结果如何进行评断。而这些正是刑事侦查学所要研究的内容。由此可见,刑事侦查学同刑事诉讼法学是既有密切联系,又有明显区别的两个独立的法律学科。具体地说,刑事诉讼法学主要是研究侦查、起诉、审判活动的诉讼程序;而刑事侦查学所研究的则是侦查活动的具体措施和策略方法。

三、刑事侦查学与犯罪学的关系

犯罪学是研究犯罪原因和犯罪预防的科学。它的主要任务是研究犯罪现象产生的原因及其发展、变化的规律,探求预防、减少以至消灭犯罪的途径。刑事侦查学也是研究犯罪现象的科学,它的任务是研究如何运用有效的侦查措施、手段和方法,及时、准确地侦破犯罪案件,抓获犯罪人,以实现保护人民,惩罚犯罪和预防犯罪的目的。由此可见,刑事侦查学与犯罪学二者之间存在着血缘联系。犯罪学的研究成果,诸如犯罪人个性特征,犯罪环境的特点,犯罪的动机等等,为刑事侦查学研究提供了丰富的事实材料和理论依据。另方面,刑事侦查学在研究各类案件侦查方法时所形成的各种典型案例和经验总结等,也为犯罪学研究提供重要资料。因此,二者可以相互借鉴和运用对方的研究成果,促进两个学科

的共同繁荣发展。

四、刑事侦查学与证据学的关系

证据学是以诉讼证据为研究对象的专门科学。它的基本任务是研究有关诉讼证据的法律制度和司法机关运用证据的实践经验。刑事侦查学作为侦查犯罪的科学,其核心问题,是研究在刑事案件侦查过程中,如何运用技术手段发现、固定、提取和检验证据,以揭露和证实犯罪,查获犯罪人。所以,刑事侦查学与证据学二者之间有着十分密切的联系;而且其中有些部分必然会发生交叉或重叠。但是,刑事侦查学和证据学研究诉讼证据的角度是不同的。证据学侧重研究证据的概念、种类、作用及收集、运用证据的法律制度和基本原则,而刑事侦查学则着重研究收集证据的策略方法,以及如何利用自然科学的原理和方法发现、固定、提取和检验痕迹物证。同时,刑事侦查学仅研究刑事诉讼中的证据,而证据学则要对刑事、民事和行政诉讼中如何运用证据进行全面研究,其范围要广泛得多。因此,二者尽管都以诉讼证据为研究对象,但各有自己的研究重点和范围,从而形成两个独立的学科。证据学的研究成果可以为刑事侦查学提供理论依据,而证据学在研究司法机关运用证据的经验时,可以汲取或借鉴刑事侦查学的理论和方法。

五、刑事侦查学与心理学的关系

心理学是以心理现象及其变化规律为研究对象的科学。犯罪心理学作为心理学的一个分支学科与刑事侦查学有着极为密切的联系。犯罪心理学的研究对象有狭义和广义之分。狭义犯罪心理学把犯罪人实施犯罪行为的心理及其客观规律作为研究对象。包括犯罪心理产生的原因;犯罪心理形成变化规律;犯罪人的犯罪心理在犯罪前、犯罪时、犯罪后的不同表现和特征;不同犯罪人的犯罪活动的心理,等等。广义犯罪心理学把与犯罪有关的心理现象都作为研究对象,诸如被害人心理、证人心理、侦查心理、审判心理、罪犯改造心理,等等。对犯罪实施侦查,是一个极其艰巨复杂的过程。在这个过程中必然会涉及到各种不同的人员,出现各种不同的心理现象。其中除了侦查主体(侦查员)和侦查客体(犯罪人)的活动以外,还有犯罪嫌疑人和与犯罪有关的各种人员(如被害人、证人等)的活动。研究这些人的心理现象产生、发展的规律,并且根据这种规律制定影响侦查活动中各种人心理活动的方法,有针对性地优化和强化侦查破案的心理对策,就能够有效地提高侦查破案的能力。由此可见,心理学的理论和方法,对于刑事侦查学来说有着重要的意义。

近几年来,随着现代科学的发展,许多心理学和刑事侦查学研究人员和实际工作者,将心理学的原理和方法,具体运用到刑事侦查实践,使心理学与刑事侦查学相互交叉、渗透而形成了一门新的边缘学科,即刑事侦查心理学或侦查心理学。这就进一步深化了刑事侦查学的研究内容,并拓宽了它的研究领域。

六、刑事侦查学与自然科学和其他社会科学的关系

刑事侦查学作为一门多学科融汇而成的边缘学科,与自然科学和其他社会科学的联系至为密切。在侦查过程中所遇到的技术问题是形形色色,复杂多样的,涉及到自然科学的所有门类,很难说哪一门自然科学是与刑事侦查无关的。另外,社会科学中的哲学、逻辑学、社会学、管理学、伦理学、教育学、统计学等学科的理论和方法对于研究刑事侦查学也具有重要意义。因此,刑事侦查学应广泛吸收和运用其他学科的研究成果,以促进本学科的繁荣发展。

第三节 刑事侦查学的研究方法

我国刑事侦查学与其他法学一样,是建立在辩证唯物主义和历史唯物主义的基础之上的。马克思主义哲学——辩证唯物主义和历史唯物主义是无产阶级的世界观和方法论。它正确地阐明了存在和意识的相互关系,揭示了人类认识的实质、来源和发展的辩证规律,为人们认识世界和能动地改造世界提供了强大的思想武器。对犯罪实施侦查,这是一场极其尖锐复杂的斗争。犯罪分子进行犯罪活动的手段往往是隐蔽狡诈的,他们惯于披上各种合法的外衣,伪造犯罪现场,制造各种假象,以转移侦查视线,或嫁祸于人。而且有些犯罪案件往往与其他事件相互交织,一时真假难分。因此,研究刑事侦查学必须以辩证唯物主义和历史唯物主义为指导,从实际出发,仔细研究犯罪活动的规律特点和刑事侦查实践经验,并以此为依据,制定出一套行之有效侦查措施和策略方法。

辩证唯物主义和历史唯物主义是研究刑事侦查学最基本的方法。在运用辩证唯物主义和历史唯物主义理论指导刑事侦查学研究时,还应采取以下具体方法:

一、理论联系实际的方法

刑事侦查学是一门实践性很强的科学,它的各项侦查措施、技术手段和策略方法都是在总结侦查实践的基础上制定的。实践是检验真理的惟一标准。刑事侦查的理论和方法是否正确有效,就看它是否正确地反映我国刑事侦查实践经验,并且能否经受住刑事侦查实践的检验。辩证唯物主义认为,客观事物是发展变化的。随着国际国内政治经济形势的发展,刑事侦查实践中会不断出现新情况、新问题。这就要求刑事侦查学的研究工作必须紧密结合侦查实践,调查了解侦查实践中运用侦查措施、手段和策略方法的情况,及时总结刑事侦查实践中所

创造的新经验,将其升华为理论,以指导侦查实践。对侦查实践中出现的新情况、新问题,更需要通过深入系统的调查研究,切实摸清情况,确定对策,从理论与实践的结合上作出科学的回答。只有这样,刑事侦查学才能够更好地为侦查实践服务,并使自己在实践中不断丰富和发展。

二、案例分析的方法

刑事侦查部门所破获的各类犯罪案件,是各种侦查措施、手段、方法在侦查实践中成功运用的结果。这就为刑事侦查学研究提供了极其丰富生动的实际资料。通过对大量典型案例的分析研究、归纳综合,就能够从中具体了解犯罪活动的规律特点,总结出侦查破案的成功经验和失败教训。在此基础上,可以进一步制定一系列新的侦查措施和策略方法。这种从个别到一般、从个性到共性的方法,是符合人们认识客观事物的规律的。这是我们研究刑事侦查学经常采用的方法。

三、科学实验的方法

在侦查实践中经常会遇到复杂多样的技术性问题,仅凭一般的调查研究和实地观察是不可能找到答案的,而需要运用现代科学技术手段进行科学实验,以揭示事物本身的各种矛盾及其内在联系,为查明案情提供依据。科学实验的方法不仅对研究刑事技术手段是需要的,而且已被广泛应用于刑事侦查学的各个领域,例如侦查破案过程中的现场实验、侦查实验,就是利用科学实验的方法解决侦查中的专门性问题。

四、与有关学科相联系的方法

刑事侦查学是一门综合型的边缘法学,涉及自然科学和其他社会科学的许多门类。因此,研究刑事侦查学决不能孤立地、封闭式的研究,而应当与其他各有关学科联系起来研究,广泛地吸收和运用相关学科的研究成果。但是,必须明确,刑事侦查学吸收和运用其他科学部门的研究成果,并不是简单地照搬其理论和方法,而是要根据刑事侦查的特点对这些理论和方法进行科学的再加工和实验,使之适合于刑事侦查工作客观要求。

五、比较借鉴的方法

有比较才有鉴别,比较研究的方法是人们认识客观事物的一种科学的方法。刑事侦查学作为我国法学的一个组成部分,当然应当以研究我国刑事侦查实践为主。同时,又决不能闭目塞听,对外国的和我国历史上的侦查制度及其有关理论和方法采取一概拒绝的态度。任何一门科学的建立和发展都不可能是孤立的,必然要从人类文明的宝库中汲取有益的成果。对于刑事侦查学来说,也不例外。近些年来,随着改革开放的深入发展,对外交流日益广泛,国外的犯罪类型、犯罪手法,正在日益渗入我国,国内犯罪已呈现国际化的趋势。我国加入国际刑警组织以后,使我们更加有必要深入了解和研究外国刑事警察机构设置及各国刑事侦查技术、手段的发展情况和实际运用。刑事侦查学研究应该广泛吸收和借鉴我国历史上和当今世界各国的成功经验,通过分析比较,择其精华,去其糟粕,洋为中用,古为今用。只有这样,才能使刑事侦查学适应客观形势发展的需要。

第二章 刑事侦查的任务和原则

第一节 刑事侦查的概念

一、侦查的定义

侦查,是指侦查机关为了收集证据,揭露和证实犯罪,查获犯罪分子,依法进行专门调查和实施强制性措施的活动。侦查是刑事诉讼的一个重要阶段。通常是从立案后开始进行,到案件事实全部查清,作出起诉、不起诉或者撤销案件的决定时终结。

我国《刑事诉讼法》第82条规定:"'侦查'是指公安机关、人民检察院在办理案件过程中,依照法律进行的专门调查工作和有关的强制性措施"。这是关于侦查的法律定义,具体包括以下四层意思:

(一)侦查是侦查机关的专门职权

在我国,侦查权属于公安机关、国家安全机关和人民检察院。所谓侦查权,是指依法收集证据,揭露和证实犯罪,查缉犯罪人,以及实施必要的强制性措施的权力。侦查权属于司法权,是国家权力的重要组成部分。根据我国《刑事诉讼法》第18条的规定,公安机关是我国的主要侦查机关,承担着大部分刑事案件的侦查工作。根据1983年9月2日第六届全国人民代表大会常务委员会第二次会议通过的《全国人民代表大会常务委员会关于国家安全机关行使公安机关的侦查、拘留、预审和执行逮捕职权的决定》,原由公安机关主管的间谍等案件的侦查工作由国家安全机关负责进行。因此,公安机关和国家安全机关是行使国家侦查权的专门机关。

人民检察院是国家的法律监督机关,但享有法律赋予的一定侦查权。我国《刑事诉讼法》第18条第2款规定:"贪污贿赂犯罪,国家工作人员的渎职犯罪,国家机关工作人员利用职权实施的非法拘禁、刑讯逼供、报复陷害、非法搜查的侵犯公民人身权利的犯罪以及侵犯公民民主权利的犯罪,由人民检察院立案侦查"。

上述可见,在我国,侦查权由公安机关、国家安全机关和人民检察院分工行使。其他任何机关、团体、企事业单位和个人,都没有侦查权。如果其他机关、团体、单位或个人擅自行使侦查权,私立专案,私设公堂,非法进行拘人、捕人、搜查抄家等等,就是违法行为,应当追究其法律责任。

根据1982年7月最高人民法院、最高人民检察院、公安部《关于机关、团体和企、事业单位保卫处、科在查破案件时收集的证据材料可以在刑事诉讼中使用的通知》的规定,县(市辖区)属以上的机关、团体和企、事业单位保卫处、科,在公安机关的指导下,查破一般反革命案件和一般刑事案件时,可以依法进行现场勘查、询问证人、讯问被告人、追缴赃款赃物的工作。对于需要逮捕或移送起诉的案件(不含人民检察院直接受理的案件),保卫处、科应将案卷材料连同上述工作所获取的证据材料一并报送县以上公安机关审核同意后,由公安机关提请人民检察院审查决定。保卫处、科依照法律程序所获取的证据材料可以在刑事诉讼中使用。但是,保卫处、科没有逮捕、拘留、预审和搜查的权力。

(二) 侦查是一种专门调查工作

侦查,是侦查机关在办理案件过程中进行的专门调查工作。它主要包括:讯问被告人、询问证人、勘验、检查、搜查、扣押、鉴定、通缉等侦查行为及侦查措施。作为侦查行为的专门调查工作既不同行政调查,也不同于一般的诉讼调查,而是一种特殊的调查工作。其特殊性主要表现在:(1)调查的主体是公安机关、国家安全机关、人民检察院的侦查人员。其他人员(包括侦查机关中的非侦查人员)无权进行此种专门调查工作,但可以被邀请或者受委托参与有关专门调查工作,或者协助侦查人员进行有关专门调查活动。(2)调查的目的是为了收集证据,揭露和证实犯罪,查获犯罪分子。(3)调查的对象是已立案、处在侦查阶段的犯罪事件。(4)调查的方法既可采用公开形式调查,也可采用秘密形式调查,并且具有法律强制性。(5)调查的程序和期限有着具体的法律规定。(6)调查的结果是刑事诉讼的证据。

(三) 侦查是与专门调查工作有关的强制性措施

侦查作为一种专门调查工作是与有关强制性措施密不可分的。刑事侦查中的强制性措施,包括:拘传、取保候审、监视居住、拘留和逮捕等五种。这是依法强行剥夺或者限制被告人人身自由的不同方法。目的是为了防止被告人、现行犯或者重大嫌疑分子逃跑、自杀,隐匿、毁灭、伪造证据和继续犯罪,保障侦查、起诉和审判的顺利进行。

(四) 侦查是一种诉讼活动

侦查是一种诉讼活动,同时又是刑事诉讼程序中的一个重要阶段。它具有严格的法律规范性。侦查机关办理案件必须严格依法进行,禁止用非法的方法进行侦查和获取证据。

上述四个方面是统一的,有机联系着的。只有全面地了解侦查的内容,才能对刑事侦查的概念有正确的理解。

二、侦查与侦察的区别

侦查与侦察是两个含义不同的法律术语。侦查是刑事诉讼法的专用名词,指公安机关和人民检察院在办理刑事案件的过程中,依据刑事诉讼法进行的专门调查和实施强制性措施的活动,是刑事诉讼程序中的一个重要阶段。侦察一般是指公安机关、国家安全机关为了发现、揭露和证实犯罪,依据行政主管机关制定的行政法规而秘密进行的专门调查工作,如跟踪守候、秘密搜查、秘密取证、窃听,等等。由此可见,侦查与侦察二者的法律依据及所采用的方式和手段以及所起的作用等是有区别的,但是二者又是密切联系、相互补充的。为了有效地同犯罪作斗争,应充分发挥这两种手段的作用。

三、刑事侦查的含义

在我国,刑事侦查有两种含义:一种是广义的,指对我国刑法所规定的各种犯罪的侦查;一种是狭义的,指对危害国家安全罪以外的其他刑事犯罪的侦查。从侦查机关的侦查管辖来看,对危害国家安全案件由国家安全机关和公安机关负责侦查;对普通刑事案件由公安机关和人民检察院负责侦查。刑事侦查学中所研究的侦查,主要是指对杀人、放火、爆炸、投毒、强奸、抢劫、盗窃、诈骗、贪污、贿赂、走私、渎职等普通刑事犯罪的侦查,而不包括危害国家安全罪侦查。刑事侦查与危害国家安全罪侦查由于斗争的对象不同,所采用的方法和手段当然有所区别。但是,两者的性质、任务和办案的规则、程序等都是相同的。我国《刑事诉讼法》所规定的专门调查工作和有关的强制性措施,对刑事侦查和危害国家安全罪侦查都是适用的。

我国侦查机关在办理刑事案件的过程中,将侦查阶段分为侦查破案和预审两个环节。前者从立案开始到对被告人、犯罪嫌疑人采取强制措施时止。其主要任务是:查清主要犯罪事实,收集犯罪证据,证实和查获犯罪嫌疑人。后者是从破案起到侦查终结止。其主要任务是:进一步收集和审查证据,查明被告人的全部犯罪事实,并作出起诉或者撤销案件的决定。这两个环节是相互衔接,不可分割的,统称为刑事诉讼中的侦查阶段。

第二节 刑事侦查的任务

刑事侦查是同刑事犯罪作斗争的重要武器。它的基本任务是:收集证据,查明犯罪事实,查获犯罪嫌疑人,制止和预防犯罪,维护社会秩序,保护国家和人民的利益,保障社会主义建设事业的顺利进行。

一、收集证据

证据是指能够证明案件真实情况的一切事实。它在刑事诉讼中占有极其重要的位置,是司法机关正确处理案件的最根本的依据。只有掌握真凭实据,才能客观全面地查清案件事实,才能对被告人有罪或无罪,以及罪重或罪轻作出正确的结论,从而才能正确地适用法律。如果没有证据,就不可能正确地揭露和证实犯罪,使犯罪分子受到应得的惩罚,甚至会发生放纵犯罪分子,误伤好人的错误。因此,收集证据是刑事侦查的一项重要任务,是侦查活动的中心环节。各种侦查措施和策略手段的运用,比如现场勘查,侦查实验,搜查,检查,扣押,辨认,询问证人,讯问被告人,鉴定等等,其主要目的都是为了收集证据。

在侦查实践中,收集证据的内容通常包括以下三个方面:

(一)发现证据

犯罪事件都是已经发生的事实,而且这些事件又是和许多其他事件同时发生、相互交错的,那些能够证明犯罪事件的事实,经常是零散的,淹没在许多其他事实之中,而且很容易遭到破坏,有时还会被人为地加以销毁或掩盖,不容易被发现。因此,在侦查破案过程中,首先必须采取各种有效的策略方法和技术手段,及时、准确地找到能够证明案件真实情况的一切事实,即发现证据。比如,利用科学技术的方法发现犯罪分子遗留在现场上的无色手印和恢复武器上被锉掉的号码;通过搜查发现犯罪分子匿藏的赃物和作案工具;通过调查访问了解到与犯罪有关的各种事实情节,等等。这都是发现证据。

(二)固定和收取证据

发现了证据,这只是获取证据的第一步。要想使被发现的证据能够在刑事诉讼中真正起到证据的作用,还必须把这些事实材料加以固定和收取下来。否则,尽管所发现的事实材料对于证明案件事实很有价值,也不能起到诉讼证据的作用。固定和提取证据的方法,通常有照相,绘图,制作模型,制作各种笔录,以及录音、录像等等,必要时可以提取具有证据意义的物品或文件。

(三)检验和审查证据

对于各种证据必须经过查证属实,才能作为定案的根据。因此,侦查人员对于侦查过程中所发现和提取的每个证据,都必须认真地进行检验,有些应送交技术鉴定部门进行鉴定。例如,有人检举某甲用手枪杀害了某乙。在立案侦查过程中,从某甲的箱子里发现和提取了一只手枪。那么,为了解决这只手枪是否为杀害某乙的凶器问题,就必须进行技术鉴定。经过枪弹检验认定,从某乙身上取下来的弹头正是从某甲这只手枪射出来的。这时,就可以认定某甲的这只手枪就是本案的证据之一。检验证据的方法是多种多样的,除了运用痕迹检验,枪弹检验,物证化验,法医检验,文书检验等刑事技术手段以外,对于某些具有证据意义的痕迹物品,还可以聘请有关科学部门的专家进行鉴定。

办案人员对各种证据材料都必须认真地进行审查判断,以鉴别其真假,查明它们之间的相互联系,以及每个证据材料对证明案件事实的实际意义。最后,还应当在综合分析研究证据材料的基础上,对案件情况作出正确的判断。

二、查明犯罪事实,认定犯罪人

查明犯罪事实,是处理刑事案件的基础。实践表明,只有把案件事实查清楚了,才能正确地适用法律,真正做到定性准确,量刑适当,使犯罪分子受到应得的惩罚,使无罪的人不受刑事追究。因此,全面查明犯罪事实,弄清案件的全貌,准确地认定犯罪人,这是刑事侦查的一项最基本的任务。在侦查过程中,广泛地收集各种证据材料,其目的正是为了查明犯罪事实,证实犯罪人及其犯罪行为。

所谓犯罪事实,就是指犯罪分子实施犯罪行为的时间、地点、手段、动机目的、侵害的对象和所造成的危害后果,以及作案人实施犯罪行为时的年龄、精神状态等。换句话说,就是要查清是什么人实施犯罪,犯了什么罪,用什么手段犯罪,在什么时间、地点犯罪,由于什么原因犯罪,造成了什么样的危害后果,有无责任能力,等等。总之,凡是根据我国刑法的规定已经构成犯罪,并且应当追究刑事责任的各种事实,在侦查过程中都必须周密地进行调查,查得清清楚楚。除此之外,那些与案件无关的事实,或者人们的主观印象、怀疑、猜想、推测和看法等,都不能认为是犯罪事实,当然不能作为处理案件的根据。

三、查获犯罪嫌疑人

犯罪分子的犯罪活动大多是在秘密情况下进行的,作案后又千方百计毁灭罪证,伪造证据,制造假相,掩盖罪行,或者逃跑、躲藏、串供,以及栽赃陷害,嫁祸于人,有的继续进行破坏活动。因此,刑事侦查的另一项重要任务,就是要对犯罪分子或重大犯罪嫌疑分子适时地采取必要的强制性措施,以防止他们逃避侦查、起诉、审判和继续进行犯罪活动。这是刑事侦查工作的基本要求。在侦破过程中,如果发现犯罪分子可能逃跑、自杀或进行新的犯罪活动时,应当迅速采取拘留、逮捕等强制措施。如果犯罪分子已经逃跑,则应立即采取侦缉措施,将其缉拿归案。

四、制止和预防犯罪

刑事侦查的主要任务是侦查破案,力求使一切犯罪案件真相大白,使一切犯罪分子都难逃法网。同时,还要通过侦查活动总结刑事犯罪活动的规律特点,发现和堵塞某些地区、部门工作中存在的漏洞,健全制度,加强防范工作,教育公民增强法制观念,自觉遵守法律,并做好对违法犯罪人员的监督和帮教工作,制止和减少犯罪的发生。

刑事侦查在同刑事犯罪作斗争中具有着十分重要的意义,它是打击敌人,惩罚犯罪的重要武器。如果没有强有力的刑事侦查工作,就不可能及时、准确地揭露犯罪和证实犯罪,也就不可能有效地制止和打击犯罪分子的破坏活动。另外,刑事侦查作为刑事诉讼过程的第一道"工序",在整个刑事诉讼过程中占有很重要的地位。只有通过侦查活动,收集了充分的证据材料,查明了犯罪事实,查获了犯罪人以后,才能对案件提起公诉和进行审理。所以刑事侦查是整个刑事诉讼活动的基础。侦查工作进行的好坏,对案件能否得到正确、及时的处理,有着直接的影响。

第三节 刑事侦查的原则

刑事侦查的原则,是指刑事侦查人员进行侦查活动必须遵循的基本准则,其目的是为了保障刑事侦查活动的正确进行。刑事侦查作为刑事诉讼活动的一个重要阶段,它的一切活动都必须严格遵守刑事诉讼法所规定的基本原则,诸如,公安、检察、法院三机关分工负责,互相配合,互相制约,以事实为根据、以法律为准绳,对一切公民在适用法律上一律平等,被告人有权获得辩护,用民族语言文字进行诉讼,等等。所有这些基本原则对于刑事侦查都是适用的,在侦查活动中都必须严格遵守。此外,还有几项原则也是必须遵守的。

一、依靠群众,实行专门工作与群众路线相结合

在侦查活动中,坚持实行群众路线,这是我国刑事侦查工作的优良传统,也是我国刑事侦查工作区别于一切剥削阶级国家刑事侦查工作的根本标志。我国是人民民主专政的社会主义国家。人民群众是人民民主专政的力量源泉,是战胜一切敌人的根本保证。如果脱离了人民群众就不是人民民主专政,至少不是巩固的人民民主专政。实践证明,刑事侦查工作只有认真切实地依靠广大人民群众,扎根于群众之中,才能及时、准确地揭露和证实犯罪,有效地制止和打击刑事犯罪分子的破坏活动。

刑事犯罪分子的犯罪行为直接危害着国家和人民群众的利益,为广大人民群众所深恶痛绝,制止和打击刑事犯罪分子的破坏活动,代表了人民群众的利益,反映了人民群众的要求,必然会得到广大人民群众的积极支持。而刑事犯罪分子又是混杂在群众之中的,他们进行任何犯罪活动,总会露出破绽,留下痕迹,终究逃不脱人民群众警惕的眼睛。因此,只要我们坚定地相信群众、依靠群众,正确地贯彻群众路线,那就不管犯罪分子隐藏得多么深,手段多么狡猾,都难逃法律的制裁。同时,人民群众人多、目广,想得周到,看得全面,侦查工作进行得

是否正确,群众最清楚。因此,刑事侦查工作只有置于群众的监督之下,才能不犯错误或少犯错误,即使犯了错误,也容易发现和纠正。

由此可见,实行群众路线,是刑事侦查工作取得胜利的根本保证。每个刑事侦查人员都必须牢固地树立起依靠群众的观点,相信群众,依靠群众,自觉地贯彻群众路线。在侦查破案过程中,要坚持深入群众调查访问,积极地发动和组织广大人民群众同刑事犯罪作斗争,要同广大人民群众保持密切的联系,虚心倾听群众的意见,接受群众的监督。

应该指出,我们强调走群众路线,并不意味着可以削弱刑事侦查机关的专门工作,更不是说可以用群众斗争来代替侦查工作,而是实行专门工作与群众路线相结合的方针。人民群众是人民民主专政的基础和力量源泉,专门工作是人民群众手中的武器。只有把专门工作同广大人民群众很好地结合起来,才能充分发挥人民民主专政的强大威力。

二、实事求是,一切从实际出发

实事求是,一切从实际出发,这是辩证唯物主义的思想方法和工作方法的根本之点,是刑事诉讼活动的核心问题,对刑事侦查工作来说,有着特别重要的意义。

如前所述,刑事侦查的基本任务是要准确地查明案件的真实情况,使真正的犯罪分子难逃法网,使无罪者不致受刑事追究。这是一项极其艰巨、复杂的工作。为了达到上述目的,就要求侦查工作一定要从客观实际情况出发,忠实于事实真相,实事求是,调查研究,重证据,不轻信口供,严禁刑讯逼供,坚决反对先入为主,主观臆断,偏听偏信等主观主义和形而上学的思想方法和工作作风。

要坚持实事求是,就必须以实践作为检验真理的惟一标准,要敢于坚持真理、修正错误。侦查人员对案件情况所作的分析判断和对犯罪嫌疑人的确定,往往并不是从一开始就完全正确的,不可避免地会有这样或那样的错误。因此,在案件侦破过程中,凡是经过实践检验,证明是不符合客观实际的认识,就要及时予以纠正,力求使侦查人员的主观认识符合于案件的客观实际,以达到准确破案的目的。

要坚持实事求是,还必须做到全面细致。这就要求在侦查过程中,一定要全面查清与案件有关的一切情况(如犯罪的时间、地点、方法手段、动机目的,以及作案的过程和所造成的危害后果,等等);仔细地发现和收集各种证据材料,即使是一些很微小的痕迹、物品(如一根毛发、一滴血等)也不能漏掉。既要注意收集能够证实被告人有罪或犯罪情节重的证据,也要注意收集被告人无罪或犯罪情节轻的证据。对于任何证据都要反复核实,鉴别其真伪及其证明案件事实的价值。对案件中出现的任何疑点和矛盾都必须彻底调查清楚。总之,必须实事求是地作出肯定或否定犯罪以及罪重或罪轻的结论。

三、积极侦查，及时破案

刑事犯罪案件时间性很强，一般都是现行破坏，侵害的对象广泛，危害性大，而且大多具有预谋时间短、作案快，销赃和毁灭罪证快，逃跑快，流窜性大等特点。针对这种情况，要求侦查工作一定要行动迅速敏捷，以快制快，不给犯罪分子以喘息、逃跑、隐匿和毁灭罪证以及继续进行破坏活动的机会。

所谓积极侦查，就是要抓住发案不久，犯罪现场上遗留的痕迹、物证比较明显，罪犯未能远逃，群众记忆犹新的有利时机，争取以最短的时间、最快的速度，迅速地赶赴现场，及时地进行勘验和访问，尽快发现线索，获取证据。在此基础上，还应尽快地对案件作出分析判断，确定侦查方向和侦查范围，制定侦查方案，迅速部署力量开展侦查活动。如果发现犯罪分子潜逃，就要立即部署追缉堵截，不让犯罪分子跑掉。在侦查过程中，要根据案情的需要，积极大胆地使用各种侦查手段，尽快查明犯罪事实，及时地发现和收集各种证据材料，准确地认定和查获罪犯。简而言之，就是要求侦查机关从接到报案时起，现场勘查，调查访问，认定案情性质一直到侦查部署，线索查证，追捕罪犯等每个环节都必须以最快的速度抓紧进行，不允许有任何耽搁延误。

所谓及时破案，就是指经过侦查，对于主要的犯罪事实已经查清核实，并且取得了确凿证据以后，应当立即破案，以防止犯罪分子逃脱法网或者继续进行犯罪活动。

积极侦查，及时破案，这不仅是个工作方法问题，而且是一个工作态度和工作作风问题。它要求侦查人员必须具有高度的政治责任感和雷厉风行的战斗作风。当刑事案件发生后，无论是白天黑夜，还是严寒酷暑，都能迅速赶赴现场及时勘查，连续作战，直到破案。

总之，依靠群众，抓住战机，积极侦查，及时破案，是我国刑事侦查工作行之有效的方针。它反映了同刑事犯罪作斗争的特点，是多年来同刑事犯罪作斗争的经验总结。只要全面贯彻这一方针，就能取得斗争的主动权，使侦查活动得以顺利进行。否则，作风拖拉，行动迟缓，失掉战机，就会给侦破工作造成极大的困难，甚至长期破不了案。当然，我们强调刑事侦查工作要迅速及时，并不意味着可以不讲办案质量，盲目图快，更不能以审代侦，以拘代侦，非法侵犯公民的人身权利和民主权利。而是在保证办案质量的前提下，努力提高办案效率，真正做到及时、准确，勿枉勿纵。

四、正确执行法律，严格依法办案

刑事侦查处在刑事诉讼活动的第一道关口，斗争尖锐复杂。搞得好，能够及时准确地制止和打击敌人,惩罚犯罪,有效地保护人民;搞得不好,很容易放纵罪犯,伤害好人。为了保证侦查活动的正确进行,防止发生偏差和错误,侦查机关在侦查破案时,必须严格依法办案,真正做到有法必依,执法必严,违法必究。

法律是统治阶级意志的集中表现,是统治阶级实现阶级统治的工具。正如列宁所指出的:"意志如果是国家的意志,就应该表现为政权机关所制定的法律,否则,'意志'一词不过是放空炮而已。"① 历史上任何一个统治阶级为了维护本阶级的利益,巩固自己的统治,都必须制定自己的法律。我国无产阶级和广大人民在取得政权以后,也同样要以法律为武器来镇压敌人的反抗,维护革命秩序,巩固自己的政权。由此可见,社会主义的法律是无产阶级和广大人民群众自己制定的,集中了无产阶级和广大人民群众的意志,代表着最大多数人的利益,是打击敌人,惩罚犯罪,保护人民的有力武器。因此,只要严格依法办案,就能够使侦查活动进行得更正确,更科学,更符合人民的要求,保证胜利完成任务。

要坚持依法办案,就要求在侦查破案的各个环节都必须严格遵守我国刑法、刑事诉讼法和其他有关法律的规定。具体地说,就是要严格地以刑法为准绳来分析认定被告人有罪或无罪,罪轻或罪重,以及是否应当追究刑事责任;在实施勘验、检查、询问证人、侦查实验、搜查、扣押、鉴定、讯问被告人等侦查行为时,一定要遵守刑事诉讼法规定的程序;对犯罪嫌疑人实行逮捕、拘留等强制措施时,一定要符合法律定的范围和条件,并且要严格执行审批制度和法律程序,严格遵守法定期限。坚决反对那种乱拘、乱捕、刑讯逼供等违法乱纪的行为。

要坚持依法办案,要求侦查人员必须首先学法、懂法。全面领会刑法、刑事诉讼法和其他法律的基本内容和精神实质,弄清罪与非罪、反革命罪与其他刑事犯罪的界限,以及各种刑罚的适用范围;懂得办案的诉讼程序,深刻认识加强社会主义法制的重要意义,从而进一步增强法制观念,自觉地维护法律的尊严,养成依法办事的习惯,提高执法水平。

---

① 《列宁全集》,人民出版社1985年版,第30卷,第308页。

第三章 刑事技术鉴定概述

第一节 刑事技术鉴定的概念和作用

一、刑事技术鉴定的概念

刑事技术鉴定,是指司法机关指派或聘请鉴定人就案件中涉及的某些专门性问题进行的科学检验、鉴别活动。在侦查中,刑事技术鉴定是一种重要的侦查措施。它对于正确地认定犯罪事实,准确地揭露和证实犯罪具有重要意义。

在我国,刑事技术鉴定权属于公安(含国家安全)机关、人民检察院和人民法院,除此之外,其他任何部门或单位都无刑事技术鉴定权,就是说,只有上述专门机关才可以决定是否需要举行刑事技术鉴定。当事人只能向司法机关申请鉴定、补充鉴定或重新鉴定。但是,刑事技术鉴定又不是通过侦查人员、检察官、法官自身来完成的,而是由公安司法机关指派、聘请的具有鉴定资格的鉴定人来实现的。鉴定人员(包括专职鉴定人员和其他具有专门知识的人)不能擅自进行鉴定。不难看出,鉴定权和鉴定资格是不同的,鉴定权是指行使鉴定这一职责范围内的支配力量;鉴定资格则是指从事鉴定所应具备的条件、身分等。二者不能混淆。我国刑事诉讼法第119条规定:"为了查明案情,需要解决案件中某些专门性问题的时候,应当指派、聘请有专门知识的人进行鉴定。"法律之所以对鉴定权和鉴定资格加以明确规定,是因为:(1)刑事诉讼中的鉴定权是国家权力的组成部分,只有由国家通过法律授予特定的国家机关行使,才能有效地保证这一权力的完整性、统一性。(2)鉴定作为侦查、审判活动的一项重要措施,必然涉及到当事人的人身权利和其他权利,只有由特定的国家机关行使鉴定权,决定是否举行鉴定,才能保证鉴定的法律上的严肃性。(3)鉴定是一项技术性很强的专门工作,由特定的国家机关指派或聘请具有鉴定资格的专职鉴定人员或其他具有专门知识的人进行鉴定,可以保证鉴定结论的权威性,有利于总结鉴定经验,改进和提高鉴定技术。

二、刑事技术鉴定的对象

刑事技术鉴定的对象,是指需要通过刑事技术鉴定加以解决的专门性问题,根据公安部制定的《刑事技术鉴定规则》第2条规定:"刑事技术鉴定的范围:必须是与犯罪案件有关的物品、文件、痕迹、人身、尸体。"在刑事诉讼中,通常进行的有:痕迹鉴定、文书鉴定、枪弹鉴定、外貌相片鉴定、司法化学鉴定、法医学鉴定、司法精神病学鉴定、司法会计鉴定,等等。

三、刑事技术鉴定的作用

刑事技术鉴定主要有以下几方面作用:

(一)是查明案件事实的重要手段。侦查工作的首要任务是及时查清案件事实,包括犯罪事实是否发生,案件的性质,犯罪的动机、目的、时间、地点、方法、手段、原因、结果以及犯罪人的具体情况,等等。其中有些问题需要运用一定的专门知识和技能才能认识和鉴别。所以,刑事技术鉴定在侦查中往往起着其他侦查措施所不可替代的特殊的作用。

(二)刑事技术鉴定结论是一种重要的诉讼证据,能够为案件的侦查、起诉、审判提供科学依据。

(三)是甄别案内其他证据的科学方法。由于刑事技术鉴定结论的科学性,通过刑事鉴定可以审查被告人口供、证人证言、被害人陈述和其他证据是否真实可靠。

第二节 刑事技术鉴定的类型

刑事技术鉴定常常按其所能解决的问题,分为以下几大类:

第一类:同一鉴定。以解决被鉴定同一客体是否同一为目的的鉴定。该类鉴定按被鉴定同一客体的物质反映形象可以分为以下几种:

(一)根据被鉴定同一客体外表结构的物质反映形象进行的同一鉴定。这是常见的一种同一鉴定。比如根据手印、赤脚印、牙印鉴定遗留手印、赤脚印、牙印的人的同一;根据鞋印鉴定鞋子的同一;根据工具痕迹鉴定造型工具的同一;根据弹头、弹壳上的发射痕迹鉴定发射枪支的同一等。

(二)根据被鉴定同一客体断离的物质反映形象进行的同一鉴定。这种鉴定相对来说比较少见。它是根据被鉴定同一客体的分离线(或面)以及断离处的固有的和附加的特征进行的。其目的是认定被断离的各部分原来是否属于一个整体。比如对断裂的刀刃、锯断的木头、拆卸的机器零件进行的各断离部分是否原同属一个整体的鉴定,都是这种鉴定。

(三)根据被鉴定同一客体(人)动作习惯的物质反映形象进行的同一鉴定。人的任何一种动作习惯都是人体的有关器官在大脑的指挥下,通过一个动作的反复进行而逐渐形成的动力定型所决定的。由于大脑皮层动力定型在形成的过程中每个人的主观因素的不同,而显现出人各不同的特性;又由于其一经形成,就难以改变,而具有相对稳定性。所以,根据人的大脑皮层动力定型所决定的动作习惯的物质反映形象是可以进行人的同一鉴定的。目前,我们能够据以进行同一鉴定的只有笔迹(人的书写习惯的物质反映和表现)。根据脚印中的步法特征(人行走习惯在单个脚印和成趟脚印中的反映和表现)进行的同一鉴定的问题正在研究。

第二类:种属鉴定。以解决与案件有关的物质、物品种类属性为目的一类鉴定。这类鉴定按鉴定的对象分为文书物质材料鉴定,射击残留物鉴定,爆炸物质鉴定,金属物质材料鉴定,毒物毒品鉴定,微量附着物鉴定,生物物证鉴定等。

第三类:因果鉴定。以解决造成某种事实结果和引起某种事件发生的原因为目的所进行的一类鉴定。这类鉴定按鉴定所解决的问题,常见的有:死亡原因鉴定,爆炸原因鉴定,起火原因鉴定,枪支走火原因鉴定,事故原因鉴定等。这类鉴定涉及法医学、司法精神病学、痕迹学、枪弹痕迹学、文书鉴定学等几乎全部司法鉴定学分支学科,在刑事技术鉴定中占有非常重要的地位。

第三节 刑事技术鉴定的程序

刑事技术鉴定应按照以下程序进行:

一、指派或聘请鉴定人

刑事技术鉴定人是指经司法机关指派或者聘请,运用其专门知识或者技能,对犯罪案件中某些专门性的问题进行检验、鉴别并提出判断意见的诉讼参与人。指派的对象是经委任专门担任刑事技术鉴定职务的人,如专门从事痕迹、笔迹鉴定的人。聘请的对象是临时担任鉴定工作的人员,如医院的医生、学校和科研部门的有关专家、教授等。

司法机关决定进行刑事技术鉴定后,即应指派或者聘请鉴定人,并向其指出需要鉴定的专门性问题。为了保证客观公正地进行鉴定,司法机关指派或聘请鉴定人应注意以下问题:

(一)被指派、聘请的人必须具有鉴定资格。即必须具备解决鉴定所要解决的问题的专门知识、技能和必要的仪器设备。根据《刑事技术鉴定规则》规定,刑事技术鉴定必须由具有鉴定员以上职称的专业技术人员担任。本人或者近亲属与案件有利害关系的人,担任过本案的侦查人员,证人或者与本案当事人有其他关系,可能影响公正鉴定的人,不能充当鉴定人。

(二)刑事技术鉴定通常由一个或二个鉴定人独任鉴定或合议鉴定。如果案件涉及多种专门性问题,则应分别指派、聘请对口专家进行综合鉴定或组织"会商鉴定"。

（三）应向鉴定人提供鉴定必需的各种材料。一般要提交原物，如果因条件限制，亦可提供复制品。当鉴定的目的是解决被鉴定客体是否同一或解决物质的种属问题时，还必须提交供鉴定用的样本材料。

（四）要事先发出指派、聘请的正式委托书。

二、鉴定的受理

一般要做好以下几项工作：

（一）查验委托公函。进行刑事技术鉴定必须有司法机关的委托公函，否则不得受理。

（二）核对送检材料的名称、数量，分清哪些是案件中的有关物质、物品、痕迹或文书，哪些是样本材料，两者不得混淆。

（三）了解与鉴定有关的情况。必要时，鉴定人经司法机关的许可，可以查阅有关的案件材料，或者参加现场勘验和侦查实验。

（四）了解鉴定的目的和要求，即通过鉴定所要解决的问题。对委托单位提出的鉴定目的和要求，鉴定人无权修改。如果因受专门知识的限制，或者因鉴定材料不足，不能解决鉴定所要解决的问题则应拒绝受理。

（五）查验样本材料的来源和收集方法是否符合鉴定要求。如果送检的样本材料不足，则可让委托单位加以补充。

（六）根据查验情况，确定是否接受委托，或者修改鉴定要求。对决定接受委托的，由送检人填写《委托鉴定登记表》，并办理委托鉴定手续。

三、鉴定的实施

鉴定人受理鉴定后，即可采取科学的、有效的方法对提交的鉴定材料进行检验，这是刑事技术鉴定的中心环节。

刑事技术鉴定，通常要按下列程序进行：预备检验、分别检验、比较检验、综合评断，这四个步骤是相互衔接、有机联系的，是一个由感性到理性逐步深化的认识过程。

对上述每个检验程序都要作出详细、客观的记录。通过鉴定，取得明确的结果后，即可制作鉴定书。鉴定书是鉴定人签署的具有证据效力的法律文书，应当按要求认真制作。会商鉴定，如果参加鉴定的专家取得一致的鉴定结论，方可制作鉴定书，如果不能取得一致结论，会商鉴定只能以交换意见而告终。

第四节 同一鉴定

一、被同一鉴定客体的概念和种类

(一) 被同一鉴定客体的概念

被同一鉴定客体,是指通过鉴定所要解决的是否同一的客体。即鉴定人进行比较和鉴别的对象,包括人身和物品。同一鉴定的目的,就是将在不同时间和空间上出现的两个事物进行比较、鉴别,以确认二者是否为同一事物。例如,某人在作案过程中将自己的指印遗留在犯罪现场上,后来该人被侦查机关列为重大嫌疑人并提取了其指印样本,此时同一鉴定所要解决的问题,就是确定该嫌疑人的指印样本与现场上的行为人遗留的指印是否为同一个人所形成。在这里,被比较的两个人即行为人和嫌疑人称之为被同一鉴定客体。

(二) 被同一鉴定客体的种类

上述概念表明,同一鉴定必须有两个或者两个以上的客体参加,只有这样才能对其进行比较、鉴别。它们可以被分为两类:一类是被寻找客体,即曾经在犯罪现场上遗留下自身物质反映形象的客体,因而是侦查机关正在寻找的客体;另一类是受审查客体,即被怀疑因为实施犯罪行为曾在犯罪现场上留下自身物质反映形象的客体,故是侦查机关正在进行审查的客体。

在同一鉴定过程中,直接受检验的往往不是被同一鉴定客体本身,而是它遗留在现场的物质反映形象(现场痕迹)和比对样本。它们被称为供同一鉴定客体。现场痕迹是被寻找客体直接遗留在犯罪现场上的,同犯罪事件存在客观联系。比对样本是为了同一鉴定的需要,特意从受审查客体那里取得的。同一鉴定正是通过对现场物质反映形象材料和嫌疑物质反映形象样本材料的检验,确定二者是否来源于同一个客体。鉴定中,有时也可以不需要样本,而是将提取的被寻找客体的物质反映形象直接与受审查客体的外表结构形态进行比对,以确定受审查客体是否被寻找客体的物质反映形象的造型体。比如直接将提取的现场鞋印与嫌疑人的鞋子进行比对等。不过,这样的鉴定进行得比较少,多数还是利用嫌疑客体物质反映形象样本来进行的。

在进行同一鉴定时,首先必须对同一鉴定的客体作严格的区分。一是要严格区分供同一鉴定客体,即区分现场物质反映形象材料和嫌疑物质反映形象样本材料。前者是从犯罪现场提取的,是具有证据意义的、不能更换的材料;后者是从受审查客体那里提取的、仅供鉴定之用,是可以随意提取和更换的,不具有证据意义。因此,绝不能将二者混淆起来。二是要严格区分被同一鉴定客体和供同一鉴定客体,即区分被同一鉴定客体与它的物质反映形象。同一鉴定是解决被鉴定客体即受审查客体与被寻找客体是否同一,而不是认定被同一鉴定客体与其物质反映形象是否同一,也不是认定它们的物质反映形象之间是否同一。被同一鉴定客体与其物质反映形象之间,以及物质反映形象相互之间是不可能同一的。因为世界上万事万物都是特定的,只能自身与自身同一。被同一鉴定客体与其物质反映形象之间,虽然存在着相互反映的关系,被同一鉴定客体的各物质反映形象虽然都是同一个客体的反映,具有某种共性,但它们毕竟是不同的事物,不存在是否同一的问题。

二、同一鉴定的基础和条件

(一) 同一鉴定的基础

被同一鉴定客体的特定性,是同一鉴定的根本基础。被同一鉴定客体的特定性,是指被同一鉴定客体具有区别于除自身以外的任何其他客体的属性。任何被同一鉴定客体都具有自身的特性。被同一鉴定客体的特性是多方面的,各方面特性总合起来,作为一个整体,不可能在任何其他客体上重复出现,从而使之特定化,形成它与任何客体的绝对区别。这正是我们能够准确无误地将被同一鉴定客体与任何其他客体区别开来,从而正确地解决被同一鉴定客体自身同一的科学根据。

(二) 同一鉴定的条件

被同一鉴定客体的较强的稳定性、物质反映性和可识别性,是同一鉴定的条件。

1. 被同一鉴定客体的相对稳定性,是指被同一鉴定客体在一定时期内,具有保持其质的规定性(重大特性)相对不变的性能。被同一鉴定客体只有处在相对静止和暂时平衡的状态才有可能认识和把握其具体的形态,才能对其自身进行同一鉴定。被同一鉴定客体的稳定性大小直接决定着同一鉴定能否进行及进行的范围。被同一鉴定客体的稳定性程度越高,进行同一鉴定的可能性越大;反之,进行同一鉴定的可能性就越小。而被同一鉴定客体的稳定性一旦消失,要对其进行同一鉴定则成为不可能的事情。所以,被同一鉴定客体的稳定性,是进行同一鉴定的一个根本条件。

2. 被同一鉴定客体的物质反映性,是指被同一鉴定客体与其周围其他客体之间存在着反映和被反映的关系或具有反映与被反映的性质。被同一鉴定客体的反映性从总的方面来看,可以分为两大类:物质的反映和精神的反映。前者是被同一鉴定客体的属性、结构、形态在其他物质上的反映;后者是被同一鉴定客体在特殊的物质——人脑中的反映。人脑的反映属于主观的范畴,因而这种反映必然带有很多主观的成分,这种反映所再现出来的被同一鉴定客体的形象,并非都是客观的、真实的。又由于被同一鉴定客体不可能在同一时间以两种面貌出现,而同一鉴定是解决被鉴定同一客体的自身的同一,所以,同一鉴定所赖以进行的只能是被同一鉴定客体在其他物质上的反映。可以说,离开了被同一鉴定客体的物质反映形象,要鉴定其自身同一是根本不可能的。这也就使得侦查中的同一鉴定可以建立在客观可靠的物质基础之上,从而也就使得同一鉴定可以区别于其他借助于大脑的反映形象对客体进行的同一辨认。物质反映形象反映被同一鉴定客体的特性的程度,直接决定着同一鉴定能否进行。由于形成物质反映形象条件的不同,以及物质反映形象形成后还会发生变化,甚至被破坏而消失,所以物质反映形象还有全面的与片面的、正确的与歪曲的、完整的与残缺的之分。在鉴定实践中,有些送检材料由于对被同一鉴定客体的特性反映得不清楚、不全面,而无法对客体进行同一鉴定。所以,虽然被同一鉴定客体具有特定性,也具备较强的稳定性,但若不具备一定的物质反映性,则同一鉴定不能进行。

3. 被同一鉴定客体的可识别性,是指被同一鉴定客体可以借助于专门技术手段加以认识。同一鉴定是一种科学的认识活动,是鉴定人主观上所要解决的被同一鉴定客体自身的同一,这就必然要涉及到一个主观条件的问题。对于每一个同一鉴定的过程来说,技术设备条件,鉴定人的知识经验等,都直接关系着同一鉴定能否进行以及进行程度。可见,没有主观条件,同一鉴定同样是无法实现的。

三、被同一鉴定客体的特性和特征

进行同一鉴定,离不开对被同一鉴定客体的特征和特性的研究。

特性是指事物所具有的内在的质的规定性。也就是说,事物的特性是内在的、非直观的东西。人们无法直接感知事物的特性,对特性的认识和把握必须建立在理性认识的基础之上。当然,这绝不是说事物的特性就是无法认识,不可捉摸的东西。它虽是内在的,但具有外在的表现,人们可以通过对事物的外表材料来认识事物的特性。事物的特征就是构成事物特性的外表材料,是事物特性的外部征象或标志。任何事物都是内容和形式的统一,本质和现象的统一,也是特性和特征的统一。

任何事物都具有自己多方面的特性。事物的每一特性都是由无限多样的特征从不同方面,在不同程度上来加以表现的。特征是人们认识特性的中介和必不可少的手段。人们对事物的认识首先是从事物的特征开始的,离开了对事物特征的认识,也就谈不上对事物特性的认识。一事物各种特征的有机组合(特征的总和)足以使该事物特定化。

同一鉴定过程,就是一个从对被同一鉴定客体的特征入手,进而到对其特性认识的过程。在此过程中,无时无刻不是在和特征打交道。然而,我们对被同一鉴定客体特征的认识并不是目的,而是达到目的手段,认识其特性才是目的。同一鉴定的一切活动,都是围绕认识被同一鉴定客体的特性这个目的进行的。因此,可以说,对被同一鉴定客体特征和特性的认识,是贯穿同一鉴定过程始终的。

特征和特性有着本质的差别,同一鉴定是鉴别和确定被同一鉴定客体的特性相同,而非确认其特征相同。特征毕竟是表面的、非本质的东西,被同一鉴定客体特征相同,不足以说明其同一,个别特征不同,不足以说明其就一定不同一。因为同一事物在不同时空中总是存在一定差异的。这种差异,在一定阶段上只表现为量的差异、特征的差异,而不发生质的差异、特性差异的问题。因此,同一个客体的特征发生某些变化,出现一些差异是不足为怪的。从理论上说,同一鉴定是认定被同一鉴定客体的特性相同,而非特征相同,但在鉴定中要做到这一点并非易事。鉴定中,主要是依靠被同一鉴定客体的外表结构、形态。能够对之进行同一鉴定的事物,还仅限于固体、半固体的有形物。对被同一鉴定客体的特定化,主要是通过该客体的外表结构、形态的特定化来完成的。但是我们对被同一鉴定客体的外表结构、形态往往没有也不可能完全认识,所以仍难免不发生错误。这里的关键是被同一鉴定客体特征的量和质,如果被同一鉴定客体的特征的集合已不可能在其他任何客体上重复出现,这就构成了它与其他客体相区别的、惟有它自己固有的特殊性。

四、同一鉴定的步骤方法

同一鉴定一般按以下步骤方法进行:

(一) 鉴定前的准备

1. 熟悉有关案情。主要了解案件的简况,检材形成的条件、提取方法和保管、运送的情况等。

2. 查验送检材料。主要查验检材的包装,检材的名称、数量,有无鉴定条件等。

3. 了解鉴定要求。有利于保证同一鉴定的顺利进行和对同一鉴定结论的正确评断。如果委托鉴定单位提出的鉴定要求不合适,比如鉴定对象不准确,鉴定范围过大或过小,鉴定要求措词不当等,鉴定人则应提请委托单位加以修改。

4. 准备鉴定器材。

(二) 分别检验

就是通过对现场物质反映形象材料和嫌疑物质反映形象样本材料进行观察、研究,确定它们各自所反映的被寻找客体和受审查客体的特征,并通过这些特征去把握它们各自的特性。分别检验的顺序一般是先检验现场物质反映形象材料,后检验嫌疑物质反映形象样本材料;先检验一般特征,后检验特定特征。另外,对特征的检验,不仅要注意特征本身,还要注意特征与特征之间的相互关系。分别检验常用的鉴别特征的方法有肉眼观察法,测量法,照相法(包括放大照相、改变反差照相、红外线照相、紫外线照相、显微照相),显微镜检验法等。

(三) 比较检验

是在分别检验的基础上,通过对被寻找客体和受审查客体的特征进行比较和研究,以确定两个客体特性之间有哪些符合点和差异点。比较和研究的顺序是先一般特征,后特定特征;比较和研究的对象,一般是两个客体的物质反映形象,有时候,作为辅助手段,也可以比较现场物质反映形象和受审查客体本身。

比较检验可以利用各种光学仪器、照相技术和某些辅助性工具。比较的方法通常有以下几种:

1. 特征对照法。比较客体特征的一种基本方法。即把所要比较的客体特征分别抽取出来,逐个进行比较,以确定符合点与差异点。客体的每一种特征,都可以用这种方法比较。比如,根据鞋印进行的同一鉴定中,可以把提取的现场鞋印与嫌疑人的鞋印样本并列放置在同一视野之内,比较它们各自所反映的特征的形状、大小、位置,以找出二者的异同。有时,也可以比较现场痕迹和样本痕迹的放大照片,比如根据手印进行的同一鉴定中,就常采用比对手印放大照片上所反映的各种特征。

2. 特征重叠法。即把所要比较的客体特征重叠起来,通过观察其重合的情况来确定特征的异同。适用于比较客体的形象特征。最好用于比较那些图像比较简单,点线界线明显的形象特征。采用这种方法比较客体的特征,要求检材中至少有一方是透明的,以便重叠观察。如果二者都不透明,则需要先将它们制成幻灯片或照片,然后,在一定的光照条件下进行重叠检验。该方法主要适用于印章印文、铅字字迹、打印字迹和人像照片的比对等。由于这种方法可以直接观察到客体特征的重合情况,所以它有利于准确地把握客体特征的符合程度和差异程度,有利于对这些符合点和差异点的综合评断。

3. 特征接合法。通过观察相接部位痕迹的吻合情况来确定特征异同。有两种作法:(1) 把两个痕迹制成放大倍数相同的照片,然后在同一部位将两张照片剪开,再把第一张照片的这一半与第二张照片的另一半接合起来,看二者的特征是否吻合。根据工具痕迹进行的同一鉴定中,就可以采取这种方法。(2) 把两个特征反映体放在比较显微镜下,通过调整它们的相对位置来观察其特征接合的情况。此法在动态痕迹的比对中效果较好,故常用来检验弹头上的膛线痕迹、钳剪痕迹等。

(四) 综合评断

综合评断是同一鉴定最关键的一个阶段。其目的就是要对比较检验中发现的符合点和差异点进行科学的分析判断,并在分析判断的基础上,对受审查客体和被寻找客体是否同一作出正确的结论。

综合评断一般从差异点开始。评断差异点的目的就是要确定差异点的性质,即这种差异是本质的差异还是非本质的差异。如果是本质的差异,则说明被同一鉴定客体不同一,如果是非本质的差异,则必须对差异产生的原因给以合理的解释。

客体自身的差异有两种情况:一是客体自身因时间的变化而形成的差异;二是一个客体特征的不同反映体之间的差异。故评断差异点的性质也要从这两个方面加以分析。首先,要了解从案件发生到进行鉴定这段时间内,客体自身有可能发生自然变化和人为造成的变化。然后要分析特征形成的条件与机理,以找到解释特征差异的根据。如果在这两方面都没有找到差异点产生的原因,则可判定该差异点为本质的差异,即不同客体之间的差异。

对符合点评断,其目的就是要确定符合点的总和是否本质的符合,这种总和能否使被同一鉴定客体特定化,即这些符合点能否在其他客体上重复出现。如果符合点的总和是本质的符合、特性的符合,就是说,这种总和作为一个有机整体不可能在其他客体上重复出现,此时,即可作出被同一鉴定客体同一的结论。评断符合点,一般是先评断每一个符合点的价值,再评断这些符合点总和的特定性。评断特征符合点的价值,主要以该特征在同类客体上的出现率为依据,一般而言,一个特征在同类客体上的出现率越高,其价值越低;而出现率越低,则价值越高。评断符合点总和的特定性时,既要注意特征的数量,也要注意特征的质量,二者不可偏废,只有这样,才能得出正确的鉴定结论。

(五) 制作鉴定书

鉴定书是表述鉴定结论的法律文书,应当认真制作。鉴定书的内容一般包括绪论、检验、论证和结论四部分。

1. 绪论部分。主要写明送检单位、送检人、送检时间、简要案情,检材的名称、种类、数量、提取方法、包装运输等情况,以及鉴定的要求。

2. 检验部分。应写明检验的基本进程,检验所用的技术方法及检验所见等。

3. 论证部分。应写明对检验所见的分析评断,说明作出结论的依据。

4. 结论部分。写明通过鉴定所得出的结论。鉴定结论无论是肯定的还是否定的,都应使用确定的语气。对于推断性结论,不出具鉴定书,但可出具分析意见书。

五、对同一鉴定结论的审查

同一鉴定结论是一种重要的证据材料。我国刑事诉讼法第 42 条规定:"证据必须经过查证属实,才能作为定案的根据。"对同一鉴定结论也应和其他证据一样,必须经过审查属实后,才能在侦查、起诉和审判中加以运用。

对同一鉴定结论的审查,一般从以下两方面进行:

1. 对同一鉴定结论科学可靠性的审查

同一鉴定结论是否科学可靠,受多种因素影响。其中只要一个因素发生偏差,结论就可能出现错误。因此,无论是侦查人员、检察人员还是审判人员,以及律师,不能不加审查就盲目地轻信同一鉴定结论。

(1) 审查鉴定人员是否具有鉴定资格。主要审查鉴定人与案件有无牵连,能否客观、公正地进行鉴定;是否具备鉴定所要求的专门知识和经验,有无解决是否同一问题的能力。

(2) 审查是否具备进行正确鉴定所需要的客观条件。主要包括审查鉴定单位是否具备鉴定所需要的技术设备条件;现场物证材料是否符合鉴定要求;嫌疑样本材料是否具备可比对条件;现场物证材料和嫌疑样本材料的来源是否可靠及有无张冠李戴的情况等。

(3) 审查鉴定过程是否符合要求。主要审查鉴定人是否按同一鉴定的步骤和技术方法进行的;其所运用的专业知识是否科学可靠。

(4) 审查鉴定结论是否具有充分的事实依据。即审查从鉴定所确定的事实材料能否必然推出鉴定结论;对鉴定过程中所发现的差异点有无作出合理的、有事实根据的解释等。

(5) 审查鉴定结论同案件中的其他证据之间是否有矛盾。鉴定结论同案件中其他证据的矛盾,既可能意味着鉴定结论不正确,也可能表明案件中已有的证据不真实。所以,必须仔细审查产生矛盾的原因。

总之,同一鉴定结论是否科学可靠,只有对之从多方面审查后,才能作出判断。

2. 对同一鉴定结论证据意义的审查

确认同一鉴定结论在科学上可靠后,还应对其证据意义进行审查。对同一鉴定结论证据意义的审查,目的是要解决鉴定所确定的事实对于认定犯罪事件和被告人究竟有什么意义。

(1) 对人体同一鉴定结论证据意义的审查。即分析认定受审查的人和犯罪案件是否存在客观联系,以及其对于确定或者否定受审查人为犯罪人所起的作用。

(2) 对物同一鉴定结论证据意义的审查。应分两步进行:第一步,确定被同一鉴定的物同犯罪案件的联系。第二步,确定被同一鉴定的物与一定的人的联系。也就是要达到以物找人的目的。

第五节 种属鉴定

一、几种常用的种属鉴定

种属鉴定是刑事技术鉴定的重要组成部分。它在侦查实践中适用的范围很广泛,常用的有以下几种:

(一) 鉴定某种物质为何物。就是单纯地确定某种物质的种类属性。例如,在投毒现场发现可疑的粉末或药水,为查明其是否毒物,是何毒物,就必须检验其化学性质,确定其种类属性。

(二) 鉴定两种物质的种类属性是否相同。就是对两种物质分别检验,进行比较,确定它们是否属于同一种类。例如,对现场撬压痕迹中发现的油漆和侦查中从嫌疑人家中发现的某一工具上的油漆进行检验,比较其种类属性是否相同。

(三) 鉴定被比较物质的本源是否相同。就是通过分别检验,进行比较,确定它们是否同属一个产地。例如尸体上沾有草籽,嫌疑人鞋子里也发现草籽,通过检验,确定其是否同属一个产地。

二、种属鉴定的方法

种属鉴定一般有物理学鉴定法和化学鉴定法两种。

(一) 物理学鉴定法

物理学鉴定法是为了确定具有证据意义的某些物质的颜色、硬度、结构、比重、熔点、沸点、浓度、导电导热系数等物理属性,运用物理学的原理和方法进行的一种鉴定。其优点是速度快、灵敏度高、需要检材少(可在 200 纳克以下,1 纳克 $= 10^{-9}$ 克),有利于进行微量和痕量分析,而且取样简便,无需对检材进行特殊制备。其具体鉴定所用的方法是仪器分析的方法,通常有紫外线检验、红外线检验、X 光检验、蓝光检验、气相色谱分析、液相色谱分析、原子吸收光谱分析、金相显微分析。此外,发射光谱分析、质谱分析、电子显微镜分析、中子活化分析等检验技术也在逐步应用。例如,利用紫外线、红外线和蓝光检验可以分辨纸张、墨水、油漆、胶水、浆糊的种类异同,显示涂污、密写、掩盖、销蚀的字迹和图象;利用 X 光和激光检验,可以观察被检验物体内部结构是否有损伤或夹杂异物;利用气相色谱仪或液相色谱仪分离复杂的混合物或溶解物中的气体和液体物质(包括易挥发的固体),通过观察色谱峰,确定其种类和含量;利用原子吸收分光光谱仪,将检验材料处于蒸发状态,使它原子化,在一定波长的光源下,测定原子的吸收值,再用已知浓度和溶液作比较,测定元素的浓度比例,如测定死者头发中的无机毒物及其含量,验明密写及密写剂的配方,鉴别化学浆糊、胶水的成分等;利用金相显微镜鉴别各种金属内部结构和形态特征,确定金属物质的种类、成分和加工处理工艺,或与嫌疑样品进行金相组织比较,确定种类异同;利用发射光谱分析鉴别未知金属元素的种类和成分,如检测燃烧和爆炸物残渣的成分,区别枪弹孔的射入口和射出口,确定被检验物体上有无金属痕迹等;利用电子显微镜观察细微痕迹和物质形态、结构、成分;利用中子轰击被检验物质,使其成为放射元素后,发出不同强度、不同波长的辐射,及放射元素本身的不同速度的衰变,确定微量物质(如毛发、射击残留物、炸药、土壤、油漆、纤维、农药等)的成分。

(二) 化学鉴定法

化学鉴定法是为了确定具有证据意义的某些物质的成分、性质、含量和种类,运用化学分析的原理和方法进行的一种鉴定。常见的鉴定对象是毒物。当人体或动物体有中毒现象或因中毒死亡,怀疑有毒害可能时,即可通过化学鉴定,确定体内是否含有毒物成分以及毒物的种类及含量。另外,化学鉴定的对象还可能是各种细微物质,如墨迹、印泥、油迹、尘土、金属屑末、纤维、粘胶物质、爆炸物等。刑事案件中送请化学鉴定的物质,一般数量很少,往往必须进行微量、半微量以至痕量的检验。鉴定的具体方法有定性分析和定量分析。定性分析是鉴定物质中是由哪些元素、离子或功能团组成,常用干法分析和湿法分析,常量分析和微量、半微量分析,分别分析和系统分析进行鉴定。定量分析是测定物质中各种成分的含量,多在定性分析之后进行,常采用重量分析法,容量分析法和气体分析法测定。除上述一般的定性、定量分析方法外,还采取仪器分析的方法,如气相色谱分析法、红外光谱分析法、紫外光谱分析法、原子吸收光谱分析法等。

三、种属鉴定结论的作用

种属鉴定结论作为一种诉讼证据,在侦查中能够起到以下作用:

(一) 可以用来查明事件的性质

种属鉴定结论有时可用来验明已发生的事件是否为犯罪事件。例如,确定死者的胃内容有氰化钾,结合其他证据,有助于判断是自杀还是他杀;确定死者家中面粉袋中的面粉里有大量砒霜,可以判断有人投毒等。

(二) 可以用来确定侦查范围

种属鉴定结论有时还可以用来划定侦查范围。例如,确定现场脚印中含有特殊成分的泥土与某车站附近的泥土成分相同,有助于确定查缉犯罪人的范围;确定尸体上沾附的柴灰的成分,有助于寻找杀人或分尸的场所等。

(三) 可以用来确定某些案件事实

例如,确定送检的文书上某些字迹的墨水和整篇字迹的墨水种类不同,有助于确定这些字迹是文书作成后添写的。

（四）与其他证据相结合可以证明嫌疑人是否犯罪

例如，确定嫌疑人身上的可疑斑痕是人血，且其血型与嫌疑人本人血型不同，而与受害人血型相同，结合案件中已收集到的其他证据材料，就可以证明嫌疑人实施了犯罪。

第四章 刑事照相

第一节 刑事照相的任务

刑事照相是刑事科学技术的一个组成部分。它是以普通照相的原理,根据刑事侦查的特点和要求,按照一定的方法,用来固定犯罪事实,记录侦查活动,显示与犯罪有关的人、物和场所影像的一项专门造影技术。刑事照相是同犯罪作斗争的一项技术手段,其主要任务是:

一、固定犯罪现场状态,记录勘验、搜查、扣押等侦查活动过程和情况,发现、固定、收取和保存物证,为判断案件性质,分析犯罪情况,确定侦查措施提供照相资料;

二、复制检验资料,记录技术检验结果,为技术鉴定提供条件和直观的辨认依据;

三、运用照相方法检验物证,显示客体特征,恢复显现和犯罪有关的事实,借以揭露和证实犯罪行为;

四、采用照相的手段收集和贮存犯罪资料,用以辨认犯罪人,查对赃物罪证,为侦查破案和预防犯罪提供可靠资料。

刑事照相是发现、固定证据工作和技术检验工作的一部分。运用刑事照相方法拍照的现场照片、物证照片和辨认照片,以及技术鉴定中所记录的检验照片,在法律上具有证据作用。因此,在施用刑事照相手段时,必须严格遵照法律办事。为了使刑事照相适合侦查工作和审判工作的要求,刑事照相必须严格依照比例照相的规则,除非特殊情况需要外,不得进行任何艺术加工,要如实地反映被拍照客体物的本来面目。在勘验、搜查等活动中所拍照的客体物,要中心突出,影像清晰,主题明确,反映出事物间的联系,以表明客体物的来源和证据意义。对于拍照的对象,和所使用的方法均要记入文字笔录中。要使照片、笔录和现场绘图三者构成一个整体,起到相互印证和相互补充的作用。

第二节 刑事现场照相

刑事现场照相,是用照相的方法,把刑事案件现场的状况和现场痕迹物品的特点、位置及其相互关系客观、准确地记录和固定下来的一种技术手段。其目的在于通过照片反映出犯罪现场的概况,揭示犯罪手段,以及现场物证的特征及其在犯罪事件中的意义,从而为分析研究犯罪现场情况,判断案情和物证鉴定提供客观依据。现场照相是现场勘查的一项工作内容,是勘查记录的重要组成部分。

现场照片,在刑事诉讼活动中有着重要的证据作用。在侦查、审判过程中,根据需要,可以按现场照片恢复现场原来状态,为判断或审查证人证言,评断侦查中某些推论的可靠性提供依据。

为了真实全面地反映犯罪现场情况和勘验过程,现场照相必须按照一定的步骤和方法进行。现场照相按照拍照的内容和要求,可分为现场方位照相、现场概览照相、现场中心照相和现场细目照相。这四种照片是彼此联系,相互印证的。通过由远至近,由大到小,由外到内,层层展开的拍照方法,全面、真实地反映犯罪现场的概貌。刑事照相人员要自始至终参与勘验活动,遵守勘验程序,了解勘验情况,明确勘验内容,拟订拍照计划。在初步勘验阶段,一般先要拍照现场方位照片和现场概览照片。随着勘验的逐步深入,在详细勘验阶段,分别拍照现场中心照片和细目照片。

一、现场方位照相

现场方位照相的目的,在于记录和固定现场的位置及其与周围环境的关系,反映出现场本身具体的地理位置。因此,拍照这种照片的要求是,务使现场与周围环境及其重要的带有永久性或半永久性标志一并反映在画面里去,能使没有到过现场的人也能根据现场方位照片对通往现场的道路,现场周围地形、房舍及其所在具体位置一目了然。

所以在拍照现场方位照片时,在取景构图上应把犯罪现场安排在画面的中央部位,凡与现场有联系的房屋、道路、树木、桥梁等带有永久或半永久性的标志分别置于两旁或作为背景。为此,拍照时尽可能选择较高或较远的拍照点。如受拍照环境的限制,可以用广角镜头来扩大物的成像范围,或者采用补充拍照方法的连环拍照方法来解决之。对于某些能反映现场具体位置的特殊标志,如单位名称,街道名称以及门牌号码等,因过于细小,在景物较多的方位照片上显示不清,应采用特写镜头拍一张单独照片,在编排现场方位照片时,按其所在位置引伸出来以表明之,作为一种辅助性的方位照片。

二、现场概览照相

反映现场本身全貌的照相,称为现场概览照相。要求这种照片能反映现场本身的内部状况及其景物相互之间的关系。即要使所拍照的现场概览照片能反映出现场范围,犯罪人进出口和来去路线,被侵害客体的状况,痕迹物品分布及其相互联系等情况。从而使人能看出出事地点、发生了什么事情,以及事件的特点等。所以在拍照时要把现场中心部位和勘验的主要对象置于显要的位置上,以使其主次分明。

如果现场范围不大,尽可能使概览照片在一个镜头的画面得到反映。如现场过于广阔或过于狭窄,或者地形复杂,一个镜头的画面囊括不下时,则根据现场的具体情况,可另外采用现场照相补充拍照方法解决之。

三、现场中心照相

记录犯罪现场中心部位和反映现场主要物体的特点及临近物体、痕迹之间的关系的照相,称为现场中心照相。例如盗窃现场的被盗物品的保管处所;杀人现场发现尸体的处所以及分尸处所等。现场主要物品是指对案件有重要意义的勘验对象。如杀人现场的尸体、凶器、反映杀人状况的血泊、喷溅血点和擦拭血痕等;盗窃现场上罪犯的进出口,被其翻动和移动过的物品,以及其作案时破坏的物体等。为此,在拍照现场中心照片时,应抓住被拍照物体的特点,并要把这些物体安排在画面的主要位置上。现场中心照片往往需要拍照多张,故应根据现场具体情况决定其张数。

现场中心照片所反映的内容,往往景物多,范围广,距离近,因此必须很好选择拍照角度和拍照点。实践表明,这类照相的拍照点要适当的高些,才能保证物象不严重变形。

四、现场细目照相

现场细目照相,是用于记录和固定犯罪现场上具有证据意义的痕迹和物品的照相方法。例如拍照的犯罪工具,破坏痕迹、手印、脚印等。细目照相的主要任务是反映痕迹物品的形状、大小和特征,为刑事科学技术鉴定提供客观真实的依据。细目照相质量的好坏,在一定程度上关系到技术鉴定工作能否顺利进行,甚至关系到鉴定工作的成败。因此,拍照细目照片时,要严格按照比例照相规则,即把比例尺放在被拍照物体同一水平面上一并照入镜头,以备在技术鉴定或审查证据时,根据比例尺进行放大或缩小,即可以准确地推算出该物体的实际大小。

细目照相的对象,多属于痕迹物品,其拍照的方法因地制宜、因物而别,详见痕迹照相节。

五、现场照相补充方法

(一)相向拍照法

此法是从相向的两个方位,以现场中心部位为主体拍照两张照片,借以反映出现场前后或左右与周围环境的关系,或现场某一客体物与其周围痕迹物品的关系。

拍照时要使两个相向的拍照点与被拍照的客体的距离、角度和高度一致,保持两张照片的相互对应关系(图1)。如果拍照现场上尸体,切忌从其头和脚两个方向去拍照,应从尸体的两侧去拍照,并要根据具体情况,使拍照点适当高些,以防止尸体影像变形。

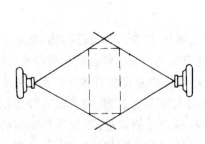

图1 相向拍照法

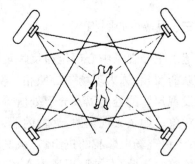

图2 交叉拍照法

(二) 交叉拍照法

交叉拍照法(图2),适于记录露天现场。其目的在于把现场中心部位与四周痕迹物品相互关系得到充分的反映。

使用十字交叉法所拍的照片,是使被拍照客体的周围每个侧面与痕迹物品的相互关系都能清晰地得到反映。拍照时要使四方面的拍照点与现场客体的中心部位的距离、角度和高度大致相等。制出的照片尺寸、比例以及影像的色调尽可能一致。

(三) 连环拍照法

犯罪现场是狭长地段、长方形建筑以及狭长的院落等,由于受到现场条件的限制,无法用一个拍照点完成现场全貌拍照时,可以采用连环拍照法。这种拍照法有两种形式:直线连环拍照和回转连环拍照。

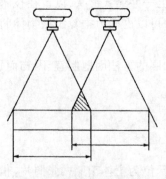

图3 直线连环拍照法

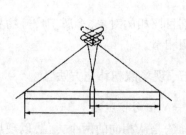

图4 回转连环拍照法

1. 直线连环拍照法是使照相机沿被拍照的狭长物体分段进行拍照。用这种拍照法时,务必使照相镜头主轴与被拍照物体保持垂直,每段的距离和高度都要保持一致(图3),然后将制出的各段照片按衔接标志拼成一幅完整的画面,借以反映现场或客体物的全貌。

2. 回转连环拍照法,是将照相机固定在一个拍照点上,只转动照相机的拍照角度,不改变拍照点的位置和镜头的主轴垂直水平,向左或向右分一定段落拍照(图4),最后将制出的若干张照片按衔接的标志拼成一幅完整的画面,借以反映现场或某客体物的概貌。

第三节 痕迹照相

痕迹照相,是运用照相方法揭示和显现与案件事实有联系的犯罪痕迹和细微物质的特征的技术手段。其目的是为判断案件性质,分析犯罪情况和进行技术鉴定提供条件。由于被拍照的痕迹的多样性和其所在的承受体的不同,痕迹照相所采用的拍照方法亦有所不同。但对它们共同的要求是,在进行痕迹照相时,务必使照相镜头的光轴与被拍照客体的平面垂直,并且要合理地运用不同光线,恰当地调节光圈,准确地控制曝光时间,以保证影像纹路清晰。对细微痕迹物品的拍照,应按比例照相原则,或采用原物大和直接扩大照相方法去拍照。如拍照指印、钮扣等物证,就须拍照与实物大小相等的影像。通常采用的痕迹照相方法有如下五种:

一、对立体痕迹、物体的拍照

立体痕迹、物体的特点是凹凸不平。拍照这类痕迹、物体的关键是,正确运用光线以加强痕迹深浅之间的明暗差别。

(一) 单向侧光

这种配光法通常使用散射光、半散射光或窄缝光。使光线和痕迹保持在小于45度角之内,使其凹陷部分减少光的照射,凸起部分增强光的照射,以造成两者亮度不同,使凹凸痕迹之间得到明显的反差。光照的角度与痕迹凹凸纹路深浅成正比。即痕迹纹路愈深,光照角度应愈大,灯光也应相对强些;痕迹纹路愈浅,光照角度也应愈小,灯光也相对宜弱。光照角度的选择,在临场时可以根据具体情况,通过移动光源的办法,找出最清晰点(即相宜的光照角度)。至于光照的位置,要根据痕迹、物体的花纹特征以及其纹路的流向来决定。应使灯光射向和花纹流向构成一定的交叉角度。如拍照纵横交错的立体痕迹或角状痕迹,就应使光线从纵横交错的条状痕迹的对顶角一侧投射。如遇到凹凸深浅悬殊的痕迹,则应采用正面光或散射光投射之。

（二）相向侧光

对环形或螺形的立体手印或其他类似痕迹的拍照，可采用两只灯光相向照射，使主灯的距离和角度大于辅灯，如此才能使这类痕迹得到明暗相宜的照度，获得清晰的影像。

二、对透明物体上痕迹的拍照

在透明体上留下的汗垢无色指印，由于这种痕迹和其所在的物体的色调反差很小，一般在一定光线和角度下才能看清楚。因此，在拍照时应采用正面斜侧光。即先在透明物体的背面衬一黑色布或纸，借以提高透明物体和汗垢无色指纹的反差，然后使光线从被拍照透明物体的正面呈 45 度透射过去。这样在有无色汗垢指印的部分则能反射光线，没有指印的部分的光线直接透过透明体被黑色布吸收，从而提高两者的反差获得清晰的影像。如果利用透射光，即使光线从被拍照的透明物体背面投射过来，同样可获得清晰的影像。采用这种透射方法时，切忌使透射光直接照射在镜头上，以免造成光晕现象干扰画面的清晰。这两种拍照方法最好使用聚光灯配光为宜。

拍照玻璃上的弹孔痕迹时，宜采用小于 30 度角的散射光线，沿着碎玻璃的断面配光，并在玻璃的背面衬上黑色布或白色布为背景物。如衬黑色布为背景物时，拍照出玻璃上弹孔裂纹呈白色纹线。衬白色布时，则呈黑色纹线。

三、对光滑物体上痕迹的拍照

光滑物体的特点是反射光线极强。如油漆桌面，电镀物品等。拍照这类物体上的痕迹时，要采用散射光线的侧光投射痕迹所在部位，避免光线集成光束。对油漆物体上的痕迹最好采用点状光源进行拍照，即从物体的 70—80 度角投射光线，并要使光线仅照射在有痕迹的部位，以防止其他部分反光。

拍照反光极强的镜面上痕迹时，定要使投射光线小于 45 度角，避免光线反射到镜头内使感光片产生光晕干扰照片的清晰度。

四、对圆柱体上痕迹的拍照

光线照射在圆柱物体的正面部位时，反射光亮极强，甚至形成光柱，而其他部位则很暗，如此拍照出痕迹很难清晰。所以在拍照圆柱物体上的痕迹时，定要采用均匀的反射的散射光，或者采用按被拍照部位的弧度，将灯排成弧形，使光照均匀地射到被拍照物体上，并要将光圈适当的缩小，加大景深范围，以获得清晰的影像。

五、对油腻指印的拍照

油腻指印一般属于凹凸的立体痕迹。但由于它凹凸纹线的色调反差很弱，有时在垂直的角度下看不清。因此在拍照时，除应采用侧光外，还要使物体有些倾斜，才能使这种痕迹反映清晰。拍照时最好使用长焦距的镜头，使镜头距离物体要远些，避免使影像变形。

第四节 文书翻拍与复印

一、翻拍

在刑事技术鉴定工作中，通常需要对与案件事实有联系的文件、单据、书籍、信件、照片等进行翻拍处理。翻拍是刑事技术鉴定的必要的准备工作，也是固定和保全物证的一种有效的方法。

翻拍物证和书证的要求是，拍照时必须使照相镜头的光轴垂直于被拍照原件平面的中心部位。即应当使被拍照原件的中心部位与感光片中心部位及镜头的光轴三者处于一条直线上，以保证原物的影像不变形。

翻拍的照明要求是，光照柔和、均匀。实践表明，采用乳白色灯泡 60—100W 为宜。翻拍 10×12 吋以下的原件，应在其左右两侧配备等距的 45 度角灯光四只，灯距以 1.5—2 尺为宜。翻拍时务必不使反射光射入镜头。当灯光角度大于 45 度角时反射光线就可进入镜头，所以翻拍的灯光要合理布置。同时要求每一只光源对被拍照原件的最近部位和最远的部位的照差为 2:1。只有如此才能使被翻拍原件表面的照度均匀。

翻拍用的照相机要有能伸长二倍至三倍焦距的镜头；调焦部位有毛玻璃调焦装置，并可根据翻拍的要求选用不同尺寸的感光片。

翻拍镜头的焦距应为底片对角线的 $1\frac{1}{3}$；翻拍时使用不同尺寸的底片要选择长短相宜的焦距镜头。

翻拍镜头焦距与翻拍底片尺寸的对应关系如下页表。

感光片的选用对翻拍的影像效果有着很大的影响。所以一定要根据翻拍的对象的颜色情况选用不同的感色性的感光片，以收到理想的效果。一般选用的规则：如翻拍黑白文字文件、图表、印刷品和黑白反差弱的照片，要选用盲色片；翻拍彩色绘画和彩色丰富的照片，要选用全色片。

翻拍底片尺吋	镜 头 焦 距
24×36mm	50mm
45×60mm——60×60mm	75mm
60×90mm	105mm
4英吋	135mm
5英吋	160mm
6英吋	180mm
8英吋	240mm
12英吋	360mm

二、复印

(一) 透光复印法

透明或半透明的单面文件、图表、图片,可以通过复印的方法获得原大的照片。其方法是,用硬性印相纸,以文件作底片,有文字一面朝上放在印相机上,印相纸药膜面对准文字面进行接触印相,通过显影、定影和漂洗烘干,即获得一张负片。然后以此作为底片,按上述印相办法印成正像。

(二) 反射复印法

对双面有文字的文件或是纸基厚不透明的图表,可以采用反射复印的方法获得原大照片。其方法是,用硬性印相纸药膜朝上放在印相机上,将需要复印的图表或文件的有文字图案一面与印相纸药膜面接触,令光线透过相纸到达复印文件面上后,又被反射回来,借复印文件有字和无字部分对光线的反射和吸收能力的不同,使印相纸产生不同的感光作用,经显影、定影和漂洗烘干后,即得到一张黑底白字的负片。然后以此负片为底片进行印相,即可获得文件的原大照片。

第五节 检验照相

检验照相,是采用照相方法显示目力难于辨识和察见的物相,为刑事技术检验提供条件或直接用以检验的一项技术手段。其主要任务是,记录和固定技术检验结果,揭示目力不能察见的痕迹和物质细微结构,为技术鉴定结论提供直观的形象资料;揭露某些被破坏、掩盖的证据的真实内容。

一、分色照相

分色照相是利用可见光谱中的不同成分和物体对单色光反射、吸收的不同特性,通过光源、滤色镜和感光材料的有机配合改变被拍照物体的光谱成分,使其某一部分色光被阻止、限止在感光片上不感光或减弱感光,使另一部分色光被通过而增强感光,借以显示出肉眼难以分辨的颜色和细微特征之间差别。

分色照相在刑事技术中常用来作为一种检验手段。如通过分色照相方法揭示被检验文件上被颜料、墨水掩盖的原文;鉴别用不同的墨水添写、改写的字迹;显示文书上变黄褪色的文字内容等。正确掌握分色照相,必须了解有色滤色镜的特性和如下有关常识。

(一) 有色滤色镜和光谱的关系

分色照相的主要工具是滤色镜,利用各种有色滤色镜来控制或改变光谱成分,使某一单色光通过,使另一部分色光被阻止,从而达到加强或减弱某些颜色的目的。

有色滤色镜之所以能有上述的作用,是因它和光谱有着密切的关系。太阳光目视为白色光,若使其通过三棱镜,即可分出红、橙、黄、绿、青、蓝、紫七色光的排列,名为光谱。人眼能看到的就是这七种色光范围。如按波长来计算,由400—700毫微米(一毫微米等于百万分之一毫米)。光谱中蓝、绿、红三部分称为三原色。有颜色的滤色镜对于光谱中的七色有被吸收的,也有能通过的。如将红滤色镜放在光谱上,被吸收的是蓝、绿二色,所通过的是红色部分,波长是600—700毫微米。如将绿滤色镜放在光谱上被吸收的是蓝、红二色,所通过的是绿色部分,波长500—600毫微米。如将蓝滤色镜放在光谱上,被吸收的是红、绿二色,所通过的蓝色部分,波长是400—500毫微米。就此可知,某色滤色镜能通过某色光,吸收其他色光。滤色镜在摄影上的应用就是根据通过和吸收这一基本原理而来的

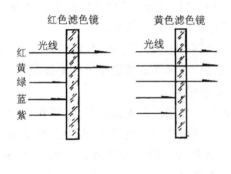
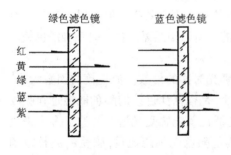

图 5 滤色镜对各色光通过和吸收情况

(图5)。

某种色的滤色镜,对它本色光线通过量多,对他色光线的通过量有多有少,也有的被全部吸收。感光片上有盲色、分色和全色的区别,所以各色滤色镜在三种感光片适用上是有区别的。以全色片而论,它对于光谱中各色都能感受,若加滤色镜后其感受颜色范围缩短,这叫减感;但对同滤色镜同颜色其通过量增加,

这名为增感。增感是为加大某色光的通过量;减感是为减去不需要的色光。但滤色镜因颜色不同,各种色的滤色镜通过和吸收范围在光谱上是各有其限度的。分述于下:

1. 黄滤色镜通过的是黄、橙、绿、红诸色,对黄色通过量多,吸收为紫、蓝两色。在光谱上的通过部位约由 500—700 毫微米。因此,全色片在光谱上所能感受的由 330—500 毫微米的紫、蓝色光线也被吸收。600 毫微米的黄色部位通过量较不加黄滤色镜时增多。

2. 红滤色镜能通过的是红、橙、黄三色。红色的通过量较多,吸收的为绿、青、蓝、紫诸色,约由 580—700 毫微米。因此,全色片所能感受的波长由 330—580毫微米也被吸收。在波长 650 毫微米红色部位通过量增加。

3. 绿滤色镜通过的是黄、绿二色,橙色通过极少,绿色通过量较多。被吸收的是蓝、紫、红三色,大部分橙色也被吸收。其通过的波长由 500—600 毫微米。能吸收的由 330—500 毫微米的蓝、紫色光和由 620—700 毫微米红色光。光谱中波长 550 毫微米的绿色部位,较不加绿滤色镜时通过量增多。

4. 蓝滤色镜通过的是蓝、青、紫三色,对蓝色通过量多,对青、紫二色较少。被吸收的是黄、橙、红及紫红诸色光。光谱上由 500—700 毫微米波长都被吸收。由 330—500 毫微米波长的蓝、紫部位通过量较多。

滤色镜对各色光线有通过、限制和阻止三个作用。色光通过量多,感光片的感受力增加,结果在照片上此处色调变淡。通过量少的则色调深;若某色光完全被吸收,其结果色调则呈现黑色。所以利用滤色镜来校正各种色光在照片上的反差时,务使各色光在照片上呈现的色调恰乎其当。

滤色镜对各色光能通过和吸收,对颜色的校正很有效果。但对黑、白、灰没有彩色的物体它是没有校正色调深浅的能力的。所以拍照黑白物体时不加滤色镜。

(二) 滤色镜的因数

滤色镜的因数,就是指感光时应增加曝光时间的倍数。滤色镜的因数大小,是由下列因素来决定的:滤色镜的因数大小,是根据滤色镜的颜色能通过和吸收的光量多寡而定的,换而言之,是根据某色滤色镜能感受光谱上的波长多少来决定的。如黄滤色镜只能吸收蓝、紫色光,其他颜色光都能通过,感受的波长范围比较大(约由 500—700 毫微米),所以它的因数小。红、绿色两种滤色镜,除能吸收蓝、紫色光外,还能吸收他色光线,感受的波长范围小,所以它的因数大。

感光片的感色性能的高低和滤色镜的因数大小是有很大影响的。如全色片能感受光谱上的全部颜色,黄色滤色镜只能吸收蓝、紫色光,所以它的感光倍数增加比较少。但因分色片不能感受光谱上的全部颜色,黄色滤色镜在使用分色片时,感光的倍数也相应的加多。如雷登 K3 号黄滤色镜在日光下对全色片因数为 2,对分色片因数为 2.5。由此可知,感光片感受颜色越多,滤色镜的因数可以减少,反之,即可增加。

滤色镜本身颜色浓度深浅,其通光能力也不一样,即颜色浓度深的光的通过阻碍大,浓度浅的反之。所以同色的滤色镜,色深的吸收量多,感光的因数大;色浅的通过量多,感光的因数小。

另外,在滤色镜颜色与拍摄物体颜色相同时其因数小,与拍摄物体颜色相反时其因数大。如绿滤色镜对拍照绿色物体,比拍照红色物体时因数要小。

(三) 滤色镜因数的计算

使用滤色镜拍照时要根据它的因数而增加感光倍数。如果感光时间超过,应被吸收的光线仍能通过,则不能收到滤色镜应有的效果。比如用黄滤色镜拍照蓝色背景白色物体时,其正确感光时间为1/100秒,而误用1/25秒,结果蓝色背景和白色物体均成白色。感光时间不足,则照片全部色调黑暗,滤色镜应有的效果均不能显现出来,所以必须了解各种滤色镜对于各种感光片的因数,才有正确感光的把握。

滤色镜因数的计算法,是根据滤色镜上标明因数的数字多少,以增长感光倍数,用乘法计算。例如,在不加用滤色镜时正确感光时间是1秒,现加用因数1.5的滤色镜,其感光时间应为$1 \times 1.5 = 1\frac{1}{2}$秒。

计算方法:用原曝光时间乘因数,即得加用滤色镜后的正确曝光时间。

二、紫外线照相

紫外线是位于可见光谱紫色光外不可见辐射线。其波长范围介于紫色光和X光射线之间,即400~1毫微米。其中400~200毫微米的近紫外线区域是紫外线照相的应用范围。紫外线照相,是以紫外线为光源进行物证检验的照相技术。

(一) 紫外线的特性

紫外线的能量大,用它来照射某些物体可激发发光;紫外线的化学性质异常活跃,某些物质在紫外线作用下能引起化学变化(光化作用),紫外线亦有光电效应作用。将紫外线这些固有的特性用在照相中,则能显示出在可见光下看不见或辨不清的物质及其特征。

(二) 紫外线照相及其条件

紫外线照相分为荧光照相和紫外线反射照相:

1. 紫外线荧光照相是利用紫外线对某些物质的光激发光现象进行检验和拍照痕迹物证的方法。即不同的物质在紫外线照射下发光的颜色不同。按照这种发光现象的持续时间又分为荧光(受光的激发后持续 10^{-6}—10^{-3} 秒)和磷光(持续时间超过 10^{-3} 秒)。例如,皮肤、脂肪、指甲、牛奶、水果、纤维素纸张以及蚕丝和石油制品等,在紫外线作用下都可发出荧光。由硫化锌、硫化钡加工制成的晶体磷光物质,在紫外线作用下都能发出磷光。

紫外线荧光照相常用紫外线光源,其辐射峰值在 360 毫微米(长波)和 254 毫微米(短波)的两种专用紫外线灯。荧光照相在拍照时应在镜头前加阻止紫外线而能透过可见光的滤色镜,如 UV 镜、黄色或黄绿色滤色镜。全部操作应在暗室内进行。如遇到某些在紫外线下不发荧光,或荧光微弱的物质,可以用荧光物质(罗丹明系列试剂)进行预处理,方能收到较好的效果。

2. 紫外线反射照相是利用不同物质对紫外线不同吸收、反射和透射能力,对痕迹物证进行鉴别和比较的照相方法,它在底片上记录的是被反射回来的不可见光图像。这种照相与荧光照相不同的是,只允许纯净的紫外线在感光片感光,消除所有的可见光线。紫外线反射照相应具备石英玻璃制成镜头和滤色镜;使用能发出纯净紫外线的水银石英灯,以使一切可见光都被吸收。

紫外线照相的影像的清晰点比可见光要短 $\frac{1}{50}$,在进行调焦时获得清晰后,再把焦距缩短 $\frac{1}{50}$。

紫外线反射照相不要求感光片的感色性,要求反差性强、少含胶质的紫外线感光片。

紫外线反射照相的曝光因素,主要由光源和被拍照客体反射紫外线的特性和感光片的速度决定。一般这种照相的曝光时间约是紫外线荧光照相的1/100。准确的曝光时间,须通过试验为妥。

三、红外线照相

红外线是位于可见光谱红色光以外区域的不可见辐射线。其波长范围在 760—420000 毫微米。用于红外线照相的是 760—1350 毫微米的近红外线。红外线照相,是以红外线为光源进行物证检验的照相技术。

(一) 红外线的特性

红外线既有可见光的反射、折射的一般特性,又有被某些物质吸收、反射和对某些物质散射性小、穿透性强的特殊性能。

物质对红外线的反射与可见光不同。对红外线反射能力强的物质,但对可见光则相对地减弱。相同颜色的物质,由于组成成分不同,对红外线的反射能力不大相同。如绿色树叶、青草大量反射红外线,但用绿色颜料绘画的树叶或青草则反射极其微弱;有些物质对一定波长的红外线反射强烈,而对其他的波长的反射能力十分微弱。如石英晶体对波长 850 毫微米和 2000 毫微米波长的红外线有强烈反射作用。然而对于与此接近的其他红外线波长则不能反射,或反射十分微弱。利用红外线的这一特性,可以显现暗色纺织物品上的射击火药粉尘痕迹。

物质性质和组成成分的不同，对于红外线的不同波长的吸收能力也不同。如普通玻璃强烈吸收长于 2000 毫微米的红外线。但 1500 毫微米的红外线却能通过普通玻璃。相同颜色而成分不同的物质，吸收红外线的能力大有差别。如墨汁、石墨和煤烟都能吸收红外线，但它吸收的能力不一样，其中墨汁吸收力极强，而其他则相对减弱。利用这一特性运用红外线的照相方法可以揭示被掩盖的文字。

红外线和可见光的穿透物质的能力不同。可见光对某些物质不能穿透，如纯蓝墨水、紫印油以及薄木片、纸张和薄电木等，而红外线则能穿透。因此利用这一特性进行红外线照相可以揭示被掩盖的字迹或斑痕。

此外，红外线在某些物质中传播时比起可见光所发生的散射现象要微弱得多。如在烟、雾以及各种乳浊液体等传播中比可见光发生的散射极为微弱。特别是在薄雾中几乎不发生散射现象。侦查中常借助于红外线的这一特性，用来雾中观察和照相。

(二) 红外线照相及其条件

红外线照相可分为三种：红外线反射照相、红外线荧光照相和红外线辐射照相。

1. 红外线反射照相。是以红外线为光源进行物证检验的照相方法。它在底片上记录的是被拍照体反射回来的红外线图像。

红外线反射照相对光源和物镜没有特殊的要求，但选用红外线消色差物镜，则能避免因其折射率小（与可见光的比较）而产生的"色差"。在进行红外线反射照相时，在物镜前应加用红外线滤色镜，以防止可见光进入镜头。

红外线反射照相主要用于文检和验枪技术。如再现被涂抹、掩盖、销蚀或自然褪色的文字与图案；辨别后添加的字迹；判读被烧毁文件上的字迹。拍照近距离射击时遗留的烟晕、火药残渣及枪油污渍等。

2. 红外线荧光照相。是使用激发光使某些物质产生红外线荧光辐射，并拍照红外线荧光图像的物证检验技术。某些物质在受到光能辐射时，都会被激发荧光，而荧光的波长总是大于激发光的波长。所以当用单色蓝光（460 毫微米）作为激发源时，受激物质就能发出红外线波段的荧光。不同物质所发出的荧光的强度有差异，通过照相拍照和比较，可以对一些痕迹物证加以显现与鉴别。如果遇到被检验物质与其载体发出的荧光强度一致，两者区别不开时，为了加强被检验物质的荧光强度，消除周围环境红外辐射的干扰，常采用液氮降温的方法，称之为低温红外荧光照相法。

红外线荧光照相，主要用于文件技术检验中对涂改、污损、消褪字迹的显现。

3. 红外线辐射照相。各种物质在常温下都存在红外辐射线。温度越高则辐射红外线的波长越短、能量越大。在不附加其他光源下,直接拍照被拍物体的辐射红外图像,经冲洗加工可获得可见图像的负片与正片。这种方法主要用于夜间没有照明条件秘密拍照人像或机动车辆。

红外线照相使用的感光材料,是专门特制红外感光胶片。它是在普通的感光片乳剂膜中加入"增感剂"制成的。不同型号的感光片感受波长范围不同,应根据不同的需要来选用之。红外线感光片均须在低温条件下保存,且保存期很短,应在有效期尽快使用。

红外线照相的调焦。因红外线的光波比任何可见光都长,所以红外线照相的聚焦位置比可见光为远。镜头焦距越长,其红外线成像点的移位越大。因此为求得准确的像距,必须通过试验才能推算出它的数值。不过,现代的较高级的照相机(徕卡、开脑、尼卡等相机)在其景深表上都有红外线照相测焦的标记"R"字样。其使用法:若用普通照相机时光的距离为5米时,进行红外照相时将指示线移至到"R"的标记上即可获得红外线成像的准确像距。

第六节　辨认照相

辨认照相是以识别人的外貌为目的的一项照相技术。用辨认照相技术记录、固定人犯或不知名尸体的外貌特征,可为侦查破案提供线索和证据。

一、人犯辨认照相

人犯辨认照相,是刑事登记的一项重要组成部分。如刑事登记的内容包括捺印人犯的十指指纹,登记人犯姓名卡,还必须附人犯的辨认照片。三者对识别人犯人身构成一个整体。比如人犯改名换姓,整容乔装,隐瞒前科,通过查对辨认照片,核对指纹特征,即不难揭露其真实身份。

人犯外貌照相所记录的外貌特征,必须按照统一规定的外貌辨认特征描述之。外貌特征描述应包括:发际、发型、前额、鼻、颧骨、下颌、嘴、耳、颈、肩、背等人体解剖学特征。特别要详细描述人先天或后天形成的痣、瘤、疤以及残迹等特殊的特征。通过对这些特征的总和进行分析研究,就可以区别人身的异同。

人犯辨认照片是识别人犯人身的依据之一,是人体外貌鉴定的比对材料。因此,拍照这种照片的基本要求是,应严格依法从事,客观真实地反映出被拍照人犯的面貌。要拍照正面和右侧面各一张成像高度为实际高度的1/24的半身照片。除尸体辨认照相之外,不准采取任何艺术加工手段。最好拍照彩色照片,以增加颜色的辨认条件。

(一) 正面脱帽半身照相

正面半身照片,是为了反映人犯常态下的外貌。因此在拍照时,要求把其正面的外貌形象和特别记号拍入画面。所以必须命人犯端坐,两眼朝前平视,头部不得上仰或下俯,身着平时服装,脱帽摘下眼镜。半身正面照片的合格的标准是将人犯的两耳、脸型、发际线、前额、眉毛、眼、鼻、嘴、颧骨、下巴、颈、胸、肩和胡须、皱纹、伤疤、瘤、痣以及雀斑等生理和病理上的特征细腻而清晰地反映在照片上。

对于人犯的某些习惯性的生活特点(如为了掩盖秃顶、癫疤而喜欢戴帽子,因有眼病而戴的各种类型的眼镜,等等),除应如实描述外,还要拍照他的生活特点参考照片,以作为识别人犯时的辅助材料。

拍照人犯辨认照片的方法:务必使照相机与人犯保持平行,镜头光轴与拍照的中心部位垂直。拍照出的底片上成像的高度为实际的高度的 1/24,即 $\frac{y'}{y} = \frac{1}{24}$。根据成像公式可知:

$$拍照的距离 = 物镜焦距 \times 24 + 物镜焦距(1 = f \cdot \frac{y}{y'} + f)。$$

按照人像检验要求,正片应为 4.5×6 厘米(约为原大的 1/10)。在临场拍照人犯照片时,在其侧水平面上挂一条标有身高的米度尺。在其背后衬以标示姓名或编号的胸牌。

(二) 右侧面脱帽半身照片

右侧面半身照片,是为反映人犯右侧面的外貌形象和特别特征。拍照时令人犯向左转 90 度角,两眼向左前方平视,完全显露出人犯的前额、鼻、上唇、下唇和下颌的侧面轮廓。对右耳的特征也要得到清晰地反映。

拍照侧面照片与正面照片拍照的方法相同。

二、尸体辨认照相

对于不知名尸体,必须拍照尸体外貌照片,以作为辨认和证实死者身份的凭证。尸体辨认照相规则和拍照方法均与人犯辨认照相相同。但例外的是,由于不知名尸体一般发现的时间较晚,人体外貌受到自然的或人为的改变,有时遭到严重损坏和高度腐败。所有这些,都要根据不同情况,在拍照之前可以允许进行整容。如清除血污、泥垢,缝合伤口,整理衣着,理发,对于脱水的眼内外角填充适度的填料等。

拍照正面照片时,可采用俯瞰方法垂直拍照。拍照右侧面照片时,可将尸体的头部左侧适当地垫高,达到近似坐立姿势即可。

此外,对不知名尸体的其他物证(衣、帽、鞋、袜以及内衣、内裤以及尸体肉体上的特别特征等),都要拍照成物证辨认照片,以提供辨认尸体的辅助材料。

第五章 痕迹勘验

第一节 痕迹勘验的对象和任务

一、痕迹勘验的对象

从最广泛的意义上说,痕迹乃是事物自身运动、发展及其相互作用所引起的客观物质的一切变化的总称。对痕迹的研究,在不少科学领域内有着特殊重要的意义。考古学、古生物学、地质学、人类学等科学部门,之所以能科学地揭示和认定历史上曾经发生过的某些事实及其发生、演变的过程和原因,其主要的依据,就是过去事物所遗留的某种痕迹。

刑事侦查学中痕迹这一概念有其独特的含义,通常又有广义和狭义之分。就广义而论,凡由于犯罪行为或与犯罪有关的活动所引起的客观物质环境的一切变化,统称为犯罪痕迹。例如,犯罪人遗留在犯罪现场上的手印、脚印、牙印、工具痕迹、枪弹痕迹等反映造型体外表结构形态的种种形象痕迹;犯罪人分割整体物时形成的各种断离痕迹;犯罪人书写的文书;杀人现场上的血迹、尸体状态;乃至由于犯罪而遗留的各种物质微粒、特殊气味,等等,都可称之为痕迹。就狭义而言,痕迹仅指上述犯罪痕迹中的形象痕迹和断离痕迹。

不同形态的痕迹,其勘验方法不尽相同。本章所说的痕迹勘验仅指刑事技术的一个组成部分,其中,"痕迹"一词仅指狭义而言。痕迹勘验特指运用专门技术方法,对与犯罪事件有关的人和物留下或造成的形象痕迹和断离痕迹的勘验、检查。换言之,痕迹勘验的对象是由形象痕迹和断离痕迹构成的。

二、痕迹勘验的任务

痕迹勘验作为一项专门技术,多运用于犯罪现场勘验。根据需要和可能,经刑事侦查部门的负责人批准并征得有关事主的同意后,也可以将痕迹的承受体(即痕迹载体)带回实验室勘验、检查。

痕迹勘验的主要任务是:发现、固定、提取和保全与犯罪案件有关的种种形象痕迹和断离痕迹,与案件无关的痕迹不能擅自进行勘验;研究种种形象痕迹和断离痕迹产生、发展的过程,分析痕迹与犯罪的具体联系(即痕迹是否犯罪人实施犯罪行为时所遗留或造成的,以及是犯罪人在什么时间、什么情况下怎样遗留或造成的);分析判断遗留痕迹的犯罪人或犯罪使用物的情况,如犯罪人的性别、年龄、身高、体态、职业等特点及犯罪使用物(包括破坏工具、凶器、交通工具等)的种类、性能等。

在侦查犯罪中,痕迹勘验占有非常重要的地位,是侦查犯罪的一项重要的技术手段。它可以为分析案件情况,确定侦查范围,查缉犯罪人提供重要的依据,也是进行痕迹鉴定的一个前提条件。

痕迹勘验通常是在现场勘查过程中进行,是现场勘验的重要组成部分,因此必须严格遵守现场勘验的程序和规则。

第二节 形象痕迹的形成及分类

形象痕迹是痕迹勘验的主要对象。形象痕迹勘验不仅能为判断案情提供客观依据,而且还能为分析犯罪人的个体特点及认定造型体的种类,乃至对造型体(包括人和物)进行同一鉴定等提供准确的材料。

一、形象痕迹的概念

形象痕迹是一个客体在另一个客体上形成的反映形象。鉴于两个客体在形成形象痕迹时的作用不同,故把前者称为造型体,后者称为承受体。造型体作用于承受体,使承受体表面形成与造型体接触面某些外表结构形态特征相适应的变化,这就是形象痕迹。例如,反映手指、掌乳突线花纹的手印,反映鞋底花纹形态的鞋印,反映牙齿形态特征的牙印,反映轮胎花纹特征的车轮痕迹,反映发射枪支的枪管内壁结构形态特征的弹头上的阳线痕迹等,都是形象痕迹。

二、形象痕迹的形成

从物理学的观点分析,形象痕迹多是在力的作用下,造型体和承受体间发生机械运动的结果。

作用力是使两客体相互接触形成形象痕迹的基本动力。该种动力在一般情况下来自造型体;少数情况下来自承受体,如形成弹头上的阳线痕迹;个别情况下同时来自造型体和承受体,如车辆迎面对驶形成的撞车痕迹。

为了能形成和保全形象痕迹,造型体必须具备一定的形状、体积和硬度,承受体必须具备吸附、渗透、可塑、形变等属性。有的造型体虽然软,但它必须具有把自身的分泌物、附着物分离在承受体上,或者能把承受体表面的附着物粘走的属性。

除了由于力的机械作用使两客体相接触形成形象痕迹外,还有一些形象痕迹是由于光、热等其他一些物理的或化学的作用所造成的。这时,造型体和承受体即使不直接接触,也有可能形成形象痕迹。例如,汽车在雪地上停留时,因发动机的热辐射,使局部积雪溶化的痕迹等。当然,由于这种形象痕迹只反映造型体的粗略轮廓,所以不能据此对造型体进行同一鉴定,但是它往往能为推断造型体的种类提供一定的依据。

三、形象痕迹的分类

形象痕迹可以按以下几个标准分类:

(一) 按承受体是否变形划分

按承受体是否变形,可以分为平面痕迹和立体痕迹。

平面痕迹。指造型体作用于承受体后,承受体的接触面未发生凹凸变化所形成的痕迹。平面痕迹又可以分为平面加层痕迹和平面减层痕迹。平面加层痕迹是造型体把自身固有的或表面附着的某些媒介物质留在承受体上所形成的,如茶杯上的汗垢手印,水泥地面上的鞋印等。平面减层痕迹是由于造型体的吸附力或粘合力,在造型体与承受体接触时,将承受体表面的某些媒介物质微粒带走所形成的,如在布满薄层灰尘的桌面上留下的手印、赤脚印等等。由此可见,形成平面痕迹的一般条件是:承受体的硬度大于造型体;承受体或造型体表面有某些物质微粒;承受体或造型体表面具有一定的吸附力和粘合力,或者是参与形成平面痕迹的某些物质本身具有一定的粘附性。

立体痕迹。指造型体作用于承受体后,承受体的接触面发生凹凸变化所形成的痕迹。例如未干油漆上的手印,潮湿土地上的脚印,水果上的牙印等。立体痕迹不但能反映造型体某一面的形象特征,而且可以反映出造型体三维度接触面的立体形象特征。形成立体痕迹的一般条件是:造型体的硬度大于承受体;承受体具有一定程度的可塑性。

(二) 按两客体接触面是否平行滑动划分

按两客体接触面是否平行滑动,分为静态痕迹和动态痕迹。

静态痕迹。指作用力垂直或接近垂直于造型体和承受体的接触面时,两客体没有发生平行滑动所形成的痕迹。如捺印的手印,踩踏的脚印,撬压痕迹,打击痕迹,图章印文,汽车轮胎滚压痕迹等。由于形成静态痕迹时,两客体接触面始终保持相对不变,所以痕迹一般面积完整,轮廓清晰,能比较客观、正确地反映造型体的形象特征。

动态痕迹。指造型体与承受体接触面发生平行滑动所形成的痕迹。如擦划痕迹,刺切痕迹,劈砍痕迹,弹头上的阳线痕迹,汽车刹车痕迹等。这种痕迹一般反映为面宽、痕浅,痕壁特征反映不明显,痕底特征反映在形态上会有改变,即造型体上原有的点在承受体上反映为线状痕,而线(横线或斜线)则反映为带状痕,而且随着两客体接触角度的不断改变和方向的变化,线状痕与带状痕的长短、粗细、宽窄、间隔距离，甚至痕迹的面积形状等，都会有程度不同的态变。

（三）按痕迹的色调与承受体有无反差划分

按痕迹的色调与承受体有无反差，分为易见痕迹和不易见痕迹。

易见痕迹。指本身色调与所在承受体有明显反差的痕迹。如刀把上的血手印，白床单上的煤黑色脚印，柏油马路上的白灰色轮胎痕迹等。立体痕迹也是一种易见痕迹。

不易见痕迹。指本身色调与所在承受体无明显反差的痕迹。如光滑物体表面的无色汗垢手印，水磨石地板上的灰尘脚印等。不易见痕迹往往需要采用特殊的手段才能发现。

（四）按承受体发生变化的范围划分

按承受体发生变化的范围，分为内部痕迹和外围痕迹。

内部痕迹。指造型体作用于承受体，使承受体接触面范围内发生变化所形成的痕迹。如一般的手印、脚印、牙印等均属于内部痕迹。由于内部痕迹能反映造型体接触面范围内的多种几何特征，因此，一般都有同一鉴定的价值。

外围痕迹。指造型体与承受体接触面范围以外发生变化所形成的痕迹。如墙上的挂钟、字画被取走后留下的痕迹，下雪时汽车停留的痕迹，布满灰尘的现场取走作案工具后留下的痕迹等。外围痕迹只能反映造型体的某种外形轮廓，一般只能为分析案情和判断造型工具种类提供一定的依据。

除按以上标准对形象痕迹分类外，实际工作中为便于记录，常按造型体的名称进行分类。如可以将形象痕迹分为手印、脚印、牙印、破坏工具痕迹、车轮痕迹、枪弹痕迹等。

第三节　手印勘验

手接触承受体表面时留下的手纹印痕，称为手印。手印是犯罪现场上最常见的一种形象痕迹。根据犯罪分子作案时遗留在现场上的手印，可以分析判断作案的过程、作案的人数、作案人的人身特点等，从而能够为侦查破案提供线索，为通缉犯罪分子，查对前科，识别无名尸体和分尸案的身源提供依据，并可作为并案侦查的根据。手印鉴定结论是重要的诉讼证据。

一、手指和掌面乳突线花纹的形成及其特性

人的手指、掌面布满了粗细不等的凹凸纹线，其中比较粗的、数量较少的凹线称屈肌线；比屈肌线稍细、数量较多的凹线称皱纹；数量最多、线条最细、排列均匀的凸线称乳突线；与乳突线并列的凹线称小犁沟。手印勘验的对象主要是手指、掌面的乳突线花纹留下的痕迹。

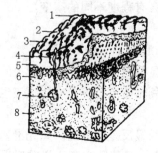

图 6 手掌皮肤组织结构
（立体图型）

1. 乳突线　2. 小犁沟　3. 汗孔
4. 汗腺导管　5. 表皮层　6. 乳头状突起
7. 汗腺腺体　8. 真皮层

手指和掌面皮肤是由表皮和真皮两部分组成的。在真皮临近表皮的界面上生长着无数排列整齐的乳头。乳头内分布着毛细血管、神经末梢和一个个汗腺导管。由于真皮乳头层的形成，皮肤表面就呈现与之相应的凸凹结构。由许多乳头突起排成的线条称乳头突起纹线，简称乳突线。许多乳突线的组合，就构成了乳突线花纹(图 6)。

手指和掌面乳突线有弓形、箕形、环形、螺形、曲形和棒形六种形状(图 7)。六种乳突线的不同组合于手指第一指节骨皮肤表面成为千变万化的乳突花纹，

弓形线	箕形线	环形线	螺形线	曲形线	棒形线

图 7 指纹乳突线的六种形状

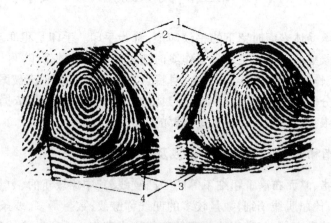

图 8 指纹的纹线系统
1. 内部花纹系统　2. 外围线系统　3. 根基线系统　4. 指纹三角

即指纹。但这六种乳突线在每个指纹中的特定组合并非杂乱无章毫无规律的,一个完整的指纹一般是由二至三种同类乳突线构成。按乳突线在指纹中的部位分为三个系统:即内部花纹系统、外围线系统和根基线系统(图8)。

内部花纹系统居于花纹的中心部位,又称内部花纹,有的由箕形线组成,有的由环形、螺形或曲形线组成。外围线系统从上部和左右两侧包绕着内部花纹,由弓形线组成。根基线系统分布在内部花纹的基底部位,由弧度较小的波浪线或不大平坦的直纹线组成。三种纹线系统汇合的地方,构成三角。

指纹的基本类型有三种,即弓型纹、箕型纹和斗型纹。弓型纹没有内部花纹,由上部弓形线和下部横直线或小波浪形纹线构成。弓型纹按纹线隆起程度又分为弧形纹和帐形纹两种。纹线隆起不大的称弧形纹;纹线隆起很大,中间还有一根以上直线支撑的称帐形纹(图9)。箕型纹是内部花纹有一根以上箕形线构成的指纹。箕型纹是常见的一类指纹(图10)。箕型纹有三种纹线系统。三种纹线系统在一侧汇合构成一个三角(图11)。

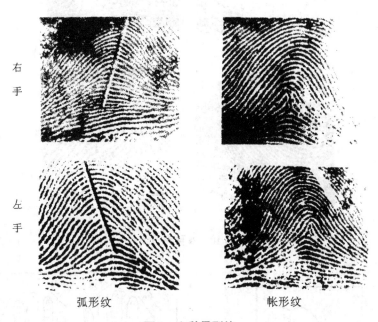

图 9 各种弓型纹

箕型纹根据箕口的方向有正箕和反箕之别。从手指面上看,不论左手或右手,箕口朝向小指的为正箕;箕口朝向拇指的为反箕(图12)。

图 10 各种箕型纹

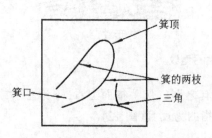

图 11 箕的各部名称和三角的位置

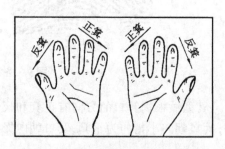

图 12 手指表面的正反箕示意图

在箕型纹中,大多数为正箕,反箕只占百分之二点五左右。据国外统计资料表明,绝大多数的反箕形纹出现在食指。正箕和反箕的箕口方向从手指上看和从捺印上看并不相同。从捺印的指印来看,左手的正箕箕口朝向左方,反箕箕口朝向右方;右手的正箕箕口朝向右方,反箕箕口朝向左方(图13)。

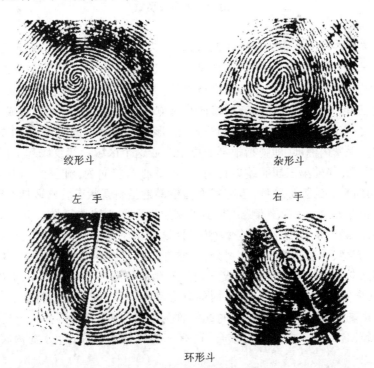

图13 从捺印指纹区分正、反箕

斗型纹是内部花纹由一根以上的环形线或者螺形线或曲形线构成。中心花纹为环形线的称环形斗;中心花纹为螺形线的称螺形斗;中心花纹为曲形线或两个相反方向的箕形线的为双箕斗。上述三种斗型纹的三种纹线系统分别在两侧汇合构成左右两个三角(图14)。

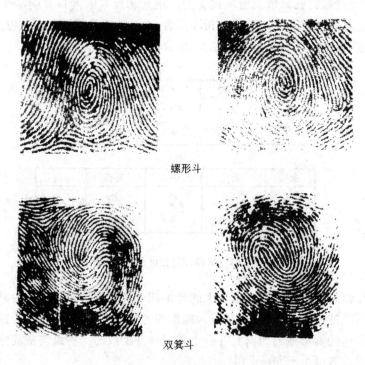

螺形斗

双箕斗

图 14　各种斗型纹

手掌面按纹线分布的自然状态,可划分为上部、内侧部和外侧部三个区域。手掌上部,即食、中、环、小指根部至第一屈肌线这个区域。其乳突花纹结构是:每个指根部都有一组凸向掌心的横行弧线,并常与来自两侧指间的纵行纹线汇合构成三角。各指间的纹线有的流向小指侧,有的流向另一指间,形成凸向掌心的弓型纹;有的则返回同一指间的另一侧,形成头向掌心的箕型纹,个别的出现斗型纹。手掌内侧部,即拇指根部一侧至掌心这个区域。其纹线起于拇、食指间和拇指根部,伴随第三屈肌线斜行向下,至掌心弯转向内,流至内侧斜边沿和腕部,呈凸向掌心的弧形纹线,但越靠拇指根部越呈斜直状态。此区域有时亦形成箕型纹和斗型纹。手掌外侧部,即小指侧边沿至掌心这块区域。其纹线多来自食指根部,经流掌心,斜行至整个外边沿,纹线由小增多呈扫帚形。此区域亦常有弓型、箕型、斗型花纹分布。另外,手掌外侧部与内侧部的纹线在手腕部汇合,与腕部凸向掌心的弧形线组合成三角。三角的位置多在手腕正中,亦有偏内或偏外,或向掌心靠近的。手指、掌面的乳突线中,还有许多细节特征。按顺时针方向追迹乳突线时,凡较长纹线的起端称为起点,终端称为终点,一分为二之点称为分歧,合二为一之点称为结合;还有一些纹线互相联结,分别构成小勾、小眼、小桥;一小部分纹线很短,呈小棒状和点状(图15)。

手指、掌面乳突线花纹具有四个方面特性:(一)各种乳突花纹类型和乳突线的细节特征,构成了指、掌纹的特定性,不仅人各不同,而且指指相异;(二)指、掌纹形成于胎儿阶段,一经形成,其花纹类型和细节特征的总和,即具有极强的稳定性;(三)由于手指第一指节上的乳突线有规律地组成不同的花纹,所以指纹具有可分类性;(四)由于乳突线上有汗孔分泌汗液附在皮肤花纹上面,用手触摸物体极易留下手印,故其还有易反映性。

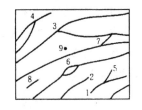

图15 乳突线的个别特征
1.纹线起点 2.纹线终点
3.纹线分歧点 4.纹线结合点
5.小勾 6.小眼 7.小桥
8.短棒 9.小点

二、现场手印的发现和提取

犯罪人在现场实施犯罪行为时,多离不开手的直接参与,因此,不可避免地留下其手印。现场手印通常是附加在承受客体上的,有立体的,有平面的,有加层的,有减层的,有显在的(可见的),有潜在的(不易见的或不可见的)。无论是哪一种手印,稍有不慎就会受到损坏和变化,甚至消失。因此,必须及时采取科学的发现和提取措施。对已遭到破坏的现场,更要发挥主观能动性,一丝不苟地进行勘验和检查,以便在各种客体上发现犯罪分子作案时遗留的手印。

为了全面寻找和发现犯罪人遗留在现场上的手印,首先要根据案件和现场的具体情况,向被害人或事主了解现场上各项物体发案前的存在状态以及发案前有无第三者出入现场和接触物体,然后分析犯罪人在作案过程中可能触摸或变动过什么物体,从而确定犯罪人可能留有手印的重点部位和重点物体。如果发案后原始现场已有变动和破坏,应查清有关人员触摸或变动物体的情况,以便鉴别哪些可能是犯罪人遗留的手印。

寻找和发现手印的重点是:犯罪人出入现场的路径;犯罪目的物所在的处所;留在现场上的作案工具和有关遗留物;现场上被变动的物品及常用的生活用品;与其他痕迹(如脚印、破坏工具痕迹等)相关联的部位;尸体、赃物及其包装物所在地;犯罪分子藏身或隐蔽的地点等。

必须指出,随着同犯罪作斗争的深入,犯罪人作案的手段也越来越狡猾,戴手套作案日趋增多。但是,由于现场客观环境的限制,在某种情况下,犯罪人也可能丧失警觉而脱掉手套留下手印。因此,在勘验、检查时,不能因为在某处客体上发现了手套印或手套的纤维毛,就不去注意寻找、发现犯罪人不戴手套时留下的手印。

显在的手印如有色平面手印和立体手印,在普通光照下用肉眼直接观察就明显可见。有的不易见手印(如汗液、油垢和灰尘手印),根据其成分、所在位置、承受客体的属性等,利用自然光或人造固定光,使光源与承受客体表面构成适当的方向和角度,以目视亦可直接发现。有的汗液和油质等无色潜在手印,则需要根据承受体性质、手印遗留时间、气候条件和形成手印的物质,采用相适应的技术方法,才可以显现。通常使用的方法,可以分为以下三类:(一)粘附着色法。适用于显现遗留时间较短的新鲜手印。此类方法是利用形成手印的乳突线汗液物质具有一定的"粘滞力",将某些物质的细小颗粒粘附于手印表面,改变手印与承受体的反差,将手印显出。粉末法、熏染法等均属此类方法。(二)反应显色法。两种无色物质发生化学反应生成新的有色物质的过程,称为"显色反应"。反应显色法是利用形成手印的乳突线汗液中某些离子或有机物与一定的化学试剂的显色反应(或聚合作用),增强手印与承受体的反差,将手印显出。化学试剂显现手印,在操作程序和对环境温度、湿度等方面要求都比较严格,应分别掌握,以提高显效。硝酸银溶液法、宁西特林溶液法等均属此类方法。(三)荧光显现法。此类方法是利用物理学中的"光激发光"原理,利用激光或紫外光直接激发手印中汗液产生荧光(一次光致荧光),将手印显出。为了增加荧光效果,亦可先用化学或物理学方法对手印进行前期处理,然后再激发荧光(二次光致荧光),将手印显出。

在显现手印时,为了获得最满意的效果,可精心设计显现综合流程。设计显现手印综合流程,应遵循以下原则:(一) 先无损勘验,后有损勘验;(二) 前一种显现方法作为后一种显现方法的基础(或不影响后一种方法使用);(三) 后一种显现方法作为前一种显现方法的补充及增强。根据上述原则,显现手印的一般流程是:(一) 配光检查;(二) 拍照;(三) 碘熏法或502胶法;(四) 粉末法或化学试剂法;(五) 荧光强化;(六) 荧光拍照。

对于发现的手印,可以采取胶纸粘取(适用于一般粉末显现的手印)、静电吸附(适用粉尘手印)、制模(适用立体手印)和提取实物等方法加以提取。但应注意,无论采取何种方法,都必须先照相固定,并对手印所在的具体位置、高度、指印的方向、手印相互间的关系,形成手印的物质,手印的种类(是立体的,还是平面的,如是平面的,则是加层的还是减层的),手印所反映的纹型及其清晰度和完整程度,承受体的性质及其表面光滑程度,手印的数量以及提取的方法等加以详细记载,以便为进一步分析和检验手印提供必要的客观材料。

三、现场手印分析判断

犯罪现场上的手印,可能是犯罪人遗留的,也可能是事主或其他人员所留。因此,对于在犯罪现场上发现或显现出的手印,必须结合周围环境、犯罪动作和手印在承受体上的分布等情况,实地进行分析研究,判断现场手印是否为犯罪人作案时所遗留,又系何手何指所留,并根据手印的形象和特征反映,判断犯罪人的人身特点。正确地解决这些问题,对于确定侦查方向,密取嫌疑人手印样本,查对指纹档案和进行手印鉴定等都有重要的意义。

为从现场手印中找出犯罪人的手印,应从以下几方面进行分析判断:(一)分析留有手印的物体与犯罪的关系。主要分析研究留有手印的物体罪犯是否触摸、移动和破坏过,是否为现场遗留物,事主和其他人员是否接触过,以及其来源、使用和保管情况等。一般说来,犯罪遗留物上遗留的手印及事主和其他人员不易接触、而犯罪活动过程中又必须触及的物体上留有的手印,通常可判断为犯罪人所留。(二)研究手印遗留的情况与犯罪的关系。犯罪人在现场上的手印的遗留情况同犯罪活动密切相关。研究它们的关系应从手印在物体上的位置、方向,手印附近的其他犯罪痕迹,形成手印的物质,手印的新鲜程度,以及与其他案件现场手印相互比对等方面去研究。一般说来,现场上通常人很难接触到的部位上的手印,其他犯罪痕迹(如撬压痕迹)旁近的手印,通常人难以接触的物质形成的手印,以及同其他案件现场上犯罪手印相同的手印,均可视为犯罪人所留。(三)甄别澄清事主和无关人员的手印。经过上述工作后,仍不能确定现场手印是否为犯罪人所留时,经批准并征得事主和其他可能接触现场有关部位和物品的无关人员的同意后,可捺取他们的手印与现场手印进行比对甄别,以便把它们区别开来。

为了判断现场手印是左手还是右手所留,可以从以下几方面进行分析:(一)结合现场环境进行分析。现场环境往往能对犯罪人所站位置和某只手的动作构成一种特定的限制条件。依据这种条件,即可判断犯罪人必须用哪只手才能接触留有手印的物体。(二)结合不同的客体和手印在客体上遗留的位置,从拿东西的习惯上以及破坏障碍物的方式上去分析判断。(三)根据指印在物体表面排列情况分析。现场客体上如留有几个并列着的指印,可以分析它们之间的相互关系,来判明是哪只手、哪几个手指留下的。一般说来,可以从手印的方向,拇指印和其他手指印的对应关系,中、环、小三指印并列情况,食、中、环三指印以及食、中、环、小四指并列的情况去分析判断。(四)根据单个指印所反映的指纹纹线结构分析。每个手指上的乳突线花纹结构与纹型生长都有一定的规律性,只有少数是反规律的。据此,可利用它的规律性来判断手印为何手所留。例如,弓形纹印,连结各条弓形线印最高点作一中心轴线,中心轴线向左倾斜的为左手所留,向右倾斜的为右手所留(见图9);螺形斗纹印、中心螺形线印顺时针旋转者为左手所留,逆时针旋转者为右手所留;环形斗纹印,中心环形线印中心轴线向左倾斜的为右手所留,向右倾斜的为左手所留(见图14)。

对现场手印还应判断指印是何指所留。分析判断指印为哪个手指所留,在遇到几个指印并列的情况下是比较容易的。如果只有一个指印,判断起来就比较困难。在这种情况下,可以根据指印的面积形状和各种类型的花纹在手指上的出现率来分析判断。(一)根据指印的面积和形状分析。一般是拇指正面印面积最大,形状是上尖下圆,中部横宽;一侧印,则形似半圆,左手印弧形凸向左,右手印弧形凸向右。食指印的面积不如拇指印大,其指尖临拇指的一侧往往缺角,缺角印在右上侧的,一般为左手食指所留,缺角印在左上侧的,一般为右手食指所留。中指和环指印往往比较完整,形状呈长方形、平顶或稍圆。小指印面积最小,顶端形状较尖。小指印很少单独出现,常与食、中、环指印并留。(二)根据各种类型的花纹出现率在指印中的反映分析。右手拇指多出现环形斗、螺形斗。左手拇指多出现双箕斗。如果拇指是弓形纹,则多为弧形纹,很少帐形纹;食指上往往出现一些罕见的纹形(弓形纹、反箕形纹、囊形纹);中指出现正箕较多,环形斗和螺形斗次之;环指多出现斗形纹,囊形斗较多;小指多出现正箕形纹。

现场上的犯罪手印还能反映出犯罪人的身高、年龄、体态等特征。(一)身高分析。主要从两方面分析:一是根据手印遗留在客体上的位置,在某些特定的条件下进行分析。如拿取的高位客体上的物品上的手印,即能反映出人体的高度。二是根据手印的长度,按照人手长度与身体的比例关系来推算身高。(二)年龄分析。主要是根据不同年龄阶段乳突线形态变化的生理规律在手印中的反映来分析。(三)体态分析。主要是根据手的形态特点和纹型的长宽布局在手印中的反映来分析。

四、手印样本的捺取

为了证明现场上的犯罪手印是谁所留,必须收取手印样本进行比对。收取手印样本一般应秘密进行,讲究方式方法,既保证所取样本准确、清晰、完整,又要注意防止暴露侦查意图和手段。收集的范围,应限于重大犯罪嫌疑人和罪犯,不得在发案单位和地区的群众中普遍地收取。

应当指出,为了甄别现场手印,查找无名尸体和分尸身源,对于尸体和碎尸手纹,如曲缩手、真皮手纹、干瘪手印、"死亡手套"等,也必须采取相应的技术方法捺取。

第四节 脚印勘验

人站立和行走过程中遗留的赤脚印、袜印和鞋印,统称为脚印。脚印也是犯罪现场上常见的一种形象痕迹。犯罪人作案,必然在现场上走动,当其赤脚或穿鞋、袜与地面或其他承受客体接触时,由于脚与承受体的相互作用,致使承受体表面发生变化而留下脚印。勘验现场上的脚印,可以为判断案情和犯罪人的形态、步行姿势及进入和逃离现场的路线、速度、负重方式等提供依据;可以为追缉犯罪人提供踪源;可以为认定犯罪人的人身或鞋、袜提供依据。遇有不知名尸体和分尸案件,可以利用脚印识别被害人的身源。

一、赤脚底、袜底和鞋底的特征

人站立和行走运动在各种承受客体上形成的赤脚印、袜印和鞋印,能够反映出赤脚底、袜底和鞋底外部结构形态的一般特征和特定特征。

赤脚底部特征:(一)赤脚底部的一般特征:赤脚底的长度,各部位的一般形状、长短、宽窄,脚趾的分布状况(并紧的、分散的和重叠的),脚弓高低类型(高弓型、窄弓型、中等型、扁平型和膨胀型),乳突花纹的类型等。(二)赤脚底的特定特征:赤脚掌各部位边缘的特殊形态,脚趾的特殊形状、大小和相互关系,脚弓的高低,脚掌乳突线细节特征的位置、形态及相互关系,伤疤、鸡眼、脱皮的形状、大小、位置,多趾、骈趾、缺趾或其他畸形特点等。

袜底部特征:(一)袜底部的一般特征:袜底的长度和各部位的宽窄,袜线的种类、粗细和密度等。(二)袜底部的特定特征:袜子的断线、跳线的位置及其相互关系,袜底针角的形状、大小、分布状况,磨损和破洞的形状、大小、位置,织补的位置、形状、大小和织补的方法,缝线的针脚分布情况以及工艺习惯等。

鞋底部特征:(一)鞋底部的一般特征:鞋底的一般形状、长度、宽度,鞋底表面花纹、图案的类型,各种标记的一般形状和内容,鞋底质料的种类和制作方法,鞋底的新旧程度等等。(二)鞋底部的特定特征:鞋底部生产过程中形成的缝线、针脚、钉子和粘联部位的形状、大小、粗细、长短、位置以及它们的分布状况,商标、牌号等标记的位置、磨损和变形,穿用过程中形成的磨损的具体位置、形状、大小,鞋底的围条(沿边条)的接头、布层的位置、形状和层数,鞋底的裂纹、窟窿的位置、形状、大小和补丁的形状、大小、位置以及鞋底粘着的其他物质等等。

二、现场脚印的发现和采取

寻找和发现犯罪人脚印,首先要了解发案前后曾进入或到过现场的有关人员所穿鞋子的种类,观察或提取有关人员的脚印样本,以便在寻找、发现中随时加以澄清和排除,突出重点,寻找和发现犯罪人遗留的脚印。寻找、发现脚印的顺序,应根据案件的性质和现场的情况,抓住重点,由外围向中心或由中心向外围,从室外向室内或由室内向室外从下而上地观察,并注意做到边发现、边作标记加以保护,防止人为的或自然力的破坏。一般说来,应特别注意从犯罪现场的出入口,犯罪活动的中心部位,犯罪人踩踏、攀登过的客体上,犯罪人作案前后来去的路线上,犯罪人作案前后藏身的地点,被害人的脚印旁以及犯罪人掩埋尸体和隐藏赃物的场所去发现。

同发现现场手印一样,由于脚印的种类不同,形成脚印的物质和承受脚印的客体不同,发现的方法也不同。常用的发现脚印的方法有以下几种:(一)目察法。适用于立体脚印和有色平面脚印。具体办法是:白天,在自然光线下,利用逆光或侧光观察发现。室内的脚印因反差弱,在自然光线下往往看不清,可将门、窗遮挡,采用人造光观察发现;夜晚,可使用一定的照明设备配光观察。(二)物理染色法。适用于无色汗液赤脚印。其原理同显现无色汗液手印相同。(三)静电显现法。适用于显现不易见的粉尘脚印。其原理是通过带电荷的黑聚氯乙烯软片或黑色聚氯乙烯板吸附脚印上粉尘,增强反差而达到显现效果。(四)化学显现法。适用于显现无色汗液赤脚印。其适用的客体和原理与显现无色汗液手印同。

对于发现的脚印通常采取以下方法加以固定提取:(一)拍照。应严格按照刑事照相的方法进行。拍照单个脚印,应在脚印旁放比例尺。遇有成趟脚印时,需用直线分段拍照法连续照下四个以上脚印。(二)提取留有脚印的原物。对于遗留在小件物品上的平面脚印,可将留有脚印的实物加以提取。(三)复印。适用于粉尘平面脚印。其方法是用黑色聚氯乙烯软片或板显现脚印后,用硬纸夹或白色塑料薄膜覆盖固定。(四)制作石膏模型。适用于采取泥土地上、粉尘上、雪地上以及积水中的立体脚印。

对于现场上发现的脚印,在提取前,还要用准确、简明的文字加以记录,并辅之以形象符号示意。(一)记录的内容:脚印遗留的位置和分布的情况及脚尖指向的方向;脚印与周围环境的关系;脚印的种类、数量;脚印形成的条件和可能影响特征的客观情况;脚印中的附着物;固定、采取和处理脚印的情况。(二)记录的方法:照相记录、绘图示意和文字描述三种。绘图示意和文字描述应注意标明脚印的长短、宽窄和脚印之间的距离,脚印和其他客体之间的距离。照相记录需在脚印旁放置比例尺。

三、现场脚印的测量

(一)鞋印的测量方法(图16)。1.鞋底印的全长:在鞋底印的前掌和后跟最宽处的中心点上作一直线为鞋底印的中心线,再于前缘和后缘各作一条与中心线垂直的切线,两切线之间的垂直距离,就是鞋底印的全长。2.鞋掌印的长度:鞋掌印的长度可分内侧长、外侧长。鞋掌内侧后缘至前尖切线之间的垂直距离为内侧长。外侧后缘至前尖切线之间的垂直距离为外侧长。3.鞋弓印的长度:鞋掌印内侧后缘至鞋跟内侧前缘之间的垂直距离为鞋弓印长。内外侧长度不一致时,应分别测量。4.鞋跟印的长度:鞋跟印前缘至鞋跟印后缘之间的垂直距离为鞋跟印的长度。5.鞋掌印和鞋跟印的宽度:鞋掌和鞋跟两者各自的内缘至外缘的最宽处与中心线的垂直距离,即是两者的宽度。6.鞋弓印的宽度:鞋弓印的内缘至外缘的最窄处与中心线的垂直距离即为鞋弓印的宽度。

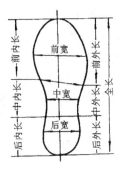

图 16　鞋印测量方法

图 17　赤脚印测量方法

(二)赤脚印的测量方法(图17)。1.赤脚印的长度:通过第二趾印的中心点和脚跟印最宽处的中心点划赤脚印的中心线,再分别于最长趾印的前端和后跟印后缘的最突点各作一条与中心线垂直的切线,两切线之间的距离,即为赤脚印的全长。2.赤脚掌印宽度:脚掌最宽处划一条与中心线垂直的线,此线即为赤脚印宽度。3.赤脚弓印宽度:从赤脚弓印外缘最凹处划一条与中心线垂直的线,此线即为赤脚弓印宽度。4.赤脚跟印宽度:从赤脚跟印最宽处划一条与中心线垂直的线,此线即为赤脚跟印宽度。

四、现场脚印分析判断

根据现场脚印的情况,可以分析判断出脚印与犯罪的关系,犯罪人所穿鞋、袜或赤脚的种类,犯罪人的步法特征、形态、伪装行为及逃跑方向等。

分析脚印与犯罪的关系,就是要确定现场脚印是否为犯罪人的脚印。一般可以从以下几方面分析:(一)分析脚印遗留的位置同犯罪分子作案时的动作是否吻合。(二)分析脚印的新鲜程度同犯罪分子作案的时间是否吻合。主要是根据当时当地的气候和环境,从脚印花纹边楞的锐利程度、土色变化、干湿程度等方面进行分析。(三)分析脚印中有无留有从别处带来的物质。比如血脚印、煤粉形成的脚印、附有铁屑等物质的脚印等等。(四)分析脚印上有无附加特征。发案后,脚印上反映的附加特征,也可帮助判断脚印是否为犯罪人所留。比如,雨前发案的脚印表面有雨淋的麻点。(五)结合案件的性质,分析脚印与其他犯罪痕迹或与犯罪行为有关的其他物品之间是否有密不可分的内在联系。(六)分析脚印有无反常情况。犯罪人作案时,心情紧张,行动反常,因而常出现异常脚印。一般是:犯罪人在作案前多在现场周围窥视偷听,观察动静,为避免声响而蹑手蹑脚,因此在临近现场的房前屋后,墙角窗下等阴暗角落出现一脚重一脚轻或一脚直一脚斜的脚印,有时还伴有爬卧痕迹;当犯罪人接近作案地点时,注意力多集中在选择目标,同时又要观察地形,寻找隐身场所等,因而多出现时快时慢、停顿徘徊、路线弯曲的步法特征和相互重叠的脚印。作案后,犯罪人急于脱身逃走,多快步或跑步走,不择路,故多出现步大、速度快、挖痕明显、步角变小的步法和步态特征;疲劳时,因走路跟跄,故出现路线弯曲,步子短而宽、步角大、起落脚低(脚印中出现擦痕),并常伴有休息坐卧等痕迹。(七)根据现场脚印的复杂情况,通过甄别无关人员的脚印,确定犯罪人的脚印。但要注意识别伪装脚印或内部作案有关人员遗留的脚印。

分析犯罪人所穿鞋、袜及其赤脚种类,主要依据现场脚印所反映的鞋、袜及其赤脚底部的外表结构特征。

鞋子种类分析。一般从以下几方面分析:(一)鞋子质料分析。主要根据鞋印所反映的鞋底花纹、商标牌号、产地厂名等区分是属塑料底鞋、胶鞋、布鞋还是皮鞋的鞋印。但是,应注意同种质料的鞋底,可能配制不同质料的鞋帮;同样一种鞋底,有制成单鞋、夹鞋和棉鞋的,有制成矮腰、中腰和高腰的等等。这就要通过查对鞋底花纹档案及走访鞋厂、鞋店查对鞋样,进一步研究解决。(二)鞋号分析。主要根据测量鞋底印的长度和宽度来推算。换算公式是:鞋号=鞋底长-内外差-放余量。鞋底长是指鞋底前尖至后跟缘的垂直距离。内外差是指鞋内长(即鞋楦长)与鞋底面长度之差,即鞋内实际长加前、后鞋帮的厚度,再加(或减)鞋底面前、后边的宽度,才等于鞋底面实长。放余量是指脚在鞋内活动的余地。各种鞋的放余量都有一定的标准,如男女前后空塑料凉鞋为0.5厘米、布鞋为0.8厘米、胶鞋为1厘米、女皮鞋为1.2厘米、男皮鞋为1.5厘米。此外,为查明鞋号,现场留的不完整的注塑和模压的鞋印,可以采用查对鞋样或鞋模具的方法,必要时,直接到鞋厂查对模具,即可准确判明鞋号。(三)鞋的型号分析。成年男女鞋的型号共分五个肥、瘦型,即(一)、(二)、(三)、(四)、(五)型,也有增用半型的,即$\frac{1}{2}$型。每型之间相差7毫米,半型之间相差3.5毫米。鞋子肥瘦型号是通过测量跖趾围的长度得出的数值确定的。在分析现场鞋印时,可以根据跖趾围的40%约等于前掌的宽度,来推断遗留鞋印的鞋子的肥瘦型号。(四)鞋的厂牌分析。鞋的厂牌在鞋印中已经反映出商标牌号、产地、厂名的则容易确定。没有反映、反映模糊或反映不全的,则主要根据鞋印中反映的鞋底花纹、周边花纹类型及特点,结合平时熟悉的鞋样特点加以临场识别,或利用收集的鞋样资料查对,必要时,可走访鞋厂、销售商店查对。

袜子种类分析。织袜原料有人造纤维、植物纤维和动物纤维。纱支又有粗细之分,有的双纱线或加底编织。一般化纤和丝袜较薄、网眼结构细密;棉、毛、尼龙纤维袜较厚、网眼结构粗稀。袜子种类分析的依据是袜子结构组织在袜印中的反映。

赤脚种类分析。主要根据赤脚掌面各部位的形态在赤脚印中的反映进行分析。一般从脚趾、脚掌、脚弓、脚跟的形态及脚掌乳突线花纹的形状、纹型、流向和屈肌褶纹、皱纹、鸡眼、脱皮等方面在赤脚印中的反映和表现分析判断。

犯罪人的步法分析是根据成趟脚印或单个脚印中反映的犯罪人的步法特征进行的。步法特征是人行走习惯的反映和表现，由步幅特征和步态特征构成。

步幅特征分析。步幅特征是人的左右两下肢行走时相互关系的反映，由步长、步宽、步角所组成。（一）步长。指一个普通步的长度，可分为短步（70厘米以下）、中步（71—80厘米）、长步（81厘米以上）三种。（二）步宽。指行走时左右两脚后跟内边缘之间的水平距离，可分为分离步、并跟步、搭跟步、直线步、交错步五种。步宽大于0的为分离步，等于0的为并跟步，步宽为负值时，绝对值小于一个后跟宽的为搭跟步，等于一个后跟宽的为直线步，大于一个后跟宽的为交错步。（三）步角。指左右两脚各自内收或外展的角度，分外展、内收、直行、不对称四种。外展，是指左右脚印之中心线展向步行线以外。依外展的程度可分为小外展（6—10°）、中外展（11—20°）、大外展（21°以上）三种。内收，是指左右两脚印之中心线收向步行线以内。直行，是指左右两脚印之中心线与步行线在一条直线上或外展角度在5°以下。不对称，是指左右两脚印呈一直行一外展，一直行一内收，一内收一外展。步幅特征应通过测量来确定。测量时一般是先定步角，再定步宽，最后定步长。步幅特征的测量方法有目测、棍测和尺测三种。测步角时，步行线和脚印中心线成一线时为零度；大于零度（外展）时为正度，用"+"号表示；小于零度（内收）时为负度，用"-"号表示。

步态特征分析。步态特征是人行走时，两条腿交替支撑和摆动过程中，人体重心不断移动和起落脚运步方式与地面相接触的细节动作的反映，由落脚、支撑、起脚和摆动四种习惯动作所构成。（一）落脚习惯特征分析。主要表现为磕痕，即落脚时，大腿后群肌肉用力，脚后跟边缘向后下方磕碰地面形成的痕迹。痕迹的后边缘整齐，后方有堆土现象，痕迹倾斜，多呈直角。（二）支撑习惯特征分析。主要表现为压痕，即支撑体重的脚，压在地面上形成的痕迹。压痕多出现在后跟、前掌、拇趾等部位。（三）起脚习惯特征分析。主要表现为挖痕，即起脚时，脚趾向后挖动地面形成的痕迹。挖痕在脚印前尖部形成土坑，并伴有散状的甩土现象。（四）摆动习惯特征分析。主要表现为挑痕和擦痕两种。所谓挑痕，是指起脚后，脚前后摆动时，脚尖向前方挑动土面形成的痕迹，因此痕迹的前端有向前挑土的现象。所谓擦痕，是指落脚前，脚跟擦动地面形成的痕迹。痕迹的后边缘常形成羊胡子状、长条状、半月状等。

步幅特征与步态特征是相互联系的。人走路时，遗留一定的步幅特征，同时也必然遗留相应的步态特征。就是说，人行走时的步幅特征蕴藏着步态特征，步态特征同步幅特征是相辅相成的。步法特征固然也是反映在脚印形象之中，但它不适用通常形象痕迹的勘验、检查，而主要通过对成趟脚印的测量，从中深入分析脚印遗留者的步法习惯特点，找出其内在联系和规律，从而为侦查提供有价值的线索。尤其是在广大的农牧地区，利用步法特征配合追缉、搜捕犯罪人和分析案情，更能发挥其重要作用。

根据现场脚印中所存在的信息，还可以分析出犯罪人的性别、年龄、胖瘦和身高等形态特点。(一) 性别推测。男女在生理上的差别，能在成趟脚印或单个脚印上得到反映。一般说，男子步子较大，压痕较重，多有挖痕和甩土现象。女子步子较小，起落脚平稳，压痕比较均匀，脚印边缘比较整齐，挖痕和甩土现象往往不明显。此外，在脚印的长度上，男子的一般比女子的长；所穿鞋的鞋底式样，在鞋印花纹形态上也有差别。(二) 年龄推测。年龄上的差别，在脚印上也能表现出来。人的下肢机能，是随着年龄的增长而发生变化的。年轻人敏捷，壮年人力大，中年人稳着，老年人迟缓。一般地说，二十岁左右的青年，脚印中前掌压痕比较重，后跟压痕比较轻，前尖挖痕比较大，后跟擦痕则少见。三十岁左右的人，脚印中各部位压痕比较均匀，开始出现擦痕，但不明显。五十岁左右的人，步子开始变宽，步角外展增大，脚印中后跟压痕变大，前掌压痕变轻，擦痕也越来越明显。(三) 胖瘦推测。体态的胖瘦直接影响运步动作。胖人运步一般比较迟缓，步子一般不大，但较宽，步角外展也较大，脚印中后跟压痕较重，压力面较宽，后跟往往出现擦痕。瘦人运步轻便，脚印前掌压力面不均匀，挖痕较明显，脚印边缘不够完整。(四) 身高推测。人的身高不同，身体的重心位置的高低也不等，因此在脚印中的反应也有所区别。一般是：高个(1.75m 以上)，重心高，下肢较长，脚大步长，运步松散，走路左右摇晃，故脚印的后跟出现外偏压，脚尖外侧有虚边；中等个(1.65—1.75m)，重心适中，运步均匀，步幅中等；矮个(1.65m 以下)，重心低，下肢较短，脚小步短，走路多前后晃动，运步紧促，多习惯迈大步，落脚时，脚印前掌有挖痕。犯罪人的身高还可以根据一个单脚的长来推算身高。人体高度和人体各部分长度，一般都有一定的比例关系。人的赤脚和身高的比例，大致为 1∶6.876，所以赤脚长乘以 6.876 就等于身高。如果以鞋印来推算身高，应先将鞋印的长度减去鞋边的长度求出赤脚的长度，然后再乘以 6.876。鞋底的边宽应减多少，这要看鞋子的种类来定。一般情况是：皮鞋底减 3—4 厘米，胶鞋、塑料鞋减 2—2.5 厘米。布鞋明上底的，减 2—3 厘米；暗上底的，减 1—2 厘米。

犯罪人作案时或作案后，为了逃避侦查，有的故意改变步法和换穿鞋等在现场上留下非正常脚印。对于现场上的伪装脚印，主要通过步法特征和其他反常现象进行全面分析识别。常见的伪装脚印行为有改变步法、退步走、倒穿鞋、小脚穿大鞋、大脚穿小鞋等。所有这些伪装行为都会在脚印中得到客观的反映，而且由于其改变正常步法时，动作不协调，力量不大，速度慢，不能持久，原有的步法特征仍然会在脚印中出现。

关于犯罪人逃跑方向的分析,主要根据脚印遗留的地点方位,足尖的指向,地面上的其他痕迹、物品的状况进行分析研究。比如,草地上的脚印,可以根据草的倒伏方向进行分析;石砾地上的脚印,可以根据石砾被踩登后翻移位形成的裂缝进行分析等。另外,还可结合行走路线上散落的同犯罪有关的其他痕迹、物品(比如交通工具痕迹、散落的被盗粮食)进行分析。

脚印还能反映出犯罪人进入或逃离现场过程中的负重方式、犯罪人的职业特点等,也应注意分析、研究。

五、脚印样本的提取

勘验中,为了甄别发现的脚印是否为犯罪人所留,常常需要就地提取有关人员的脚印样本临场进行鉴别。对于发现的犯罪嫌疑人,也需要及时提取其脚印样本进行比对或送司法鉴定部门鉴定。

为了有效地识别和鉴定现场脚印,提取脚印样本应根据现场脚印的种类,模拟现场脚印形成的条件,按照提取现场脚印的方法,并尽可能与现场脚印遗留时间相近一些提取。可以直接提取脚印样本,也可以提取鞋、袜制作脚印样本。如果遇到留有脚印的鞋已被丢弃、损坏或毁坏的情况,根据需要,可以制作模拟鞋底,使鞋底磨损特征再现。但应注意,提取嫌疑人的脚印样本,无论采取哪种方法,都应当秘密进行。

第五节 人牙印勘验

人牙印是人在承受客体上的咬合痕迹。多出现在强奸、杀人、抢劫等案件中。人牙印勘验可以为侦查提供线索,为人牙齿鉴定提供材料。

一、成人牙齿及其特征

成人正常的牙齿是 32 颗,其中切牙 8 颗、尖牙 4 颗、双尖牙 8 颗、磨牙 12 颗。牙齿上下颌对称,排列呈弓型,称齿弓。各齿的形状、大小、齿向、距离以及齿弓的曲度和形状都有其特征。由于每个人的牙齿生长情况,牙齿的异常(如过剩齿、缺齿、巨大齿、短小齿、融合齿、附加齿尖、牙齿位置错乱、牙齿转位等)、病变、损伤、治疗等不同,就构成了每个人的牙齿的特定特征。牙齿的一般特征和特定特征能在牙印中得到程度不同的反映。

二、人牙印的发现和提取

人牙印可能留在某些食品上,也可能留在人的活体或尸体上等。如果犯罪人作案时以牙齿为破坏工具,则牙印会留在被破坏的客体上,比如用牙撕坏工作证、咬断器具、咬开瓶盖等留下牙印。对于发现的牙印,可以用拍照、提取牙印的载体和塑料制模等方法加以提取。塑料制模常用的是打样膏,最好用医用石膏制模。对于提取的人的牙印,要放在较牢固的容器内保存。容器内周围应垫上棉花。对于水果上的人牙印应及时放在0.5%的甲醛溶液中保存,或者浸泡一段时间后,再用甲醛溶液浸湿的纱布包好,装入防止水分蒸发的塑料袋或磨口瓶中,以免失去水分而干枯变形。也可以将其放置冰箱内暂时保存。对于糕点上的人牙印可用人工冰冻方法或灌注模型的方法提取。对不易变形和小件客体上的人牙印,要尽可能提取原物保存。金属制品(如瓶盖)上的咬痕,需涂上防锈油。对于尸体上人牙印,经批准并征得死者家属同意,可将带有牙印的皮肤组织切下,放在10%甲醛溶液中保存。对嫌疑人或受害人活体上的人牙印,要及时拍照固定提取,以免因治疗或伤口愈合而使牙印变形,影响以后鉴定。现场提取的人牙印,必须详细记录牙印所在的位置、方向以及承受客体的原貌状况。

三、现场人牙印分析判断

对于提取的人的牙印要根据被咬物的形状、案前案后放置的上下方位,结合人咬东西的习惯动作进行分析。如是人被人咬,则要从双方的相对位置和姿势进行分析。人牙印分析的主要目的是要确定牙位,确定特征,确定有无假牙及其特点,为牙齿鉴定准备材料。此外,在分析时,要注意把人牙印和常见动物如鼠、兔等遗留的牙印加以区别。

第六节 工具痕迹勘验

某些器械在外力的作用下,使承受客体发生局部形变或破坏时所形成的痕迹,称为工具痕迹。工具痕迹是一种立体痕迹,与其他痕迹相比,在犯罪现场上的出现率并不低,并且有容易发现、不易被破坏等特点。勘验犯罪人遗留在现场上的工具痕迹,可以为推断犯罪人实施犯罪的过程、破坏技术熟练程度、职业习惯、工具的种类,以及鉴定痕迹是否为某一工具所留提供依据,从而为侦查和审判提供证据。

一、工具痕迹的形成和类型

工具痕迹是作用力、破坏工具、被破坏客体三种因素相互作用的结果。在三种因素中,力是决定因素。因为力的体现就是造型客体(破坏工具)对承受客体(被破坏者)的作用,即造型客体就是显现力,承受客体发生局部变形或破坏就是力的具体表现。因此,工具痕迹的形成也可以说是力作用的结果。没有力,工具痕迹就不可能形成。

工具痕迹按其形成时破坏工具和承受客体的接触方式分为以下两大类：（一）静态工具痕迹。指工具作用于承受体，接触时未发生平行滑动形成的痕迹。如行为人挥动铁锤敲击承受体表面，或是用长形器械以杠杆原理进行撬压，以加倍的力撬压于承受体两个接触面（支点与重点）所留下的静态工具痕迹。静态工具痕迹一般均能较清晰地反映造型体接触面的形态特征。如工具接触面的形状、大小和其在制造时产生的砂眼、花纹以及使用中形成磨损、缺口等细微特征。这些特征通常可作为认定工具同一的可靠根据。但应看到，作用力大小和造型体、承受体的物理属性对形成静态工具痕迹有着决定性的影响。一般说，作用力大，造型体越坚硬，承受体物质结构越细腻并有对应适度的可塑性，则所形成的静态工具痕迹越清晰。否则，该三种主要因素差别悬殊，则也不能形成具有检验价值的静态工具痕迹。（二）动态工具痕迹。指工具在承受体表面或内部平行滑动所形成的痕迹。如侦查实践中常遇到的刀、斧、钳、凿、剪、锉、锯、钻等动态的工具痕迹。由于工具与承受体接触面之间发生平行滑动，致使该工具（造型体）接触面所具有的点、线、面等各种特征受到极大的歪曲，即随着工具滑动的方向，前部形成的痕迹而又遭其后部所破坏。因此，动态工具痕迹除反映工具接触面前部较凸出部分外，几乎都是工具接触面后部特征的反映。因此可知，动态工具痕迹只能反映造型体接触面个别部分的特征。还应当看到工具在承受体接触面滑动的倾角，对形成动态痕迹有莫大的影响，特别是在造型体接触面较宽时更加如此。例如锉刀在铅板上的锉滑痕迹。所以动态工具痕迹在侦查中的运用受到局限。除某些刃状工具以一定角度在适宜的承受体上留下的凸凹线条的动态痕迹外，一般仅能据此认定工具的种类。工具痕迹除按上述原则分类外，还可以按形成痕迹的工具分为钳痕、剪痕、刀痕、斧痕、锯痕、钻痕等；按形成痕迹的方法分为撬压痕迹、打击痕迹、擦划痕迹、刺切痕迹等；按形成痕迹的形象分为线形痕迹、凹陷痕迹、孔洞痕迹和破损痕迹等。

二、现场工具痕迹的发现和采取

工具痕迹多遗留在犯罪现场的进出口、通道和犯罪目的物的防护设备上。勘验时，只要从具体案情出发，仔细寻找，一般并不难发现。通常可以从被破坏部位的客体（如锁或插销等）和从被启开的部位（如地板、天棚、墙壁等），以及被变动的物体（如某种机械或设备）上及其周围去寻找发现。应当指出的是，在寻找工具痕迹时，固然要注意被工具破坏严重的部位，但对于破坏较轻的地方也不能忽视，更应留心寻找。因为在这些部位破坏的连续性少，往往能留下特征清晰而完整的痕迹。

对于已经发现的工具痕迹，首先应照相固定，然后根据痕迹的所在位置和状况采取适宜的方法采取之。常用的采取方法是：(一) 提取带有痕迹的物体。这是采取工具痕迹最好的方法。具体做法是带走原物或拆卸、割下留有痕迹的部分。这样可以保全痕迹的细微特征。(二) 制作痕迹模型。制模材料一般可用硅橡胶、硬塑料(打样膏)、软塑料(橡皮泥)、醋酸纤维素薄膜(简称 AC 纸)、易熔合金或石膏溶液等。硅橡胶对深浅不同、面积大小不等的痕迹均适用。硬塑料适于采取较深、面积较大的痕迹。软塑料适用采取较浅的痕迹或鉴定时做实验样本用。AC 纸最初用于工业部门复制金属断口表面结构，经试验调整配比后引用制作工具痕迹模型效果良好，特别是对线形痕迹的采取，效果更佳。易熔合金适合采取金属客体表面的工具痕迹。石膏溶液适用于面积大的和粗糙、边沿不整齐的凹陷痕迹。

采取工具痕迹应注意以下问题：(一) 凡是被发现或确定的犯罪工具痕迹都应该采取，不能遗漏和有意取舍。(二) 提取之前，对拟用的采取方法应首先在制作的痕迹中试用成功后，再提取现场工具痕迹，且务必小心谨慎，严防损坏。(三) 提取工具痕迹的同时，应注意在现场或现场周围提取可能为犯罪人遗留的嫌疑工具，以便与采取的现场工具痕迹一并送交鉴定。(四) 提取工具痕迹之前，对痕迹中某种附着物质必须加以收集并妥善保管，以便采用高倍光学显微镜或其他现代化仪器设备观察或鉴定细微物证的特征。(五) 如发现被破坏客体的物质材料有被工具粘附带走的可能，应就地收集足够数量的已知样品，以供比对鉴定用。

在采取现场工具痕迹时，必须全面、详细、准确地加以记录，不能以个人主观意志任意取舍或遗漏，更不能认为某处痕迹利用价值不大就不在记录中加以反映。因为现场工具痕迹的质量一般需要带回实验室通过专用器材检验后才能定论。记录的方法主要是笔录。记录的内容主要包括：案件发生的日期、单位和地点；简要案情；工具痕迹所在客体的名称、大小以及与周围物体的关系，被破坏的部位和程度；痕迹所在的位置、方向、数量及相互关系；痕迹的种类、大小、形状及特征表现；提取痕迹的方法及提取日期、提取人等。

三、现场工具痕迹分析判断

现场工具痕迹分析判断应着重解决工具痕迹与犯罪的关系，造型工具的种类，犯罪人的某些特点和犯罪的有关情节。简述于下：

分析工具痕迹与犯罪的关系，一般分两步进行：(一) 区别工具痕迹与非工具痕迹。犯罪现场上有时会遇到动物咬断痕迹、疲劳断离痕迹、腐蚀断离痕迹、雷电烧焦痕迹、风袭断裂痕迹等。这些因自然力和各种动物所造成的痕迹的形状，有的与某些工具痕迹雷同。例如，老鼠啃咬的电线、电缆和轮胎上的牙痕，就很像钳剪或细铁钉等形成的工具痕迹。区别工具痕迹与非工具痕迹，主要通过观察痕迹的外形、位置、方向并结合当地气候特点,以及动物的活动规律等进行综合分析判断。一般说来,痕迹断面平整、线形方向一致、边缘整齐的等,多为工具所形成。否则,就极大可能为非工具痕迹。(二) 区别犯罪工具痕迹与非犯罪工具痕迹。犯罪现场上发现的各种工具痕迹,不一定都是犯罪行为所形成的。有些承受客体上的工具痕迹是在生产加工、使用和修理过程中造成的。毫无疑问,这些工具痕迹是与案件毫不相干的。要把这些非犯罪工具痕迹与犯罪工具痕迹区别开来,主要应根据工具痕迹的新旧程度、位置、方向,并结合其他痕迹(如手印、脚印)和现场遗留的作案工具等进行分析判断。一般地说,较新鲜的,其位置、方向与被破坏物协调一致、互相适应的,同其他犯罪痕迹密切相关的,为现场遗留工具形成的,则极大可能是犯罪工具痕迹。相反,如果工具痕迹比较陈旧,其位置、方向与被破坏客体之间无任何关系,孤立存在的,非现场遗留工具形成的,就不一定是犯罪遗留的。但应注意识别假造现场时遗留的反常态痕迹。

判明造型工具种类,对于侦查中及时寻找和提取嫌疑工具有着重要意义。推断造型工具的种类,主要根据工具痕迹的整体形象,工具痕迹所反映的造型工具的形状、大小、角度等种类特征,几处工具痕迹之间的相互关系,被破坏客体的物理属性,工具痕迹中的附着物等进行分析判断。还应对痕迹形成的条件、作用机制,结合痕迹所在的周围其他伴生痕迹(如手印、脚印等)综合分析研究。必要时,可根据现场工具痕迹形象,模拟现场条件,收集结构相类似的工具制作实验工具痕迹样本与现场工具痕迹对照,来推断造型工具的种类。

有时在犯罪工具痕迹中还能看出行为人的身分特点。如根据某种专用工具痕迹,观察其使用工具的习惯和熟练程度以及着力点的位置、角度及破坏客体的先后顺序等因素,可直接推断出行为人的职业特点。即使是一般工具所遗留的痕迹,依其使用工具的习惯、熟练程度,着力大小和痕迹所在物体上的高度,往往也可分析出行为人人身的某些特点。因为这些因素同行为人的职业、体力和身高等特点有着一定的关联。

根据工具痕迹的重叠,遗留的次序和某些附着物往往还能判明实施犯罪的过程和重要情节。如行为人当时所处的地势位置、姿势、被害人反抗及其搏斗等情况。这些细节不仅有助于判明案情及时破案,而且还可用来审查犯罪嫌疑人、被告人口供的真伪,是定案可靠的依据。此外,根据现场的实际情况,发现工具痕迹的形成次序、方向有明显的矛盾时,这种不顺乎事理发展形成的工具痕迹常可作为伪造现场的具有说服力的重要根据。

第七节 开锁和破坏锁痕迹勘验

开锁和破坏锁的痕迹,是指使用某种钥匙或工具开锁或破坏锁时遗留在锁上的痕迹。开锁和破坏锁的痕迹多见于盗窃案件的现场。利用开锁和破坏锁的痕迹，可以分析犯罪人破坏的手段和认定开锁和破坏锁的钥匙和工具，为侦查和审判提供证据材料。

一、锁的种类和开锁、破锁工具

锁的种类和样式很多，按其机件装置和开关的方法，一般可分为弹簧锁、开关档锁、弹子锁和对号锁四种。实际案件中，犯罪人开锁和破锁的工具多种多样：有偷取或复制原配钥匙，选配与原配钥匙相似的钥匙，配制开启各种锁的万能钥匙等；有坚硬薄片、小刀、螺丝刀、钳子、锯、锉、钻、锤等。有的犯罪人还特制或就地选取破锁的工具等。

二、开锁和破锁痕迹及其特征反映

犯罪现场上常见的利用钥匙开锁的痕迹有以下三种情况:（一）使用与原配钥匙相似的选配钥匙。（二）使用与原配钥匙有差异或差异较大的选配钥匙。使用前一种选配钥匙开锁时留下的痕迹不容易与原配钥匙留下的痕迹相区别。用后一种选配钥匙开锁，往往在开关档锁锁匣两壁上留下与原配钥匙不相吻合的同心圆痕迹或较紊乱的擦痕；在弹子锁的弹子上及弹子孔附近留下非原配钥匙齿所造成的痕迹。（三）使用万能钥匙开锁。往往在弹簧锁的锁闩、锁匣壁上及分片上留下长短不一的曲线擦痕或直线擦痕；在开关档锁的钥匙孔周围、锁匣两壁、锁闩切口及开关档片上留下方向不一、形状不规则的擦痕（留在锁匣壁上的痕迹多呈弧形状）；在弹子锁的弹子上和圆筒内壁常留下细小不规则的擦痕。使用选配钥匙和万能钥匙开锁有时不能把锁闩拨到原有位置，因此，锁闩常露在锁匣外面。

犯罪人使用各种工具开锁和破锁的痕迹常遇到有如下几种:（一）拨动锁闩。多见嵌入弹子锁、开关档锁。嵌入弹子锁拨开锁闩时，一般可以在锁闩头上留下拨开锁闩的工具痕迹。在门框或抽屉等边缘有时留下工具的凹陷痕迹；在拨开的开关档锁内，开关档易从固定轴上脱落。（二）敲击锁匣。是犯罪人对直开的弹子挂锁和弹簧锁的一种开锁方法。一般多用小铁棍、锤子等物体打击锁匣侧面，使锁键受震离簧而锁开。这种开锁方法常在锁匣旁侧留有工具敲击的凹陷痕迹，而且锁匣表面有油漆脱落、擦划现象。（三）破坏锁键。这是犯罪人常用的开锁方法。一般用钳子、螺丝刀、铁棒等撬拨和扭开锁键；也有用锤子、斧头砸掉锁键；还有采用锯、钳子等工具截断锁键。使用这种方法开锁，在锁匣表面和锁键上留下的痕迹比较明显。如系截断锁键，可以发现锯、锉、钳子的痕迹；撬拨锁键，锁匣表面可能留下工具撬压的凹陷痕迹或打击擦痕。另外，在锁闩或锁键掏口有折弯或断裂现象。（四）破坏弹子、机件。有时犯罪人利用小刀、锥子、锉或钻等工具,将弹子挂锁旁侧弹子孔的金属堵塞物挖掉,倒出弹子,把锁打开。用这种方法开锁常在锁匣上留下小刀刮痕、锥子划痕、锉痕或钻痕等。也有的犯罪分子用螺丝刀等工具插入锁门,破坏锁门和锁内某种机件,这时会留下工具痕迹或工具的碎屑、小块等。

三、开锁和破锁痕迹的发现和提取

发现开锁和破锁痕迹一般从以下三方面进行:(一)了解和勘验锁及在客体上加锁状况和被破坏情况。首先了解发案前加锁的情况,钥匙使用和保管情况,锁头是否失灵或修理过等。然后实地勘验锁的种类、装置,加锁状况,锁在客体上空间条件,锁破坏痕迹,同时注意发现加锁处的客体上有无开锁或破锁留下的工具痕迹和附着物。(二)从锁外部如锁键、锁体上部、铆钉处、搭板的扣环上寻找和发现开锁和破锁痕迹。如在锁键内缘、锁体和扣环上往往可以发现犯罪分子使用工具进行撬压、打击、挤压等破坏锁时形成的凹陷痕迹或因锯、锉形成的阶梯状线条痕迹等。(三)拆离被破坏的锁,从锁内部寻找和发现开锁和破锁痕迹。

在寻找和发现开锁和破锁痕迹时,当变动,特别是拆离被破坏的锁、钉锔、扣环和周围客体时,应首先将其原貌状况照相固定。拿取或变动锁、钉锔、扣环时应戴手套,捏边缘处,以防破坏手印和擦蹭附着的微痕细物。提取的痕迹、锁及有关的其他物证应分别包装放入相应的容器内。保存时要避免受潮、氧化生锈而破坏痕迹。勘验和提取时要详细记载名称、大小、形状、颜色、规格,所在客体的名称、种类、现场位置、方向及其与周围客体的关系等。

四、开锁和破锁痕迹分析判断

主要应解决以下问题:(一)痕迹与犯罪的关系。即痕迹是犯罪过程中留下的,还是由于使用中锁与钉锔或锁键与扣环之间相碰撞形成的;锁所在客体上的痕迹是工具形成的,还是锁体受压挤形成的等。(二)开锁和破锁钥匙或工具的种类。(三)犯罪人的某些人身特点。(四)有关案情。其具体分析判断的方法与现场工具痕迹同。

第八节 车辆痕迹勘验

车辆痕迹是使用车辆留下的行车痕迹。车辆痕迹勘验的对象主要是犯罪人在作案过程中,使用车辆或偷窃车辆时车轮对地面滚压而形成的车轮痕迹,有时也对车辆其他部位(如号码牌、保险杠、挡泥板等)痕迹进行勘验、检查。根据犯罪现场上的车辆痕迹可以判断犯罪人出入现场的来去方向,确定车辆的种类和认定车辆是否同一。此外,在交通肇事案件中,根据车辆痕迹,可以分清肇事者的责任及情节轻重等。

一、车轮及其特征

车辆种类很多,但从总体观察,在现代车辆中充气胶轮车辆占据多数地位,某些畜力车和人力车绝大多数也都装配有不同型号的充气轮胎,所以充气轮胎往往成为车辆痕迹的较为普遍的造型体。

车轮特征分为:(一) 一般特征。是某种类型车辆所共有的特征。如车轮的直径、车轴数目、车轮的轮距、车轮的宽度和花纹的类型等特征。根据这些特征,可以认定车辆的种类。(二) 特定特征。是某个车辆所独具的区别于其他任何车辆的标志。特定特征是认定车辆同一的依据。车辆的特定特征既有在生产加工中形成的,也有在使用中形成的。属于前者的有轮胎的气泡、砂眼和粘合接缝的宽度等;属于后者的有磨损、扎孔、蹭伤、裂纹及垫补造成的形状、大小和数目等。

二、车辆痕迹的测量和提取

车辆痕迹的测量主要包括:(一) 轮迹宽度测量。为了测量的准确,应在出事现场选择一段较平坦地面上的车辆痕迹进行测量。具体操作方法是,务使测量的尺子与痕迹的行走线垂直,在一般情况下,测量轮胎的接触面左右边沿间的距离即为该车辆轮胎的宽度。但有时遇到轮胎内气压过低,致使轮胎痕迹产生过宽的现象。此时就得以痕迹反映出的轮胎花纹左右边沿为基准进行测量。虽然各种轮胎压制的防滑花纹有着不同的形状,但这些花纹一般都具有对称性,是测量轮胎宽度的良好标志。(二) 轮径测量。根据轮胎的接触面所形成的某个特定特征,或其附着物的印痕在车辆痕迹里重复出现的长度为车轮周长,即可按公式(轮径 $= \frac{周长}{\pi}$)求出该车辆的轮径。(三) 轨距测量。轨距是指同一车轴上左、右两侧车轮之间的距离。一般是前轴略小于后轴的轨距。如果是三轴的汽车,有的前轮的轨距大于中、后轴轨距,三轴双重后轮的前后轮轨距也有相同的。在一般情况下,只要测量两平行轮迹中心线间的距离即为该车的轨距。双轴车辆形成的轮迹,往往因车辆直线行驶时使前后轮迹部分重合,不容易测准其前后轴轨距,所以选择这种车辆转弯处前后轮迹分开的一段进行测量。(四) 轴距测量。轴距是指车轮前轴与后轴的距离。汽车有双轴和三轴两种。前、后车轴的轴距,在汽车直行时,因前、后轮重合在一趟上,是难以测量的。但是在急刹车或转弯时,如果前轴轨距小于后轴轨距,则可测量急刹车时前、后轮的擦痕距离即为轴距。急转弯时前、后的弧形轮迹的切点之间的距离亦为轴距。

对于车辆痕迹首先应采取拍照、测量、绘图的方法加以固定。之后,对于立体轮迹可用石膏制模加以提取;对于平面灰尘轮胎印可用静电吸附法加以提取。但应注意,对于成趟的轮迹,在拍照、制模或静电吸附时,至少应反映出车轮的周长,切勿只提取一部分或片断的痕迹。对于车辆的其他痕迹如挡泥板、保险杠、车牌、油箱、散热器等形成的碰撞或摩擦痕迹,以及车身脱落物如车灯和玻璃窗碎片、油漆碎屑等等,也应仔细寻找提取。

三、现场车辆痕迹分析判断

根据现场车辆痕迹可以分析判断车辆行驶方向和车辆的类型。

判断车辆行驶方向对于追缉案犯和开展侦查有着重要意义。判断车辆行驶方向的主要根据是:(一)轮迹两侧的尘土细沙等物质形成的扇形面花纹。其扇面展开方向为车辆驶来方向。反之,则标明为车辆驶去方向。(二)车轮碾压过的树枝、草棍等细脆物体,其翘起端的指向与车辆行驶方向相反。(三)遗留在路面上的车轮粘附的细小物质。车轮上粘附有细小物质如泥土、积雪,当车辆再次经过坚硬的路面时,被遗留下来的这些细小物质的边沿往往呈尖齿状,其钝端为车辆行驶方向。(四)车上滴落的油滴或水滴等液体物质,在路面上呈矢状,其尖端为车辆行驶方向。(五)根据兽力车、人力车车轮痕迹旁近的蹄印或脚印,可判明车行方向。

判断车辆的类型可以从以下几方面进行:(一)从车印中反映的车轮和车轴数目以及车轮转弯时遗留的痕迹条数、分布特点来确定是单轮车、双轮车、三轮车或四轮车以及车辆的轴数。(二)从车轮痕迹反映的胎面花纹结构判断车辆的轮胎是呈块状、条状、齿状还是呈菱形、三角形或波浪形等形态。根据汽车轮迹反映的胎面花纹结构则可判断其轮胎面是普通花纹、混合花纹还是越野花纹。(三)根据车轮痕迹反映的车辆的轴距、轨距和车轮的直径来判断车辆的类型。

四、车轮痕迹样本的提取

侦查中,当发现嫌疑车辆时,应设法提取其车轮痕迹样本。一般是提取车轮原物,或者用石膏制模和照相。还要根据现场实际情况,对嫌疑车辆全面检查,必要时要在现场上进行实验,制作实验样本。对于提取的样本,要标明来源、车型、车牌号、使用单位、使用人、车轮花纹种类和牌号、产地、新旧程度,并测量各部位数据,以便同现场车轮痕迹比对鉴别。

第九节 断离痕迹勘验

断离痕迹是指完整物体被分割成若干部分时形成的痕迹,是痕迹勘验的对象之一。各类犯罪案件现场上都可能留有犯罪人实施犯罪行为所造成的断离痕迹。通过断离痕迹勘验,可以为推断犯罪人实施犯罪的情况和犯罪人的某些职业特点提供依据,可以为鉴定被断离的物体是否原为同一个整体提供材料。

一、被断离物体及断离方法

犯罪现场上被断离的物体是多种多样的,有被犯罪人直接破坏的物体,有犯罪人作案时遗留的物品等。按物体的结构组成可以分为以下两大类:(一) 同质整体物。有两种:一种是同质单体,如纸张、纺织品、金属板、木材、橡胶、塑料、玻璃、植物、骨质等;另一种是同质合体,如螺母与螺栓的组合等。(二) 异质整体物。是物理属性不同的多种物体的合体,如装木柄的刀、斧等。

整体物被断离的方法有以下几种:(一) 手工断离。是不借助于工具和器械,用手撕拉、扭折、拆卸等方法将整体物断离。(二) 器械断离。是借助于各种工具和器械对物体进行断离。如剪断、锯割、刀劈、锤击等。(三) 化学分离。即通过腐蚀作用破坏整体。如酸碱作用引起的化学断离或燃烧达到断离等。

二、断离痕迹的类型和特征

断离痕迹通常按被断离物的结构组成分为以下两类:(一) 断裂痕迹。是同质单体物受一定外力作用而形成的。这时,在断裂部位产生相对应的断裂线(或面),使单体物断裂成若干断裂体。例如,剪断的绳索、电线,撕裂的纸张、布匹,敲碎的玻璃、瓷器等,在断裂处就有断裂痕迹。(二) 分离痕迹。是合体物在外力作用下,组件脱离而形成的痕迹。脱离后的各组件叫分离体。例如,从机器上卸下的仪表,脱离把柄的斧头等,在脱离处就有分离痕迹。

断离痕迹特征从其形成来源可分成:(一) 固有特征。是被断离物体在生长或制作过程中形成的。如木头断面上的年轮,编织物的编结特点,物品的特定结构、墨痕等。(二) 附加特征。是被断离的物体在生长或制作的过程中,由于外来因素而形成的。如树干脱皮、裂痕、虫洞,金属板上的沙点,纺织品上的疵点、纱头、印花,纸张上的格线、字迹和其他符号,衣服上的补丁、缝线等。(三) 断离线(或面)特征。是物体在断离时新生的特征。如断离过程中所造成的缺损,断离面反映断离工具和器械外表结构特征的凹凸纹痕,断离线、面的几何形状等。

应当指出,断离痕迹与形象痕迹不同,它没有通常意义的造型体、承受体和接触面,在认定各断离体原本是否属于同一个整体的过程中,除采取形象痕迹的某些鉴定方法外,还可采用物理学、化学等鉴定方法对断离体的物质结构及成分进行定性或定量分析。所以,断离痕迹是和通常意义的形象痕迹不同的一组特殊种类的痕迹。

三、发现、提取被断离物体

被断离的物体通常可以从被侵犯的客体及其周围去寻找。如被害人尸体和伤口附近,被撬破痕迹中及其周围,被破坏通讯线路的断头及其附近等,就往往可以发现被断离的物体。如果在现场上发现的仅仅是被断离物的一部分,就要在现场附近注意寻找另一部分,特别要注意从平常不引人注目的角落去寻找。

对于发现的被断离物体应及时提取。提取时要设法保持其原有形态,采取妥善措施保护好物体的断离缘。例如,可用细绳捆住被断离的绳索断端;用两层玻璃夹好被断离的纸张;用专门的小盒、瓶子等器皿装好细小的碎片;用纸或塑料包扎折断的木渣等。但应注意,在提取前应用照相和笔录的方法对被断离物的原貌状态加以固定和记载。

四、现场断离痕迹分析判断

首先要分析各断离体的颜色及颜色的新鲜程度,材料的规格,物体的总形状及物体各部分的形状,材料的质量及杂质成分,物体连接和成形的方法等,以判断被断离物种类和品种是否相同;其次分析物体断离线形状,物体断离面上固有的纹痕、裂痕、缺陷或凹凸结构,物体断离时留下的工具、器械痕迹,被断离各部分外围边缘形状,物体断离部分的各种附加特征等,以判断断离方法及断离工具;最后还要拼接和恢复断离的各部分外形,进一步分析研究它们的特征,判断各断离部分是否原为同一个整体。

第六章 枪弹勘验

第一节 枪弹勘验的概念和任务

一、枪弹勘验的概念

枪弹勘验是指运用专门技术方法对与犯罪有关的枪支、弹药及其射击痕迹和射击附带物质的勘验、检查活动。

二、枪弹勘验的任务

枪弹勘验的主要任务是：参加枪击案件的现场勘验，认真细致地寻找射击弹头、弹壳、枪支、弹着点和射击附带物质，并妥善提取，为枪弹及其射击附带物质鉴定提供物质条件。与此同时，还要趁现场未遭重大变动之际，对枪支、弹药及其痕迹和射击附带物质作出各种判断，为侦查的开展提供方向和线索。

枪弹勘验是刑事勘验技术的组成部分，依法只能由侦查人员负责进行。必要时，可以指派、聘请有专门知识的人，在侦查人员的主持下进行。

第二节 枪弹的种类和构造

一、枪的种类和构造

(一) 枪的种类

枪的种类很多，通常以枪管构造、口径大小和性能来划分。

1. 按枪管构造划分

按枪管构造可以分为滑膛枪和线膛枪。

滑膛枪。系十五世纪以前的古老枪支，枪管内系光滑的圆管。如一般的猎枪、土造枪的枪管均为这种构造形式。

线膛枪。又称来复线枪。枪管内壁刻有几条旋转式的凹凸膛线。这种枪射程远，命中率也高。

2. 按枪支口径大小划分

按枪支口径大小，可分为小口径、中口径和大口径枪。

小口径枪。枪管口径为5.6毫米左右。

中口径枪。枪管口径为7毫米至9毫米。

大口径枪。枪管口径为9.3毫米至12.7毫米。

枪管口径是以枪管的内径为准。

线膛枪枪管口径以凸线的内圆直径为计测标准。计算单位,各国不尽相同。中、日、德、俄等国家以毫米为单位。英、美等国以吋为单位,如口径25吋即为25%或0.25英吋等等。

猎枪的口径用号码表示。号数越大,则表明其口径越小。表示口径的号码数值,是指用一磅铅制同样大小的圆形弹丸的总数。这个圆形弹丸的直径恰为猎枪的口径。如16号猎枪枪管口径要小于12号猎枪枪管的口径。

3. 按枪支机动性能划分

按枪支机动性能可分为自动枪和非自动枪。

自动枪。利用火药燃爆后所产生的气体能量完成装弹、退壳和排壳动作。扣住板机可以连续射击的,称为全自动枪;每抠一次枪机发射一颗子弹的,称为半自动枪。

非自动枪。其火药燃爆后产生的气体只供推动弹头前进。这种枪支每击发一次均要人手拉动枪机一次方能完成退壳、排壳和装弹的动作。如左轮手枪、一般步枪和猎枪均为非自动枪支。

(二) 枪的构造

枪的种类很多,在式样上也不尽相同,但它们组成的主要部件是大致相同的。如步枪和冲锋枪的结构都由枪管、机匣、枪机、复进机、弹仓、击射机、瞄准器、枪托等部件所组成。手枪则是由枪管、套筒、套筒座、弹仓、击发机、击锤及瞄准器组成的。

二、子弹的种类和构造

目前除某些猎用枪支还使用霰弹外,其他枪支几乎都使用单一子弹。按子弹的用途可分为穿甲、燃烧、曳光等特殊子弹和普通子弹。普通子弹的外形和口径不一,但它们的基本结构都是由弹头、弹壳、火药和底火等四部分组成。猎枪的霰弹的构造与单一子弹的构造相似,但其所用的弹头系用不同大小的钢珠或铁砂,与火药分层装入弹壳。

第三节 枪弹射击痕迹和射击附带物质

一、发射痕迹及其特征反映

所谓发射痕迹,是指子弹发射过程中在弹头、弹壳上形成的各种形象痕迹。

通常根据这些痕迹能判明所用枪支的某些特征。

(一)弹头上的发射痕迹及其特征反映

当子弹在枪膛被击发,借助火药爆炸产生的巨大气体压力脱离弹壳后,沿着枪管急促地飞出枪口。因弹径略大于枪的口径,弹头要进入膛线部必须嵌入膛线。当弹头在驶过枪管的一瞬间,在其表面因与枪管内壁摩擦而留下反映枪管内壁某些凸凹特点的动态痕迹。对线膛枪而言即为凸膛线的动态痕迹。弹头上的这种膛线痕迹通常可以反映出所用枪管凸膛线表面结构的特点,如膛线的数目、宽度、倾角和旋转方向等。这些特征反映往往成为鉴定发射枪支同一的可靠根据。

实践中,有时遇到弹头上出现数量加倍的凸膛线擦痕,其原因是由于射击枪支超过有效射击次数,致使枪管内的某些部分变形或严重烧蚀而造成的。

滑膛枪射击的弹头,因其在枪管内不发生旋转,只是直射而出,故所形成的擦痕与弹头中心轴线是相平行的。这种痕迹也能不同程度地反映滑膛枪枪管内壁上的凸凹特征,条件好的,也能进行枪支的同一鉴定。

(二)弹壳上的发射痕迹及其特征反映

子弹在压入弹匣、推入枪膛、射击、爆发、退壳和排壳等一系列的击发过程,致使弹壳先后受到枪支特定部位的挤压、撞击和摩擦,而在相应部位留下不同类型的形象痕迹。

1. 弹匣摩擦痕迹:当把子弹压入弹匣或由枪机推出弹匣输入弹膛时,可在弹壳上留下弹匣卡口的凹线状的擦划痕迹(单排弹匣为两条,双排弹匣为一条)。

2. 枪机底部擦痕:由于枪机前后移动的装弹和退壳的机械动作,因而在弹壳上形成枪机底部的擦划痕迹,特别是弹匣满载时,由于摩擦阻力增大,擦痕的特征尤为明显清晰。这种动态擦划痕,对某些枪支具有特定性。

3. 撞针痕迹:由撞针撞击子弹底火所形成的凹陷痕迹。它可以反映出射击枪支的撞针位置、粗细、外形、撞击深度等方面的独具特点。这种痕迹是鉴定枪支同一的重要依据。

4. 枪膛痕迹:子弹发射时火药爆发产生的巨大压力,使脱离弹头的弹壳瞬间膨胀而紧紧地贴在枪膛之内,犹如爆炸冲模一样使枪膛各部位形状不一的凸凹点线特征,如枪膛的烧蚀点、擦划线和加工花纹以及装配缝隙等以凸凹相反的形象结构反映在弹壳四周和底部,成为发射枪膛各种细微特征立体模型。这种凸凹点线痕迹的数量、形状、大小、坐落的位置和相互距离等特征,具有重要的检验价值。

5. 排除器痕迹:枪机后退开锁时,抓子钩抓住弹壳底边随之猛烈后退,当与排弹器相撞时,弹壳被抛出膛外,从而完成了排除弹壳的全过程。因而常在弹底边沿、底槽内留下抓子钩接触部位的擦划痕迹和排除器的撞击痕迹。抓子钩与排除器两者处于相对位置,它们各自占据弹底一个半圆内。寻找排除器痕迹位置,可首先找到抓子钩的确位,它的对应半圆区域即是排除器痕迹应处的范围。

二、弹着痕迹及其特征反映

弹着痕迹是指枪弹发射后,弹头飞离枪口射向目标,在被射击的物体或人体上所形成的痕迹。主要有弹孔和弹头擦痕两种。

(一)弹孔

飞行弹头击中目的物所形成的孔洞,称为弹孔。弹孔是主要的弹着痕迹。弹头能量和目的物的物理特性,决定弹孔是否贯穿。如果弹头能量足以克服目的物的全部阻力,即可形成穿透弹孔。否则,即形成未穿透弹孔,即盲孔。如果力量太小,则仅在弹着点造成一定的撞击痕迹。

(二)弹头擦痕

弹头未能击中物体,只擦边而过,或者被击中物体的外形和硬度适于使弹头改变其前进方向时,便不可能形成弹孔,而只形成弹头擦痕。如果弹头以小于35°射入角射击比较坚硬且光滑的承受体时,就有可能明显地改变其原来的方向而产生所谓"反跳"现象。弹头反跳后的前进角度一般与射入角相同。

三、枪弹射击附带物质

当子弹在枪膛受击发后,火药爆炸产生的巨大气体压力、燃烧高温等,都可能在枪管内或弹着点附近形成或留下一定的物质,这就是射击附带物质。

(一)枪管内的发射附带物质

由于弹药在枪管的一次爆炸,在枪膛和枪管内均要留下弹药燃烧后的灰烬和气味,这些灰烬和气味会保持较长的时间。这些火药燃烧后的可辨现象,可据以推断被验枪支最后一次实弹发射的时间。

(二)弹孔周围的射击附带物质

子弹在弹膛内被击发的瞬间,弹头和火药爆发时产生的气体、擦落的金属碎屑、射击烟灰及未烧过的火药颗粒等,一齐挤出枪口。与此同时,爆炸所产生的高达3500℃左右的高温气体使枪口前部形成一个炽热的火焰区。因此,在近距离射击时,除弹孔、弹头擦痕等弹着痕迹外,还有因气体喷射和烧灼所造成的破坏,以及积存的一些物质微粒,如燃烧残渣、未燃尽的火药、枪油、金属颗粒等。据测定,军用步枪射击,在枪口附近,气浪的压力仍保持400个大气压以上。显然这种气体会给近处的物体带来相当大的破坏,例如使弹孔扩大,使纺织品形成十字形撕裂口等。又比如,在以枪管进行接触射击的情况下,绝大部分附带火药烟灰等物质微粒随爆炸气体一起喷入弹孔,使弹孔内壁形成明显的熏黑和烧焦现象。这时弹孔往往因爆炸气体的高压而发生爆炸,以致形成各种形状不规则的弹孔。根据弹孔周围的射击附带物质可以分析判断发射枪弹种类、射击距离、射击方向和角度。

第四节 寻找和提取射击枪弹及射击附带物质

一、寻找和提取弹头、弹壳

(一) 寻找弹头、弹壳

寻找弹头。通常应先从寻找弹孔、弹头擦痕以及其他弹着痕迹入手,确定射击次数及其弹道后,即可沿着弹道运行线逐段逐步检查、寻觅。但应注意到弹头遇到不同的障碍物或目的物后,可能穿透穿入,也可能发生反跳而改变飞行方向。因此,在寻找弹头时,应仔细辨明被射击物的射入口与射出口,以便根据射击方向和弹头飞行方向、角度进行追踪寻找。

寻找弹壳。各种自动和半自动枪支射击后,通常在射击地点周围五米范围内寻找其弹壳。如果首先发现弹壳的所在位置,即可以此点为圆心的五米范围内寻找和判明射击位置(如发现留有足迹和其他痕迹的地带,通常可视为射击位置)。但一些非自动枪支的射击弹壳,则不一定及时排除弹膛。当在现场上未能发现弹壳时,侦查人员应有多种可能的设想,如犯罪人将弹壳带走抛于他处。因此,要适当扩大范围,结合犯罪人逃走路线进行搜索。

(二) 弹头、弹壳的提取

提取弹头、弹壳时,以不损伤弹头、弹壳上的痕迹和附着物为原则。为此,对于发现的射击弹头、弹壳,要用套有橡胶管的夹子提取,用细软物品进行包装,并对发现和提取的部位,作详细记录。

二、寻找和提取肇事枪支

(一) 寻找肇事枪支

除在自杀和伪装自杀的现场上可以直接发现枪支外,其他枪击现场几乎都不能直接发现枪支。犯罪人为了隐藏罪证,常常把枪支掩藏在秘密之处,如抛入水井、池塘、粪池,或埋在地下,或把枪拆散将零件四处隐匿。寻找肇事枪支,应在现场周围,犯罪人经过的路线附近针对地势地物进行搜索,或组织力量采取打捞、挖掘等措施。在条件成熟的情况下,可对犯罪嫌疑人依法采取公开搜查手段寻找枪支。

(二) 肇事枪支的提取

提取枪支之前,应在发现地点先行拍照。提取时要仔细发现和固定枪支上手印或其他痕迹。同时对枪支进行安全检查,把枪内子弹和弹夹退出卸下,闭锁枪机,放下机锤,用脱脂棉堵塞枪口,防止异物进入和避免枪管内的烟灰和气味继续消失,以为推断枪支的发射时间提供条件。

三、发现和固定射击附带物质

对枪弹射击附带物质,通常采用红外线照相和复印的手段进行发现和固定。如在深色纺织物品上发现和固定射入口周围的火药烟灰时,利用红外线照相方法可把两者拍出反差清晰的照片,从而使火药烟灰分布的状态完整地揭露出来;或将纺织品上射入口覆盖白色过滤纸,利用加热至120℃的熨斗熨贴二至三分钟,即可将射入口的火药烟灰的分布状态以有色斑纹移在白色的滤纸上。采用这种复印法之前,应先提取一定量的检验材料,以供理化鉴定之用。凡便于提取其所在原物时,在征得事主同意下,应尽可能将原物一并提取。

应当注意,对于发现的枪、弹及弹孔、弹着点和射击附带物质,在固定提取之前,均应先用拍照、测量、绘制平面图和笔录的方法,准确记录其形状、大小、位置、距离及其相互关系。对提取的各种物证要采用妥善的包装方法,防止在运送和保管中损坏痕迹特征。

第五节 枪击现场分析判断

枪击现场分析判断主要应解决已发现的孔洞是否射击弹孔,弹孔的射入口和射出口,发射枪支的种类,射击距离、方向和角度,发射时间以及事件的性质等问题。简述于下:

一、弹孔判断

判断某一洞孔是否为弹孔,主要是依据弹头穿透力,洞孔特征和洞孔的形成是否符合弹道的规律。弹头的穿透力大小,一般是指某种枪支发射某种弹药,在一定的射击距离内能否穿透、穿入某种厚度的坚硬物体的表现能力。弹孔特征主要通过观察与检验其形状和大小,有无射击附带物质,擦带,射入口和射出口等特征来确定。但弹孔特征由于被射击物的结构、性质和射击距离以及方向、角度的不同而有所异样。因此,对某一洞孔是否为弹孔的判断,要根据现场呈现出的具体条件作具体分析。所谓根据弹道规律判断弹孔,是指在近距离内发射情况下,可把弹道视为一条直线,不计其偏流值。因此,在发现有洞孔和疑似弹着点时,即可从射击位置的某一点为基准、以直线走势连接洞孔和疑似弹着点,凡三点能成一直线时,则可判断该洞孔为弹孔。

二、弹孔射入口和射出口判断

对已贯穿的弹孔，判明弹头贯穿的方向，对查明弹头的飞行弹道、射入角、发射点以及寻找弹头、弹壳等，都具有重要意义。

射入口和射出口的形态与射击距离、弹头作用和被射击物的物理特性等多种因素有关。对具有一定弹性的被击物（如人体、轮胎等），射入口多向内凹陷，形成略小于弹头直径的圆形缺损；射出口一般大于射入口，呈中间缺损的星芒状。但应注意，当弹头炸裂、近距离射击或接触射击时，则可能形成射入口大于射出口的现象。对具有一定韧性的被击物（如金属板、硬纸板、塑料板等），可形成边沿内凹的射入口和明显外翻的射出口。当被击中的是玻璃时，可形成喇叭状弹孔，喇叭口为射出口。此外，还可利用辐射状裂纹和同心圆裂纹的断面判断射击方向。

三、发射枪支种类判断

根据现场上发现的弹头和弹壳的直径以及子弹的结构、商标符号和专用标记等特征，一般易于判断射击枪支的口径和种类。即使一时不具有这些有利条件，根据弹孔直径大小和周围附带物质的特征，以及弹头穿透力等因素往往也可判断出枪支的口径和种类。

四、射击距离判断

凡在一米以内距离的射击，可根据被射击物体上形成的附带物质面积的大小，烧灼程度以及色调的深浅等特征加以推断。如果在被射击的物体上只有弹孔和弹着点的特征出现，这标明是一米以外的远距离射击。远射距离的推断，可采用目测法、相似三角形法进行测算。

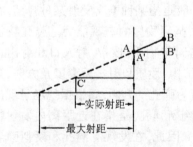

图18 射击距离相似三角形推测法

目测法。当发现只有一个弹孔，而弹孔壁较厚能反映弹道直线走势时，可从弹孔射击口逆向弹道观察，或用拉线办法，找到弹道的起点，测量出其最大射距，然后根据现场具体情况及对发射地点的判断，测算出实际射距。

相似三角形法。当发现既有弹孔又有弹着点，在弹着点高于弹孔时，即可由弹道起点通过弹孔至弹着点作一条同枪口水平面垂直投影线，构成两个相似三角形的关系，据此测算其射击距离。图解如（图18）。

A为弹孔；B为弹着点；

C′为持枪口高度；
A′为弹孔高度，
B′为弹着点高度

$$实际射距 = \frac{A、B水平距离 \times (A' - C')}{B' - A'}$$

上述测算方法,是建立在弹头飞行升弧范围内基础之上的。即是把弹道视为一条直线而不计其偏流值测算出来的射击距离,因此,只能说它是个相近的数据。但实践表明,弹道的抛物线升弧阶段约占全射程的三分之二,而降弧阶段只占三分之一。一般说,涉枪案件的现场范围有限,只要在射击位置和持枪口高度判断准确的情况下,把弹道视为直线来测算实际射距,则不会超过实用的准确范围。

五、射击方向判断

发射的枪口同被射物体之间的相对位置为射击方向。射击方向的判断首先应区别弹孔进出口,然后依据弹孔、擦带形状,不同物质的弹孔特征和附带物质的形状、物质分布状况等特点进行综合分析判断。

弹孔呈正圆形,系正前方射击所形成;弹孔为椭圆形,其擦带起始方向为射击方向(图19)。

根据不同物质形成的弹孔特征判断射击方向。如玻璃同心圆纹分布均匀的一面为正前方射击所形成;同心圆纹分布不匀,则以同心圆纹密集的一边为射击方向。

附带烟垢物质是正圆形时,表明为正前方射击所形成;当呈椭圆形时,附带烟垢物质微粒密集的一方为射击

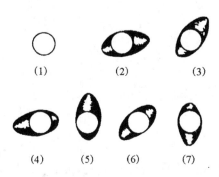

图19 射击方向和角度的判断方法
(1)正射　(2)—(7)斜射

方向。当发现有跳弹擦痕时,则应辨明弹头的入射角或反射角来确定其方向。

六、发射时间判断

枪支发射后在数小时内可嗅到膛内的火药气味。如果发射枪支及时得到密封措施的保护,这种火药气味在数日内仍可被嗅到。

利用枪管内的火药烟灰在潮湿空气的锈蚀变化的各种颜色也可确定其大致的发射时间。发射枪支的枪膛未经擦拭,很快出现黄灰色或深灰色雾斑;一昼夜后由黄灰色雾斑转而为锈层。发射枪支即使得到及时擦拭,也可利用枪机件中

的残留物或其演化物进行化学分析,若有亚硝酸盐存在,即可判定其发射时间约在三、四天之内。

七、事件性质判断

尸体上有多处致命枪伤,且有挣扎、搏斗的伤痕和现场上有被翻、被劫、被窃等现象,可判断为是他杀;尸体上只有一处致命枪伤,弹道特点符合自射动作,现场留有发射枪支,没有犯罪人作案的迹象,可以判断为是自杀;现场没有与犯罪有关的痕迹、物品,也不具备自射身死的特点,调查中又能证明在发案时间附近确实有人因打靶、打猎等朝现场方向发射过子弹,可判断为是误射伤亡;现场遗留枪支机件陈旧松散、保险机件失灵,枪支处在一定的状况下,可引起"走火"发射,调查中无作案或自杀的因素,自首人员的交待与勘查、实验结果吻合,一般可判断为"走火"伤亡。另外为了揭露射击现场的真伪,必须对弹道的特点,射击痕迹和附带物质特征,枪支机件的可靠性,现场其他痕迹、被射人员的表现等等因素加以综合分析研究,找出真凭实据后,方可作出现场的真伪结论。

第七章 文书检验

第一节 文书检验的概念和任务

一、文书检验的概念

文书检验,也称文件检验,是指对具有证据意义的文书及其物质材料进行勘验、检查和鉴定活动的总称。

文书是人们利用文字或其他符号表达思想、记录事实、传达指令、证明身份、进行交际的一种工具。文书按其表现形式可分为记载在纸面上的文字、表格、图案、照片或其他符号;按其用途可分为书刊、报纸、公文、证件、信函、契约、票证、证券、账册、货币,等等。此外,那些记载在布匹、木板、竹片、石块、墙壁、金属等物体上的文字、图案及其他符号也可称之为文书。这是文书的一种特殊形式。文书的用途极为广泛。它在人们社会生活的各个领域起着不可缺少的重要作用。借助于文书,人们不仅可以相互交流思想,进行交际,而且还可以把自己的语言传到远方,流传到后世。

文书作为一种交际工具,有时会被犯罪分子用作实施犯罪的手段,比如书写危害国家安全的标语、传单;传递情报;伪造公文、证件、印章印文、各种有价证券和票证等;以各种技术方法销蚀、涂改文书的内容或损坏、销毁具有证据意义的文书材料,等等。因此,在侦查实践中,经常会遇到需要通过文书检验加以解决的问题。

文书检验是物证技术检验的一个重要组成部分。它不仅是发现和审查犯罪嫌疑人,揭露和证实犯罪的一项重要的技术手段,而且还能为民事审判提供重要的诉讼证据。本章侧重研究文书检验在刑事侦查中的具体运用。

二、文书检验的对象

文书检验的对象,按其科学原理和检验方法的不同,分为文书的笔迹检验和文书的物质材料检验两个部分。文书的笔迹检验,是通过检验文书手写文字所反映出的书写人的书写动作习惯、书面言语习惯,发现和认定文书的书写人;文书的物质材料检验是通过检验文书的物质材料和非手写文书的文字、符号、图案、图像等,辨别文书的真伪,判明伪造或变造的方法,查明文书损伤、毁坏的原因,辨别文书物质材料和印刷、制作工具的种类,恢复和显现文书原有的内容,等等。具体来说,文书检验的对象可分为以下几类:(一)笔迹检验;(二)印刷文书检验;(三)印章印文检验;(四)损坏文书检验;(五)伪造文书检验;(六)不易见文字的显现;(七)文书材料检验;(八)言语识别及人像检验,等等。

三、文书检验的任务

文书检验的基本任务是通过对具有证据意义的文书及其物质材料的检验,确定该文书与案件事实和案件当事人、犯罪嫌疑人的关系,为侦查和审判提供线索和证据。

在侦查实践中,文书检验的主要任务是:(一)勘验犯罪现场,发现、提取有关的文书、物证;(二)根据文书的内容、文字特征及文书物质材料,分析判断案情,为侦查提供线索和方向;(三)鉴别有关文书、印章印文的真伪,判明伪造或变造的方法;(四)显现被掩盖、销蚀或褪色的文书,认读和显示原件的内容;(五)整复被损伤、销毁的文书,查明其原文;(六)检验与案件有关的各种印刷品,判明文书的印刷方法及来源和出处;(七)检验与案件有关的文书物质材料,如纸张、墨水、墨汁、印油、胶水、浆糊等等,以确定其种类、牌号,并查明其来源;(八)检验与案件有关的人像照片,确定两张照片人身相貌是否同一;(九)检验与案件有关的各种言语材料,分析判断文书书写人的性别、年龄、文化程度、职业、籍贯及思想类型;(十)通过对手写文字的比较研究,确定文书的书写人。

第二节 书写习惯的特定性和稳定性

人的书写活动,是一种有规律的生理机能活动,具有一定的规律性。人的书写习惯,就是人们在书写的文字符号中所反映出来一个人书写动作的规律性。它不仅具有人各不同的特殊性,而且有很强的稳定性。人的书写习惯包括文字的书法习惯、文字的布局习惯和书面言语习惯三个方面。这种书写习惯的特殊性和稳定性就是笔迹检验的科学依据。笔迹检验的目的,就是通过研究手写文字的书法特征、文字布局特征和书面言语特征,认识书写人固有的书写习惯,从而认定或否定文书的书写人。

一、书写习惯的形成及其发展

人的书写习惯是通过不断学习和反复实践逐步形成和巩固下来的,并且随着主客观条件的变化而不断发展变化。在其形成和发展过程中,受着人的生理、心理及书写的时间、环境、工具等多种因素的制约。

从生理学上来看,书写习惯形成的过程,实际上就是建立在条件反射基础上的"动力定型"的形成过程。就一般情况来说，人的书写运动是在大脑的指挥下，借助于视觉的控制作用，依靠指、肘、腕等器官的协调动作而完成的。人在初学写字时，常常是先通过视觉将字的结构形象传入大脑，进而了解它的读音和含义，然后大脑又支配着指、肘、腕等书写器官运动，在视觉的监督下，一笔一划地进行仿写。经过不断的练习和实践，由于字形、字音、字意和书写器官运动等因素的反复刺激，就在大脑机能上产生了一系列的书写运动联系，即所谓"书写动力定型"。"书写动力定型"建立以后，使书写器官的运动更加协调，书写文字表达思想的技能更加熟练。此时，只要书写人脑子里想要写什么，就可以在用词、造句以及字的写法、布局等方面，按照自己所习惯了的方式自由地书写出来。也就是说，书写活动达到比较轻松自如，几乎成了自动化的过程。这种"书写动力定型"有着比较强的稳定性，甚至有意去改变它也比较困难。

上述书写习惯的形成和发展，大体上可以分为初学、基本定型和部分退化等三个不同的阶段。每个阶段反映着书写人的不同书写水平，因而存在着一定的相应特点。

（一）初学阶段：一般相当于小学和初中时期，主要是识字和掌握基本书法技能。因此也叫书写习惯逐步形成的阶段。在这个阶段中，书写技能发展较快，书写习惯不够稳定；书写动作不够协调，连笔能力差；写法单一，规范性强；字的结构和布局不规整；容易出现一些常见的错别字；书面言语简单、幼稚、口语化，表达能力差。

（二）定型阶段：经过长时期的练习，书写人已经掌握了比较熟练的书写技能。这个阶段的主要特点是：书写习惯已经形成，处于相对稳定状态，在较长时期内，不会发生重大的变化。就是说，已经"定型化"。但是，随着书写人的社会知识、文化水平和书写技能的逐步提高，以及工作和生活环境的变化，在个人的书写习惯中新的特点将不断产生，而旧的特点则不断被淘汰。

（三）部分退化阶段：人的书写习惯形成以后，会由于年老、久病或长期不从事书写活动等原因，而使书写技能产生部分退化。其主要表现是：书法水平降低；字的结构松散；运笔动作迟缓，并且有抖动现象；在用词造句方面，往往会出现一些不符合当时形势的陈旧词汇。但是，上述这些只是局部的变化，书写人固有的基本书写习惯是不可能完全改变的。如果因为生病和长期未从事书写活动而引起暂时退化现象，经过练习后，书写技能仍然可以恢复。

应该指出，这三个阶段是逐步形成的，各个阶段之间并没有一个明显的界限。由于各人的主、客观条件的不同，书写技能发展、提高和退化的快慢也不同。因此，上述三个阶段不可能是绝对的，而只能是大体上的划分。

二、书写习惯的特殊性与普遍性

通过文字检验认定书写人的同一,是以辩证唯物主义关于事物的特殊性和普遍性的原理为根据的,因此,它是科学的,可靠的。

毛泽东指出:"对于物质的每一种运动形式,必须注意它和其他各种运动形式的共同点。但是,尤其重要的,成为我们认识事物的基础的东西,则是必须注意它的特殊点,就是说,注意它和其他运动形式的质的区别。只有注意了这一点,才有可能区别事物。"① 每个人的书写习惯的特殊性,是确定文书物证书写人的客观依据。文字检验的目的就是要辨别和认识不同人的书写习惯,准确地认定文书物证的书写人。

文字检验的实践证明,人的书写习惯是各不相同的,每个人都有自己的独特的书写规律。有时看起来两个人的字迹很相似,但如果仔细加以分析,却有着本质的区别。这种书写习惯特定性的形成,是由书写人的个人的生理、心理特点的不同和养成书写习惯的客观条件的不同等多种因素所决定的。首先从生理学来看,由于人的生理机能和智力、记忆力、注意力状况的不同,直接影响执笔、运笔的方法和书写技能,这是形成书写习惯特殊性的生理基础。其次,从心理学上看,书法是心理、意识活动的一种反映,由于每个人的认识、情感、意志、兴趣、爱好、性格等心理特点是不同的,表现在书法上就会形成各自的特点,这就是书写习惯特殊性的心理基础。另外,每个人练习书写的时间、物质生活环境等方面情况的差别,也是形成书写习惯特殊性的重要因素。上述诸因素综合起来就使人们的书写习惯千差万别,各有特殊性。

任何个别事物都不是绝对孤立的,都是相互联系相互制约的,都是普遍联系之网中的一个环节,一类事物中的一个。也就是说,不同事物之中包含着相同,即没有不包含普遍性的特殊性。人们的书写习惯同样也是普遍性与特殊性的统一。不同人的书写习惯尽管千差万别,但彼此之间还包含着相同之点,即使两个人写字悬殊很大,也有相同的表现。因此,为了全面地研究书写习惯的特殊性,正确地认定文书物证的书写人,还必须认真研究人们书写习惯的普遍性,即掌握不同人书写习惯的共同点。我们知道,语言文字是人们表达思想进行交际的工具,为了达到交际的目的,人们在运用语言,书写文字时,必须遵守一定的社会规范和约定俗成的规则,否则,写出的东西谁也看不懂,就不可能达到交际的目的。加之某些人在生理机能、心理活动或者养成书写习惯的客观条件等方面的情况大致相同,这样就使得不同人的书写习惯之间必然有许多共同之处。实践证明,在文字检验的过程中,正确地认识书写习惯的普遍性有着重要的意义。只有懂

---

① 《毛泽东选集》第一卷,第 308 页。

得了不同人之间书写习惯的共同之点,才能正确认识个别人书写习惯独自具有的特点。也就是说,不知道什么是普遍性,也就辨别不出来什么是特殊性。

总之,在人们的书写习惯中不但包含着特殊性,而且包含着普遍性,二者是相互联结的。语言文字作为人类最重要的交际工具,其使用的范围极其广大,而且随着社会政治、经济、文化的发展不断发展演变,加之人们掌握语言文字又受着各方面条件的影响,所以在一定场合为普遍性的东西,在另一定场合则变为特殊性。反之,在一定场合为特殊性的东西,在另一定场合则变为普遍性。例如,某一符合规范的常用字,在一般情况下,认为它是普遍性的东西,但是在某一特定的地区和范围内,只有个别人是这种写法,它就成了特殊性。又例如,某一严重违反书写规范的"滥造字",在通常情况下,认为它是特殊性的东西,但是在某一特定地区或范围内,很多人都是这种写法,在这里它就变成了普遍性的东西。因此,我们在评价书写习惯的共同性和特殊性的时候,必须从具体案件的实际情况出发,结合书写人工作和生活的地区、范围以及书写的时间、地点、条件等具体情况进行全面的分析研究。只有这样,才能避免犯主观性、片面性和表面性的错误。

三、书写习惯的相对稳定性及其变化

辩证唯物主义认为,宇宙间一切事物都处在不停顿的运动之中,运动变化是绝对的、无条件的,静止不变是相对的、有条件的。也就是说,事物发展变化的过程,就是从量变到质变的过程。当事物还未有发生质变的时候,它只有数量的变化,因而呈现出相对静止的状态。人的书写习惯也同其他事物一样,时刻处在运动、发展变化之中。由于书写时间、环境、工具和生理、病理以及各种主观因素的不同,同一个人两次书写的语言文字,也会出现程度不同的差异。但是,人的书写习惯是经过长期练习形成的,当"书写动力定型"建立后,在一定的时间内具有质的相对稳定性。就是说,在人丧失正常的书写技能之前,其书写习惯的本质不会消失的。书写习惯的相对稳定性,是确定书写习惯自身同一的必要条件。因为只有承认这种相对稳定的状态,我们才能区分不同人的不同书写习惯,使同一认定才有可能。

书写习惯的稳定性是相对的、有条件的,发展变化则是绝对的。在书写过程中,由于书写条件的改变或书写人的故意伪装,书写习惯会产生某些局部变化。变化的程度,取决于不适应的书写条件或故意伪装行为对书写习惯反作用的大小。在通常情况下,书写水平较高的人,受书写条件影响而变化的程度比较小,故意伪装时,变化程度可能大。书写水平低的人,克服书写条件影响的能力也低,变化可能大,但其故意伪装的能力不高,改变程度可能小。社会经验较丰富,特别是具有文字检验常识的人,故意改变时,变化的程度和范围可能大。但是,

不管如何变化,其固有的书写习惯不可能完全改变。而且这种发展变化也是"有律可循"、"有迹可察"的。只要我们善于研究书写习惯的相对稳定性及其发展变化的规律,就能够正确地识别文书物证所反映的书写习惯有无变化,及其变化的原因,从而在变化的状况下找出其不变的本质,为同一认定提供可靠的根据。

第三节　书写文字的特征

文书检验中所说的文字特征,是指书写人书写习惯的外部表现。每个人都有自己独特的书写习惯,这种习惯是通过文字特征来加以表现的。所以文字特征是认定文书物证书写人的一个重要依据。

文字特征的表现形式是千态万状的,但是归纳起来可以分为书法特征、文字布局特征和书面言语特征三个方面。

一、书法特征

书法特征也叫笔迹特征,是指书写人书写文字符号的动作习惯的反映和表现。其中主要有:书法水平、字的形态、字的写法、笔划顺序、结构搭配、运笔规律、标点符号及其他符号的写法等方面的特征。

(一) 书法水平特征

书法水平特征,也叫书写动作熟练程度特征。它反映一个人写字技能的高低。书法水平高的人,在书写过程中,能够自动控制自己的书写动作。所以书写速度快,动作协调,字的结构严整,笔划规整,搭配适当,运笔流畅,连贯性强,文字布局整齐,大小均称,快写不紊乱。书法水平低的人,书写速度慢,动作协调程度低,字的结构松散,比例不适当,运笔呆板、生涩,连贯性小,往往会出现一些不适当的动作或停顿现象。

书法水平的高低是相比较而言的,而且并不是一成不变的。书法水平低的人经过不断的练习可以提高,书法水平高的人,由于主客观条件的变化(如长期不写字或年老久病等)其书写技能也可能降低。另外,书写人也可能故意改变自己的书法水平。在文书检验中,首先必须正确地区别书写人的书法水平的高低,同时还要充分考虑到可能引起书法水平发生变化的各种因素。在通常情况下,书法水平是属于文字的共同性特征。检验时,如果发现嫌疑人样本的书法水平很低,而文书物证的书法水平很高,二者相差悬殊,此种书写技能高低的明显差别,就可以作为否定同一的重要依据。因为书写技能的提高需要有个过程,即使书写人故意改变自己的书写水平,也很难使自己的书法水平立即显著提高。即使高水平的人故意降低,也会发现其原有水平的痕迹。

（二）字的形体特征

字形是指字的外部轮廓的形状。汉字是方块字，但在不同人的书法中，则表现为方形、长方形、扁形、圆形、菱形、斜形（向左倾斜或向右倾斜）和不规则形等不同特征。字形特征是属于文字的一般特征，在检验时，要注意分析字形是否一致。

（三）字的写法特征

字的写法，是指整个字的组成形式，即一个字是由哪几部分、哪些笔划和以怎样的结构形式构成的。

常用的汉字大约有三千个。从结构形式上来看，是一字一形，各不相同。现在的行书字基本上是"自由体"，规范要求不严格，往往一个字存在着几个不同的写法。在实际生活中所遇到的主要有以下几类：

1. 现行规范写法：是指当前在出版物、正式文件及教学中统一使用的写法。其中包括国务院已公布的简化汉字和尚未被简化汉字所代替的通用汉字。这些字的写法因为符合统一的规范，所以在全国范围内已被广泛地应用。

2. 繁体写法：已被国务院公布的简化字所代替的字是繁体字。这些字的写法已经被淘汰，不应再使用。但是也还有人习惯沿用旧的写法。例如，構（构）、實（实）、華（华）、範（范）等。

3. 异体写法：所谓异体字就是同音同义不同形的字。如："并、幷、併、竝"（并）、"宲"（实）、"喆"（哲）、"怰"（怪）等。

4. 习俗简化字写法：所谓习俗简化字，是指没有收入国务院公布的汉字简化方案，但已在社会上广泛使用的那些字。如"口、呸"（国）、"岽、崶"（岁）、"伱、伱"（价）等。

5. 古体写法：是指来源于古代汉字规范和历代书法名家字帖而现在已经不常用的写法。如："仚"（山）、"夂"、"泬、灋"（法）等。

此外，还有地区性写法、职业性写法、自造字写法、简缩写法，等等。

（四）错别字特征

所谓错别字，通常是指两种情况，一种是错字，即把字的形状结构写错了。例如，"武"（武）、"吃"（吃）、"泛"（汽）、"屹"（屹）、"局"（局）、"写"（写）、"虐"（虐）、"被"（被）等。另一种是别字，即本来该写这个字，却写了另外的字。例如，把"身教胜于言教"误写成"深教胜于严教"，把"如火如荼"误写成"如火如茶"，把"势不两立"误写成"势不两利"。深、言、茶、利等字的笔画和结构都没有错，本身不是错字，但是用错了地方，全句的意思也就错了。

错别字特征，特别是错字特征，能够反映书写人的文化程度，特殊性比较强，而且又比较稳定，一般不容易改变，因此，在文字检验中价值比较大，应注意发现和利用。但在运用错别字特征时，应注意区分是偶然性的误笔，还是习惯性的错别字,并且还要注意鉴别是否犯罪分子有意伪装。

(五) 笔顺特征

笔顺,是指书写文字时笔划先后的顺序。汉字笔顺是按着一定规则书写的。一般的笔顺规则是:先上后下;先左后右;先外后内(又叫先进人后关门);先横后竖;先撇后捺;先钩后挑;先中间后两边,等等。

笔顺规则是人们约定俗成的,大多数人都这样写。但是也有不少人在写字时并不按正常的笔划顺序,尤其在草书和笔划连贯性较大的"自由体"中,笔顺的一般规则基本上被破坏了。人们平时写字的笔顺大体有三种情况:一种是按正常笔顺规则写的,称为正常笔顺;另一种虽然不符合笔顺规则,但是许多人都那样写,成为社会上比较通用的笔顺;再一种是大多数人都不用,而只有少数人或个别人习惯用的笔顺,称为特殊笔顺。

笔顺特征的稳定性程度比较大,书写人在有意伪装的情况下,往往不注意改变笔顺。因此,在文字检验中,要注意发现和利用那些比较特殊的笔顺特征。特别是在字数较少或伪装案件中,更应注意运用这种特征。

笔顺特征在一般情况下比较容易发现,但是有时由于字的结构比较复杂,判断笔顺特征较为困难,特别在隶书或楷书中,由于字是一笔一划组成的,往往难于发现其笔顺特征。但是,如果仔细观察起收笔的动向、运笔趋势、相近笔划的连贯关系以及笔划的交叉部位等特点,仍可以揭示出书写人的笔顺习惯。

(六) 结构搭配的比例特征

结构搭配,是指单个字的各笔划或偏旁部首之间的相互关系。主要包括两个方面;其一是搭配关系,即笔划之间或偏旁部首之间交接部位及相对位置的高低远近等特征;其二是比例特征,即笔划或偏旁部首之间的大小、长短、宽窄等比例关系。

(七) 基本笔划的写法特征

笔划是构成汉字的要素。绝大多数的汉字都是由多笔划构成的。汉字的基本笔划一般可分为八种:点、横、竖、撇、捺、挑、折、钩。每种笔划都有各种不同的写法,这些细微差别能够反映不同人的书写习惯。因此在文检中应用的最广泛,特别是当文书物证上的字迹很少的情况下,仔细研究基本笔划的写法特征更具有着重要的意义。但是,基本笔划的写法特征也比较容易受主观和客观条件的影响,因此,在运用此类特征时,要注意分析其是否发生变化,以及引起变化的原因。

(八) 标点符号和其他符号的书法特征

标点符号大体分为标号和点号两大类。标号是用来表示书面言语里词语的性质和作用的,包括引号、括号、破折号、省略号、专名号、书名号、着重号和间隔号。点号是表示书面言语中的停顿或说话时的语气的,包括句号、逗号、顿号、分号、冒号、问号和感叹号。除了上述十五种外，在书面言语中还有其他一些符号，如重略号、调转号、添插符号和改错符号等。每种标点符号的写法和用法都有统一的规范，但是，每个人都有自己的写法，在起笔、运行、环绕、收笔等方面都会表现出书写人各自不同的运笔特征，而且标点符号的安排位置也会有不同特点。

标点符号的书法特征一般比较稳定，在书写人有意伪装的情况下，往往不注意改变标点符号的书写方法。因此，它在文字检验中价值比较大，特别是在伪装案件和字数较少的案件中，标点符号的书法特征往往对正确作出鉴定结论有重要作用。

二、文字布局特征

文字布局特征，是指文字符号的安排形式，是书写习惯的一种客观反映。主要包括书写人在字序和行序、字行的形态、字间与行间的间隔、字行与格线的关系、字行与页边的关系、分段与缩头、程式语的安排位置、固定词组的写法和搭配关系等方面的习惯特点。书写人的文字布局特征包括的方面很广泛，而且比较稳定，但它属于一般特征，可以为侦查提供线索，不能作为识别书写人的根据。

三、书面言语特征

书面言语特征，是指书写人用词造句习惯的表现形式。主要包括书写人运用文言词和古旧词、运用方言词、运用行业语及专业术语、运用外来词、运用熟语、运用标点符号、运用体裁，以及句子形式、虚词、程式语和不规范的构词等方面的习惯特点。分析书面言语特征，可以判断书写人的语文水平、社会职业、知识范围、生活环境、居住地区、年龄阶段等。同时，也可以为识别文书物证的书写人提供辅助材料。

第四节　非书写文字及文书物质材料的特征

一、打印和铅印文字的特征

打印机分机械式打印机和点阵式电子打印机两类。（一）机械式打印机打印文字的特征反映。主要有打字机主动机构的间距、分格距离、铅字类型、字丁笔画的残缺、弯曲、磨损等细节特征，以及文字行间距离、混合字、模糊字和双影字等。外文打印机打印文字与中文打印机打印文字的特征反映相同。（二）点阵式电子打印机打印文字的特征反映。主要有字符形体、点阵规格、字距、行距、字符变换等一般特征，以及色带上的字符印迹、印字头的结构、偏斜、脏污、列阵印迹不匀、字库反向间隙、字库增添或缺损等细节特征。分析打印文字的特征反映,可以辨别打印文书是否伪造,是用哪一种乃至哪一部打字机打印等。

铅印文字主要反映铅字的字体、型号、铅字笔画的细节特征。铅字字体有仿宋体、正楷体、隶书体等。每种字形,按高度和宽度,又分成若干号。同体同号的字,由于铸造字的字模不同,必然会出现许多不同的细节特征,即使同一个字模铸造的铅字丁,在印刷使用过程中也会发生变化。所以,同一个印刷厂铅印的文书,通过对字丁分析、鉴定,也可能发现其差异之点。不难看出,对铅印字迹所反映的字丁的特征的分析、鉴别,可以判明文书是否伪造、变造,还可以查明铅字字丁的出处,从而为侦查提供线索。

二、印刷图案符号的特征

票证、证件上都印有一定的图案符号。印刷图案符号所反映的特征主要包括以下几方面:

版面的格式和项目。比如票证有图案、花纹、文字和印文等,一些重要的票证(如人民币)和证件(如护照)还有保护花纹。分析时,应注意可疑票证、证件上这些内容是否齐全。如果比真票证、证件多了或少了某些内容,即可确定可疑票证、证件是假的。

印刷版型。一般分为凸版、凹版和平版三种。分析时,应注意可疑票证、证件是何种版型所印。如果与真票证、证件所用版型不同,即可确定可疑票证、证件为假的。

图案、文字的结构。主要包括:(一)文字的形体、大小、排列位置及笔画形状。(二)相同颜色的图案、文字之间的相互位置关系。(三)细小花纹的数目、粗细、长短、转折形状。(四)底纹的结构、颜色和清晰程度。(五)有照相网点的图案,网点的密度、形状、大小。

暗记。有的票证和证件,为了防止伪造,易于鉴别,在印版上做了暗记。分析时,应注意有无暗记、暗记的位置和形状。

其他特征。如有些票证边缘齿孔的大小、密度和形状;票面的大小以及剪切线的位置、形状等。

应该指出的是,分析和鉴别印刷图案文字符号的特征反映时,要注意票证、证件在使用过程中可能发生的变化以及在印刷过程中的漏版或产生的其他缺点,不要机械比对,要考虑到各种可能发生的变化。

三、印章印文的特征

印章按用途可分为公章、专用章和私章三种。印章的印面粘上印泥印出来的印,称印文。印文通常可分为有色印文和无色凸凹印文。一定的机关、团体和个人,因某种专门需要,留给有关的对方一枚供核对、验证之用的印文,称为印鉴。

印章在国家机关、团体、企事业单位和人民群众的日常活动中起着重要的作用。印章印文是各种文书、证件真实性的一个重要凭据。犯罪分子为了进行贪污、诈骗和危害国家安全等活动,往往采取各种方法盗窃和伪造印章印文,制造各种假文书、假证件。犯罪分子伪造印章印文的方法有:雕刻假印章,用单字拼合法伪造印章印文,用描绘的方法伪造印文或部分伪造印文等。印文是否伪造,一般通过向有关单位或个人索取真印文样本比对鉴别印文的特征反映,即可查明。在侦查犯罪中,有时还需要用物理学或化学方法显现模糊难辨的印文,以判明印文盖印的时间、地点,为侦查提供方向。

印章印文所反映的印章特征可分为以下两类:(一) 规格性特征。是按一定规格要求刻制印章时形成的。主要包括:印面内容及安排格式,印面的形状及大小,印面边框的形态,印面的字体等。(二) 细节性特征。是由刻制方法、技术和印章在使用过程中形成的。主要包括:文字、图案、线条的位置距离,笔画、线条的形状、交接、搭配位置及其比例关系,附加图案(如国徽、五角星)的具体结构形状,印面的疵点、缺损以及某些笔画、线条、图案的磨损等。

在研究印章印文的特征反映时,应注意影响印章特征的一些因素。主要有:印章受水和空气干湿度的影响,会发生胀缩变化;印章受盖印的压力、落印姿势、衬垫物软硬、印油多少等因素的影响,使印面上的文字、线条等产生粗大或细小的变化;印章因清洗会使文字、线条清晰、细小;印章因长期使用不清洗,会使印面附着物牢固,刀痕(木质、橡胶印章)消失等。

四、文书物质材料的特征

文书物质材料,是指制作文书的各种材料,包括纸张、墨水、墨汁、圆珠笔油、复写纸色料、油墨、铅笔芯、印泥、印油以及胶水、浆糊等。

文书物质材料的状况能反映出文书的制作方法特点,并能反映出文书所用纸张的种类、成分、光泽、色泽、弹性、透明度、网纹、厚度等固有特征,以及纸张上的格线、图案、文字及其他符号等附加特征;所用墨水、圆珠笔油、油墨、印油的种类、成分、光泽、颜色等特征;所用胶水、浆糊以及其他粘合剂的种类、成分、光泽、色调等特征。

案件中的文书物质材料对于侦查有着重要意义。案件中使用的文书物质材料的制作方法特点,可以反映出犯罪分子的职业特点;对案件中使用的文书物质材料的性质、成分等进行鉴定,并根据其种类、规格、牌号与已知样品进行核对,可以判断其产地、销售和使用范围,为侦查提供方向;鉴定案件中使用的文书物质材料与被告人所占有的文书物质材料的种类、成分等是否相同,其肯定性结论可以作为缩小侦查范围的依据,其否定性结论可以作为排除犯罪嫌疑人、被告人具备某种作案条件的证据。鉴定可疑文书的物质材料与真实文书的物质材料是否相同,可以从文书物质材料的角度,为鉴别货币、证券、证件、契约、记录等的真伪提供根据。

第五节 现场文书物证的发现和提取

各类案件现场都可能遗留有文书物证。根据各类案件现场的具体情况,采取有效的方法寻找和提取与案件有关的文书物证,是文书检验的首要任务。

一、张贴、散发文书的收取

发生张贴、散发文书的案件后,侦查人员应迅速赶赴现场勘验。首先要保护好现场,对已发现的文书物证应设法加以遮挡,以防损坏或扩散影响。然后在其周围分片、分段或根据作案人来去路径,继续寻找、发现。对于已发现的文书物证要拍照固定并提取原物,同时,将粘贴物如胶水、浆糊、钉子等一并提取。被提取物应按发现时的状态分别装在相应大小的透明塑料袋内或用两块玻璃板夹住。对于从纸张上脱落的粘贴物可用洁净的纸包好放入小盒内,以便进行化验分析。如果在现场上或在嫌疑人处发现书写文字时底页空白纸上遗留有印压字迹,应提取原物,利用侧光观察发现笔划压痕。必要时,可带回实验室,利用"纸张压痕显现仪"显出底页上的笔划压痕。

二、涂写、刻画字迹的收取

对于涂写、刻画的字迹应尽量连同承受体原物提取。如果是大型客体不能提取原物时,可用拍照提取,再割取其局部。若遇到白墙上涂有白色粉笔字迹,除拍照外,可用静电复印法提取。同时,还要注意寻找、发现和提取与案件有关的书写工具如粉笔头、钉子、木片等,以及罪犯涂写、刻画时遗留的手印、脚印或其他物品等。

三、撕碎、烧毁文书的收取

撕碎的文书可能扔在纸篓里或分散在室内外角落处与其他纸片、杂物混在一起。寻找、收取时,应根据纸张的颜色、厚薄、纸面上格线的宽度和距离、字迹的书写物质(如铅笔字、钢笔字、毛笔字等)、笔迹特征、记载的内容等相对应进行收取。一时分不清的应广泛收取后带回实验室逐个鉴别澄清。对于收取到的文书碎片应放在玻璃板上,用镊子夹取复原拼合。拼合后,从正面观察无误时,取另一块玻璃紧紧压住后再翻转察看其背面,经核查所选定和拼合的碎片恢复原件形态后,可用胶布或胶纸将两块玻璃边缘粘贴固定,再拍照正、反两面。

烧毁的文书可能随风吹动而四处飞扬,故对其碎片应小心谨慎地寻找和收取。如果文书正在燃烧,可用器皿罩住隔绝空气熄灭,切不可浇水或吹熄火焰,以防易燃和损坏文书。收取时,可用一张赛璐珞片轻轻插入下面,将其提取放入盒内。如果文书是盛放在容器里烧毁的,应提取原物。如遇火炉中或灶坑里有燃烧的文书时,可用小铲撮出放入盒内。收取的烧毁文书可用润湿法、粘贴法、裱贴法等平整固定。

四、受潮、水湿文书的收取

受潮文书多霉烂或粘贴成团。提取时,首先应用金属薄片将纸层分开,然后放在室温下晾干,自然晾干后若起皱缩,可夹在洁净的纸中放在重物下压平。

犯罪人为毁灭罪证,可能将有关文书拧成纸卷或揉成纸团抛入池塘、河流或水井中。发现提取后,可将其斜向慢慢浸入盛有洁净清水的磁盘内,逐步使纸料吸足水分自行展开后,再平整地放在玻璃板上自然晾干并拍照固定。如果皱缩的纸团上附着有血迹、粪便、泥土、胶水或其他粘性物质时,可换成温水并加少许酒精,以增强展开效果。但应注意,在水浸前应将其原始状态拍照固定。

五、收取文书物证应注意的问题

(一)提取或整复各种文书物证时,都要注意保护可能遗留的手印及其他斑迹。需要用化学方法显现手印或分析其他斑迹时,应先拍照文书物证的比例照片。

(二)在提取、包装文书物证的过程中,应细致谨慎,避免损坏,不能任意添加记号或折叠、揉搓、粘贴和装订。

(三)运送文书物证要专人保护,防止压踏、雨淋、曝晒、摔碰,以免文书物证的性能和形态发生变化。

(四)对于发现、收取的各种文书物证,必须制作勘验笔录。笔录的内容主要包括:文书物证所在地点和所处位置,文书的种类和规格,文书的内容、书写或印刷方法及其特点,文书物质材料的特点,书写工具的类别,文书物证的发现过程及发现时的状态,整复或固定文书物证的方法,与文书物证有关的其他情况,提取的文书物证的名称、数量和包装方法等。

第六节 对案情的分析判断

侦查人员对所发现和提取的与案件有关的文书及其物质材料,应以辩证唯物主义为指导,认真地进行分析研究,以便对案情作出正确判断。主要包括以下内容:

一、事件性质分析

主要根据文书的内容,记载的事件的情节,制作和存在的方式,文书是否伪造,结合现场其他情况和遗留的痕迹,从研究文书的书写人有无犯罪的动机、目的入手,进行综合分析判断。比如,如果是以危害国家安全为目的张贴、散发内容反动的标语、漫画、传单等,则应立案侦查,如果是少年无知乱写乱画,则不构成犯罪。又比如,散发、张贴的文书记载的事件的情节显属对他人进行侮辱、诽谤,则应立案侦查,如果属于一般的侵犯他人的名誉权,则不构成犯罪。某些命案现场留下的"遗书"、"情书"、"绝命书"等,也可根据文书的内容、情节,结合现场其他情况,判断是自杀遗言,还是他杀伪造自杀遗书。

二、犯罪情况分析

主要分析判断犯罪人作案的时间、地点、作案的人数、方法、手段,以及犯罪人使用的书写工具和活动范围等。判断作案时间,可根据发现人、报案人以及知情人提供的有关情况,结合文书物证和其他痕迹的新旧程度分析;判断作案地点,主要是寻找和确定张贴和散发文书的第一现场,从而判断犯罪人的行走路线或活动范围,对于投寄的文书,可通过分析投寄邮局或邮筒与周围居民点、交通线路之间的联系,判断犯罪人的来去路线,并根据文书的书写材料和内容,划定侦查的范围;判断犯罪手段,主要是根据罪犯张贴、散发、涂改、烧毁、伪造文书物证的具体方法,使用的书写工具和书写材料的种类,字迹特征有无伪装等进行分析。根据对现场文书物证的分析,结合现场环境、条件以及其他痕迹、物品的特征,还可以判断是内部人员或外部人员作案,是一人或多人作案,是当地人或流窜犯作案等。

三、犯罪人特点分析

文书物证往往能够反映出犯罪人的年龄、文化程度、居住范围和职业特点等。这对于确定侦查范围,开展侦查工作至关重要。特别是对于侦查利用张贴、散发文书和投寄信件等手段进行犯罪的案件,更具有特别重要的作用。

犯罪人年龄分析。少年书写的文书,书法水平低,字形不正,大小不匀,笔画呆板,特征不稳定,书写习惯不定型,多用简化字,常出现错别字,用词造句不通顺。青年人书写的文书,书法特征趋向定型,"自由体"字比较明显,简化字多,词汇不够丰富,语句不够通顺,常用新名词新概念。中壮年书写的文书,书法特征比较稳定,运笔熟练,词汇丰富,繁简体字并用,往往对书法特征有意伪装,常用借古讽今的手法。老年人书写的文书,书写速度缓慢,动作不协调,运笔有抖动现象,字形大,结构松散,惯用文言、典故和陈旧词汇。上述特点系一般规律,与书写人的语文水平有一定关系,与其书法技能也有关系,但应注意书写人是否有意伪装。

犯罪人文化程度分析。主要看整篇文字材料的结构是否严谨,层次、段落是否分明,逻辑性和概括性是否强,用词、错别字、标点符号使用情况和书法水平的高低。一般而言,书写技能、语文水平和知识范围与文化程度是一致的。如果文书中的语句通顺、简练,结构严谨,层次分明,典故和成语使用恰当,极少出现错别字,书写工整,运笔自然有力,书写动作连贯,字的结构搭配匀称,文书内容涉及某些专门知识等等,说明犯罪人文化程度较高,书法水平高。但要注意文书撰稿人与缮写人是否为同一人,书写人有无伪装以及书写时的心情和客观条件的影响等情况。

犯罪人居住范围分析。主要根据文书投邮、散发、张贴的时间、地点和路线,文书内容所涉及到的地区、单位或人、事、物的具体情节,文书中使用的方言、土语和地区性简化字、行话,文书物质材料(如纸张、信封、信纸、墨水、浆糊等)及其他遗留物品的产地、销售和使用范围进行分析。有条件的可通过查对笔迹档案来发现犯罪人。另外,如果文书上发现手印,可通过查对指纹档案来查明犯罪人。

犯罪人职业特点分析。有些犯罪人书写的文书中,可能涉及本行业、部门或单位内部的人和事;有些文书中反映出某些行话、专业术语、职业性用语或隐语;有些文书是用特制的物质材料和专门书写工具制作的,等等。这些都可以作为分析犯罪人职业特点的根据。

第七节　文书样本的收集

为了科学地进行文书鉴定,必须收集足够的、合乎要求的可供比对鉴定的文书样本。文书样本包括书法样本、签字样本、打印文件样本、印戳印文样本和各种票证样本等。收集文书样本是一项侦查措施,通常由侦查人员负责进行。

一、书法样本的收集

书法样本大体可以分为:(一)自由样本。包括发案前嫌疑人书写的一般字迹手稿和发案后嫌疑人在没有约束下或以某种借口让其写成的手稿。收集自由样本时,应将发案前、后不同时期写的字迹样本都加以收取,特别要注意收取与发案时间相接近的样本,且书写样本使用的书写工具和文书物质材料尽可能一致或者相类似。(二)实验样本。指侦查人员令被告人书写的样本。收集实验样本可以采取侦查人员口述有关内容令被告人默写,也可令被告人书写某种文件。收集实验样本时,应与作案时的书写条件相当,但不可让被告人照文书物证抄写或摹仿书写。如果发现书写人试图伪装笔迹或有意改变笔体书写习惯时，可设法使其保持自然书写习惯，但不准逼供、诱供。

二、签字样本的收集

对于文书上的签名需进行鉴定时，应专门收取签名人的签字样本。收取的范围包括平时签名的各种变体、简写和全写等签字样本。必要时，也可收集签字的实验样本。

三、打印文件样本的收集

打印文件样本分为基本样本和补充样本两种。基本样本是案发前后，用该打印机打印的原文；补充样本是侦查人员为了鉴定的需要，专门用嫌疑打印机打印与文书物证原文的内容、格式完全相同或部分相同的样本。打字时，可分别用打印机的原始状态和清洗后的状态各打印一份，并注意印刷用的纸张、油墨等与文书物证相一致。

为了鉴定的需要，还应当收集真印戳印文样本、各种真票证和真照片样本。

第八章 刑事登记

第一节 刑事登记的概念和意义

一、刑事登记的概念

刑事登记,是指公安部门为了配合侦查工作,对查明案情,揭露与证实犯罪,查获犯罪人具有或可能具有实际意义的某些客体所采取的统一规则和程式的详细记录的总称。如指纹登记,失踪人和不知名尸体登记,以及失物、赃物登记,等等。

二、刑事登记的意义

刑事登记是一项重要侦查措施。它是侦查机关的一项经常性的基础工作。在侦查破案过程中,适时地运用各种刑事登记的档案材料,往往能够从中获取侦查线索和查获犯罪分子。因此,应当重视刑事登记工作。

中华人民共和国成立之初,为了加强同刑事犯罪作斗争,遂着手建立与健全了必要的刑事登记业务,于1953年中央公安部对各地区沿用的旧指纹登记方法进行了考察,并根据我国实际情况,借鉴国外有关技术。在1956年至1957年先后制定了《刑事犯罪十指指纹分析方法》和《罪犯十指指纹管理办法》,彻底改建了原有的指纹登记档案。

我国的刑事登记是一项实践性和政策性很强的工作,凡受权负责刑事登记的部门或工作人员,在思想上必须明确:(一)要切实遵守国家法律,维护人民民主权利,严格按照规定的登记对象和范围,使用统一的方法和程式进行登记;(二)登记的项目不得擅自增加和减少,记载的内容必须客观全面,准确真实,不得将主观的推断语言记入其中。只有如此,才能保证其成为打击敌人,惩罚犯罪,保护人民的有力武器;也只有如此,方能使各地区的刑事登记档案形成一个便于统一掌握、管理与使用的有机整体,从而才能发挥它在侦查与审判中的作用。

第二节 十指指纹登记

一、十指指纹的捺印方法与要求

为了保证指纹捺印的质量,事先必须准备好捺印所需的工具和材料。如黑油墨、胶滚、调油板及汽油等。然后令被捺印人将各指揩洗干净,分别在其手指上均匀地涂上一层浓厚相宜的油墨,由捺印人操纵被捺印人的手指,对准十指纹卡片的指位从里向外滚印。捺印进行中,动作须轻,速度要不疾不徐,切忌中途停顿和抖动,或重复滚印。捺印人员不得委托他人代为捺取,更不可放任被捺印人自己捺印,或相互捺印。供分析用的指纹的捺印,要按指纹卡片(图20)所规定的指位依序进行三面捺印,要做到捺印清晰,指纹完整,指位准确无误;供核对指位有无错捺或重捺的五指指纹的捺印,除拇指可单独捺印外,其余四指要自然并拢伸平一次完成捺印。凡属于箕、斗纹型者以反映出其应有的"三角"为准。

二、十指指纹分析方法

十指指纹的分析方法,是根据被捺印者两手的指纹纹型及其中心花纹结构、形态所规定的代表数字计算出它的分析公式。其主要分析方法是由初步分析和二步分析两种方法所组成。前者的分析结果形成两位数的"分数式"称基本公式;后者的分析结果呈五位数的"分数式"称补充公式。

(一) 初步分析方法及其基本公式

经过初步分析所得出的基本公式,实际上是根据被捺印人左右手斗型纹出现的数目,和其分布在的具体指位代表的数字值计算出来的。我国十指指纹在初步分析阶段中每类纹型的代表的数字值是这样规定的,凡斗型纹分布在不同的指位时其代表的数字值分别为:拇指"16"、食指"8"、中指"4"、环指"2"、小指"1";凡弓、箕型纹不拘分布在任何指位上,一概以数字值"0"代之。根据这样的规定,在确认被捺印者左右手各指纹型之后,分别以其右手五指不同纹型代表数字之和再加一作为"分子";以左手五指代表数字之和也加一作为"分母",即构成十指指纹的初步分析的基本公式。据此计算的结果不难看出,其基本公式的分子和分母最小数值均为1;最大数值均为32,即从$\frac{1}{1}$至$\frac{32}{32}$共有1024种形式的基本公式。这也即是说根据初步分析的处理办法,可以将十指指纹卡片分为1024个大档进行存放,从而给予指纹卡片存储管理和指纹的查对奠定了初步基础。但是,由于十指的纹型和其分布状况相同者必定会数量不一地重复出现,因此也不可避免地造成各档的指纹卡片出现畸重畸轻的不平衡现象,仍然不便于档案的存储管理和指纹的查对。为此,还要进行第二步分析。

第八章　刑事登记

本卡片号码 _____
姓名 _____ 性别 _____
别名 _____
生年　　年　　月　　日生　　岁

分析
公式

右　　　手

1. 拇指	2. 食指	3. 中指	4. 环指	5. 小指
16	8	4	2	1

左　　　手

6. 拇指	7. 食指	8. 中指	9. 环指	10. 小指
16	8	4	2	1

平　面　捺　印

左手五指	右手五指

被捺印人签名	捺印部门名称		捺印人
	捺印部门编号	分析	校核
	捺印日期　　年　　月　　日	查对	储存

说明：1. 用黑色印刷油墨捺印清晰，勿粘蹭。
　　　2. 用墨水笔填写，以便保存。
　　　3. 别名写全。

图 20　十指指纹捺印卡片

（二）二步分析方法及其补充公式

十指指纹的二步分析方法，是根据被捺印人左右手指的纹型结构，经过一定方法分析确认后分别给予一定的数字代号，然后以左手各指的数字代号按指位顺序排作为"分母"；以右手各指的数字代号按指位顺序排作为"分子"，即构成二步分析的补充公式。

二步分析的指纹数字代号有如下规定：

弓型纹为"0"；反箕型纹为"1"；正箕型纹分别为"2"、"3"、"4"、"5"；斗型纹分别为"6"、"7"、"8"、"9"；残、伤指纹（影响分析的）以"X"代之。

1. 正箕型纹具体的数字代号的确定方法：首先定出指纹中心点和外角点，然后根据该两点连线所通过纹线的数目的多少确定之。即：

连线通过 6 条纹线以下者，数字代号为"2"；

连线通过 7—10 条纹线者，数字代号为"3"；

连线通过 11—14 条纹线者，数字代号为"4"；

连线通过 15 条纹线以上者，数字代号为"5"。

除内外两点本身外，凡与连线接触的一切纹线均要计数在内。

（1）中心点的确定：指纹中心点，也称内部计线点。它的确定方法，一般说内部计线点位于中心箕形的顶端，以该部分的最高、最中点为准，但由于该部位的情况往往很复杂，因此还要视其下列具体情况加以确定：

① 当中心箕头内部无任何点线或短线参与时，可用中心箕形线的顶端为内部计线点；

② 当中心箕头内部有一个以上点线参与时，要以参与点线的居高者为内部计线点；

③ 当中心箕头内部有一条纹线、结合线或与中心箕形线相接时，应以该条线的顶端或与中心箕形线的交点为内部计线点；

④ 当中心箕头内部有偶数的纹线、结合线或小箕形线时，应以其居中一对距"三角"最远者的顶端为内部计线点；

⑤ 当中心箕头内部参与纹线为奇数时，则以居中一条的顶端为内部计线点；

⑥ 当中心箕形有几条重重包围着的箕形线时，应以居中的一个箕形线顶端为计线点。

（2）外角点的确定：指纹的外角点也称外部计线点。它是根据指纹"三角"外端的不同情况加以确定的。凡由上下两支直接汇合而成的结合式的"三角"，均以其上下支相接处为外角点；如是分离形式的"三角"，应以上下两支的假想延长线交接处为外角点；如是隔断形的"三角"，在上下两支分角处有参与的点线，应该以参与点线为外角点；如有中立的短线介入其中，应以其距离上下两支分角处

第八章 刑事登记

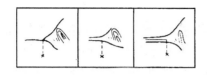

图 21 外角点

近的一端为外角点(图 21)。

2.斗型纹的数字代号的确定方法:斗型纹的数字代号是按左"三角"下支的追迹线对右"三角"的部位关系确定的。测定左右两"三角"的部位关系时,先从左"三角"的下支向右"三角"方向伸引,当至伸引线分叉时,应顺下一条分叉线伸引;当中途追迹线中断时,应改换下一条线继续向前伸引,直至右"三角"的上或下侧通过为止。然后根据追迹线同右"三角"部位、间隔情况来确定其具体的数字代号。即:

追迹线从右"三角"上侧 8 条线以上通过的,其代号为"6";7 条纹线以下通过的为"7"。

追迹线与右"三角"下支相连,或从右"三角"下侧 3 条纹线以内通过的其代号为"8"。

追迹线从右"三角"下侧 4 条线以外通过的其代号为"9"。

计线的数目应借助指纹分析镜。追迹线从右"三角"上侧通过的,需作右"三角"的等分线(即假想辅助线);追迹线从右"三角"下侧通过的,需自"三角"外角点作根基线的垂线,然后计算该垂线所通过的纹线数目。(图 22)除追迹线及外角点本身之外,凡与之相接触的不拘是长线还是点线一律计数。

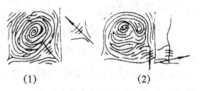

(1)　　　　(2)

图 22 斗型纹追迹法

十指指纹的经过二步分析可得出几十亿形式之多的补充公式。即:

00000·00001…99999
00000·00001…99999

十指纹登记二步分析纹型代号表

纹型	弓型	箕 型 纹			斗 型 纹					残缺	备注
		反	正	箕							
纹线数		六以下	七至十	十一至十四	十五以上	上八以上	上一至七	〇至下三	下四以下		
代号	0	1	2	3	4	5	6	7	8	9	X

(三)十指纹档案储存管理

为了便于指纹的查对,充分发挥指纹档案材料的作用,指纹档案管理部门,对十指纹登记材料必须按统一规定的程式和方法进行建档与储存管理。首先将被捺印人的十指纹登记卡片按初步分析的基本公式的"分子"、"分母"上升顺序分成1024类,然后在每类之中再按指纹二步分析的补充公式的"分子"、"分母"上升顺序分别将其存入相当的档位里。

现代电子技术的飞跃发展,给许多科学部门提供了新的技术手段。同时也促使刑事技术指纹登记业务走向新的发展阶段。如电子技术装配的认读,编码,储存和查对指纹特征自动化装置,具有速度快,分辨率高,适用范围广的优点,可节省大量的手工操作时间,从而能适应侦查工作的急需。

(四)指纹假定公式的推算方法

使用纹型清晰完整指位齐全的现场指印查对十指纹档案是很便当的。但在实践中由于各种原因使所提取的现场指印的指位往往是不齐全,纹型模糊不清的。为此,在以现场指印进行查档时,应当适当地扩大范围,即根据指位不齐全的现场指印推算出该人的指纹分析的假定公式,然后据此一一进行查对,这样可以避免漏查之虞。

指纹假定公式的推算方法,是就现场指印各指纹型的实际情况,按指纹初步分析方法拟定出其基本公式来。遇有缺指的现场指印或纹型不清的,还必须根据缺指所在的指位推算出其可能出现的若干假定公式。故缺一指的,有两个假定公式;缺二指的,有四个假定公式;缺三指的,有九个假定公式。当然短缺指过多的也就失去推算的实际意义了。关于短缺指纹的假定公式具体推算方法很为简单,只要将"X"指位可能出现的两个代表数字代入其中,即可得到它的两个假定公式。假如某人的右手中指指纹短缺或纹型不清,而其他指位纹型分布状况如下表时:

手位＼指位	拇	食	中	环	小
右手	箕	箕	X	斗	斗
左手	斗	箕	斗	斗	箕

则其十指纹分析假定公式应为:

$$\frac{0+0+(0 \text{ 或 } 4)+2+1}{16+0+4+2+0}$$

即:
$$\frac{(3 \text{ 或 } 7)+1}{22+1} = \frac{4}{23} \cdot \frac{8}{23}$$

第三节 单指纹登记

单指纹登记,就是以单个指纹为分析、登记单位,以指纹的形态、倾向、中心和三角等纹线的结构特征为标准进行分析分类的登记。单指纹登记对查对现场指纹、认定犯罪者较之十指纹登记更为便当。

一、单指纹登记的基本规则

(一)以单指为登记单位。单指纹登记也要进行十指纹登记的初步分析和二步析;

(二)以分析指纹的中心纹型为主,以中心部位的纹线结构及其明显的特征为辅确定分析代号;

(三)指纹卡片要科学地分类管理,如基本分类,大分类,小分类和计线分类等方法;

(四)分析标准,纹型的种类、命名、数字代号以及指纹内部计线中心点的确定方法和所使用的计线规等,必须全国划一。

单指纹登记档案一般由单指卡档案、姓名卡档案和总登记档案三部分组成。单指纹登记卡片用于查对现场指纹和查对犯罪前科;姓名登记卡片记载被登记人的犯罪事实提要,可用来直接查对犯罪前科或查对现场指纹;总登记卡是姓名卡片和指纹卡片的联系纽带,并作为汇总统计的依据。在同一罪犯分档储存的各个档案,都必须记有统一的登记编号,以便于相互调取查对。实践证明,单指纹登记在同犯罪作斗争中具有很大的优越性。虽在建档时较之十指纹登记耗时多,但用以查对现场指纹却比十指纹登记档案便利的多,常可应侦查的急需。

二、单指纹的储存和管理方法

单指纹登记储存和管理,是由十指指纹分析和单指指纹分析两部分所组成的。首先按"十指分析法"对被捺印人的十指纹进行分析,得出基本公式和补充公式;再按"单指分析法"对各单指单独进行分析,以统一规定的代表符号标示(纹型用形象符号表示,纹线的数目以数字标之);经复查核对无误后,再把十指分析公式记在单指纹卡片上,而后把单指纹分析公式填在总登记簿上。罪犯姓名卡(犯罪事实提要及处理材料)按十指纹分析公式或按姓名统一规定的编排顺序归档储存。

单指纹卡片按如下排列储存:

第一步,区分左右手。

第二步,按指纹中心形态分类的顺序,即弧形、帐形;反箕、空心箕、囊形箕、一线箕、二线箕、三线箕、多线箕、伤疤箕；圆形斗、环形斗、囊形斗、螺形斗、绞形斗、双箕斗、杂形斗、伤疤斗……，等等排列储存。

第三步，按纹线数目的多寡依次排列。

第四步，在按上述几方面分类后，再按拇、食、中、环、小指位分别归入档内。

第四节 其他几种刑事登记

在刑事登记中除指纹登记外，还有失踪人登记，不知名尸体登记以及失物、赃物登记和犯罪方法登记等。这类的刑事登记的方法和程式虽然简单，为了适应地区间的相互查对，也要按统一规定的方法和程式进行登记。这类的刑事登记虽不如指纹登记适用的范围广泛，但它的作用也是不可忽视的。

一、不知名尸体登记

不知名尸体，往往是刑事案件中的被害者，也可能是自杀或不幸事故的死亡者。为此，公安部门接到发现不知名尸体的报告后，应立即前往现场进行实地勘验，根据勘查所得材料进行分析判断，不仅要查明死因，判明事件的性质，而且还要查明死者的身份。与此同时，还要对不知名尸体进行登记，以便存档备查。

不知名尸体登记的内容：

（一）发现时间、地点、过程及发现人；

（二）死者的衣着、携带的物品及尸体状态；

（三）死者性别、大致年龄、致死原因，死亡时间，伤害的状况；

（四）死者的体貌特征，及其他可供识别个人人身的材料。如牙齿排列、龋齿、缺损、畸形等状态；文身的部位及其图形；骈指及其指位；骈趾及其趾位，以及疤痕、斑痣，等等。

（五）死者人像辨认照片和十指指纹捺印以及赤足脚印捺印等。

二、失踪人登记

失踪人登记，通常由失踪人管区公安派出所根据失踪人家属、单位或其他有关人员的陈述进行登记。失踪人的失踪原因很复杂，有着多样的可能性。如有的是因迷路或精神病患者走失的；也有的是因外出后不幸身故，或因自杀和被他人杀害，等等。进行失踪人登记，查清失踪人的下落，往往是侦查工作的一项重要内容。失踪人登记的内容，有如下几方面：

（一）失踪人的姓名（包括曾用名）、性别、年龄、民族、籍贯等自然情况；

（二）失踪人外出时间、事由以及事前打算和表示等情况；

（三）失踪人的衣着、携带物品及其特殊特征；

(四) 失踪人的职业、特长、嗜好、平日交往、近来的情绪表现等;

(五) 失踪人的体貌及其人身特征。其中包括:伤疤、斑痣、文身部位和图形;骈指、骈趾以及行动坐卧的动态特征;说话声调、口音以及举止表情等习惯性动作等。

三、失物登记与赃物登记

失物登记是指对被盗窃、抢劫或遗失的物品进行的登记。此类登记主要根据事主或物品的持有人和保管人的报失材料,经详细询问后,按失物登记的统一形式进行登记。它在侦查工作中主要作用在于,可根据所记载失物的特征来识别或找寻原物,是为控制销赃,获取侦查线索,查获犯罪人服务的。失物登记的内容,是把失物的品名、牌号、规格、式样、颜色、新旧程度,特别是在保管、使用中出现的磨损、损坏特征准确地记载清楚。

赃物登记是指对从查获的罪犯手中获取的赃物进行登记。实践表明,通过追查罪犯来路不清的赃物往往可以发现罪犯的其他罪行,从而挤清罪犯的余罪,破获积案。

失物登记和赃物登记,两者是对应的关系。如在许多情况下,同一物品在此是失物登记的客体,在彼可能是赃物登记的客体。所以在侦查工作常常从赃物登记中查到所要寻找的失物,而从失物登记中查明赃物的来源,这种相互查对工作是经常进行的。因此,这两项登记工作对于侦查来说,都是非常必要的。

第九章 现场勘查

第一节 犯罪现场的概念和种类

一、犯罪现场的概念

犯罪现场，是指犯罪分子实施犯罪的地点和遗留有同犯罪有关的痕迹、物品的其他一切场所。任何犯罪活动都离不开一定的时间和空间，并且必然会使客观环境发生某种变化。此种由犯罪行为引起变化的客观环境，统称为犯罪现场。简而言之，犯罪现场，是指由犯罪行为所引起的、变化了的客观环境的总称。

上述概念表明，犯罪现场由以下三个基本要素构成：

（一）犯罪的时间和空间因素

犯罪活动是在一定时间和空间内实施的。离开了一定时间和空间，犯罪行为就不可能发生，当然就不存在犯罪现场。犯罪时间，主要是指犯罪行为起始和终止的时间，此外还包括犯罪分子作案后，转移赃物，毁灭罪证和隐匿、逃窜等所占用的时间。任何犯罪活动都必须占用一定的时间。通过现场客观环境的变化，不仅能够反映犯罪分子在犯罪现场上的活动过程，还能推断出犯罪分子的作案时间。

所谓犯罪空间，是指与犯罪活动有关的场所，是犯罪现场的存在形式。在通常情况下，一起案件只有一处现场。但是有些比较复杂的案件，会出现几处现场，即除了作案地点以外，还有与犯罪活动有关的其他场所。所谓作案地点，就是犯罪分子直接实施犯罪行为的地方，即人们通常所说的出事地点。例如，在撬门入室行窃案件中，被撬的房间；拦路抢劫案件中，罪犯实施抢劫行为的所在地；杀人案件中，罪犯行凶杀人的地点，等等。有些场所虽然不是犯罪分子作案的地点，但是，由于与犯罪活动有着紧密联系，也是现场。比如，犯罪分子作案时来去的路线和由于搬运赃物、掩埋尸体、湮灭罪证等而留下手印、脚印、工具痕迹、血迹、赃物以及其他痕迹、物品的场所等，也都是现场。

犯罪时间和空间是构成犯罪现场的基本因素，也是认定犯罪的客观依据。在侦查实践中，确定或否定某人为犯罪嫌疑人，一个重要依据就是看其是否具备作案时间，以及其个人特点是否与现场空间环境所反映的现象相一致。因此，在现场勘查时不仅要全面准确地确定犯罪分子作案活动的空间范围，而且要正确地推算犯罪分子的作案时间,并且以此为依据判明犯罪分子的作案过程,收集犯罪证据,确定侦查方向和范围。

(二) 客观物质环境的变化因素

任何犯罪行为(包括作为和不作为)都必然会引起客观物质环境发生某种变化。诸如被侵犯对象的物质形态的改变;现场上各种物品存放位置和组合关系的变更;现场上痕迹、物品的增加和减少,等等。此种变化是由犯罪行为所引起的,它与犯罪行为之间存在着某种因果联系。只要犯罪分子实施了某种犯罪行为,就会使客观环境相应地发生一系列变化。由此可见,犯罪行为的实施不仅要具备一定的时间和空间,而且还必然会使客观物质环境发生某种变化。客观环境的变化,是犯罪分子作案过程的客观反映,是确定犯罪的重要依据。如果客观环境没有发生任何变化,就说明不存在某种犯罪现场。因此,客观环境的变化,也是构成犯罪现场的一个基本因素。

应该指出,在大多数情况下,犯罪行为所引起的客观环境的变化是清晰明显的,容易被人们的感觉器官所感知,而有的犯罪现场比较隐蔽,不容易被人的感觉器官所感知,需要借助科学仪器,才能认识客观环境所发生的某些变化,例如不借助于科学技术手段,很难发现和提取罪犯遗留在现场物体上的汗液手印。

(三) 犯罪人的犯罪行为因素

任何一个犯罪都必须有人的行为,没有人的行为,就没有犯罪。所谓犯罪行为,是指对社会有危害性的,应当受到刑罚惩罚的行为。我国刑法不仅规定了犯罪行为必须具备的一般特征,还规定了犯罪行为的具体表现形式,如抢劫行为、盗窃行为、强奸行为、贪污行为,等等。任何犯罪行为必然使客观外界事物发生一定的变化,对社会造成一定的危害。犯罪行为在犯罪构成中占有极其重要的地位,只有当某人实施了危害社会的并且为刑法所禁止的行为,才能依法追究其刑事责任。因此,犯罪行为是犯罪现场的又一个基本因素。犯罪现场是犯罪行为的客观反映;犯罪行为是犯罪现场的前提。没有犯罪行为的存在,就没有犯罪现场。如果某种场所与犯罪行为没有任何联系,就不能称其为犯罪现场。

在侦查实践中,对于大多数的现场来说,确定其是否具有犯罪人的犯罪行为并不困难。侦查人员根据现场上的各种现象和被害人、事主的陈述,不仅可以判定犯罪行为是否发生,而且还可以判断发生的是何种犯罪行为。但是,在实际工作中,也还有些现场,在现场勘查之前对其是否为犯罪行为所致,很难作出判断。比如爆炸现场,是灾害事故,还是犯罪分子破坏,在勘验结束之前往往无法作出结论。又如某些尸体现场,究竟是自杀现场,还是他杀现场或灾害事故现场,有时也需要通过现场勘验和尸体检验之后才能确定。由此可见,在侦查人员所勘查的现场中,既有犯罪现场,也有非犯罪现场,二者的根本区别,就看是否具有犯罪人的犯罪行为。这就要求侦查人员在现场勘查中,不仅要判明现场是否确实发生了犯罪行为,而且还要判明所发生的是何种犯罪行为。

二、犯罪现场的分类

犯罪现场的情况是错综复杂的,可以从不同的角度,依据不同的标准进行分类。现场分类的意义就在于使侦查人员能够认识各类现场的不同特点,并且根据各类现场的不同特点,采取相应的勘查方法,以提高现场勘查的质量。

在实践中,犯罪现场大致可以分为以下几种类型。

(一) *主体现场和关联现场*

主体现场和关联现场,又称中心现场和外围现场,是按照现场在犯罪事件发展过程中所处的地位和作用来划分的。主体现场是犯罪分子实施犯罪行为的主要场所。比如在命案现场中,犯罪分子行凶杀人的地点和尸体所在地;盗窃现场中,被撬的房间和隐藏赃物的处所等。

在主体现场上,由于犯罪分子在作案时停留的时间比较长,遗留的痕迹物品比较多,能够比较集中地反映出犯罪分子的人身特点,作案的动机、目的、手段、方法和具体过程,对侦查工作有重要价值。因此,在现场勘查中,应当把主体现场作为勘查的重点。当一起犯罪案件存在多处现场时,应当全力找出主体现场;如果一起犯罪事件只存在一个现场时,则应尽力弄清现场的中心部位。对主体现场和现场的中心部位,应反复认真地进行勘查。

关联现场,是指主体现场以外,同犯罪行为有联系的其他场所。包括犯罪分子作案前进行窥视、"踩点"或隐身的场所;准备犯罪工具的场所;作案后隐藏赃物,销毁犯罪工具、凶器的场所;进出作案地点的行走路线,以及其他遗留有关痕迹、物品的场所。关联现场与犯罪行为有着密切的联系,能从不同的侧面反映着犯罪事件的发展过程,是犯罪现场的有机组成部分。它对于查明犯罪实施的全过程和搜集犯罪痕迹、物证具有重要意义。侦查实践表明,有些狡猾的犯罪分子为了转移侦查视线,逃避打击,在作案时,常常对主体现场或现场的中心部位加以伪装或破坏,而对关联现场则容易疏忽大意。因此,在现场勘查时,应根据每个案件的具体情况,正确确定现场勘查的范围,要尽力弄清与犯罪行为有关的全部场所,在重点勘验主体现场的同时,要重视对关联现场的勘验。特别是,当主体现场被伪装或破坏的情况下,仔细勘验关联现场,往往能够获得重要的证据材料。

(二) *原始现场和变动现场*

原始现场和变动现场是按照现场的保护状况来划分的。

原始现场,是指现场形成之后到现场勘查之前,没有遭到改变和破坏,仍然保持犯罪分子作案时的原始状态的现场。原始现场能够比较真实、客观地反映犯罪分子实施犯罪行为的目的、方法、手段、过程和结果,遗留的痕迹物证未遭变动或破坏。因此,这类现场对侦查破案工作具有重要价值。

变动现场,是指现场形成后,由于人为或自然等原因,而使原始状态发生部分或全部改变的现场。在实践中使现场的原始状态发生变化的原因通常有:自然原因,如刮风下雨,日光的照射,水流的冲刷等;人为的原因,如事主发现出事后,急于翻箱倒柜,清点究竟丢了什么东西,或者发现亲人被害后,抱尸痛哭,周围群众急于救人、救火或争相观看等;保护现场人员措施不当,也会使现场遭到破坏。此外,因遭到家禽、家畜和野兽等的破坏,也可能使现场的面貌发生变化。

变动现场在侦查实践中会经常遇到。这类现场由于现场的原始状态改变,犯罪分子作案时留下的痕迹物证遭到破坏,而且现场上还会出现一些与犯罪无关的痕迹、物品,会给侦查工作造成许多不利的条件。但是,应该看到,破坏了的现场,仍可能有未被破坏的部位,变动了的现场仍可能有未变动的地方。所以,勘查人员决不能因为现场遭到破坏,便失去勘查的信心,而不认真进行勘查。相反,越是变动比较大的现场越应该认真、细致地进行勘查。实践表明,有的现场看起来破坏得很严重,但是,经过仔细勘查,仍然从中发现和提取许多有价值的痕迹物证,为分析案情,制定侦破方案,以及揭露和证实犯罪提供了可靠的依据。

勘查现场人员到达现场后,在没有进行实地勘验以前,要通过询问事主、报案人和知情群众,详细了解有关现场的原始状况,切实搞清楚现场是否发生变动和变动的原因。比如查明发现案件以后,有哪些人进入过现场,接触了哪些部位,以及接触的方法等。只有这样,才能够准确地发现和收集痕迹物证,客观全面地分析案情,正确地开展侦查活动。否则,如果把变动现场当做原始现场,或者把原始现场当做变动现场,就不可能使现场勘查得到正确的结果,而且往往会把侦破工作引入歧途。

(三) 伪装现场与伪造现场

伪装现场与伪造现场,是按照现场的真伪性质来划分的。

伪装现场,是指犯罪分子在作案的过程中,为了逃避罪责或转移侦查视线,而有意制造假象加以伪装的现场。伪装现场既包括对现场的全部伪装,也包括对现场的局部伪装,还包括伪装个别痕迹、物品,如犯罪分子在作案时故意将他人的物品遗留在现场上,以转移视线,嫁祸于人。伪装现场无疑会给现场勘查工作带来一定的困难,给整个侦查破案工作增加一定的复杂性。但是,这种情况是无法避免的,而且随着现代科学技术的发展和同犯罪作斗争的不断深入,犯罪分子的活动越来越狡猾,他们伪装现场的手段也越来越巧妙,使人不易识破。但是,不管犯罪分子伪装的手法如何巧妙,总不可能作到"天衣无缝",必然会漏出破绽。只要侦查人员严格坚持现场勘查的原则,认真进行勘查,并且善于发现和分析现场中的各种反常现象,就能够及时识破犯罪分子的各种伪装,从而揭露犯罪的事实真象,达到迅速破案的目的。

应该指出，现场上所出现的某些反常现象，有时可能是由于犯罪分子在作案过程中的无意识行动所引起的，而不是有意伪装。所以，在现场勘查过程中，既要注意发现各种反常情况，又要竭力判明此种反常情况产生和发展的原因，以便正确地认定是否属于伪装现场，而不能只看到一点反常情况就认定是伪装现场。

伪造现场，是指当事人出于某种目的而谎报发生犯罪行为的现场。此类现场的基本特征是在客观上犯罪行为并未发生，是当事人有意布置的。当事人伪造现场的动机是各式各样的，如有人为了掩饰自己的贪污、挪用等犯罪行为而伪造被抢劫或被盗的现场；有的妇女为了掩饰自己的通奸行为或为了报复陷害他人，而伪造被强奸现场；有的人为骗取政治荣誉，而伪造与"匪徒"搏斗被伤害的现场，等等。他们常用的手法是，编造虚假陈述，设置假现场，炮制假证据。但是，假的总是假的，伪造的手段再巧妙，总会露出马脚。当事人的陈述与现场客观环境及现场遗留的痕迹物品不可能做到完全一致，必然会暴露出这样或那样的矛盾。因此，只要侦查人员坚持科学的态度，按照客观事物发展的规律，认真进行分析判断，就不难识破假象，揭穿种种谎言。

（四）第一现场、第二现场、第三现场……

这是按照犯罪分子实施犯罪活动的先后顺序划分的。

一起案件有时会有若干个现场，如有的杀人碎尸案，犯罪分子将尸块和凶器等藏匿在几个甚至几十个地方，这样就使一个案件出现几个乃至几十个现场。在勘查现场时，不仅要把各处现场全部找到，而且还要正确地判明这些现场出现的先后顺序。只有这样，才能够正确地判断犯罪分子的作案过程，全面收集犯罪分子作案时遗留的痕迹物证，准确地确定侦查方向和范围。

所谓第一现场，是指犯罪分子着手实施犯罪行为的场所，即案件的发生地点，亦即主体现场。第二、第三……现场，是指与第一现场相联系的其他场所，亦称关联现场。

在实践中，首先发现犯罪事实的地点，也可能不是第一现场，而是第二现场或第三、第四……现场。如杀人碎尸案件，首先被发现的往往是被丢弃的个别尸块，而并不是杀人碎尸的地点。有的人把最先发现留有与犯罪有关痕迹、物品的地点称之为第一现场，也还有人把第一现场称之为原始现场，这是基本概念上的混淆，是不确切的。

有的案件，犯罪分子一次作案，连续撬开了一所房子中的几个房间，毫无疑问，应把罪犯作案的先后顺序查清楚。但是，这实际上是属于同一处现场，而不能称为第一现场、第二现场，等等。

在实际办案中，往往会遇到一个或一伙犯罪分子在一天之内连续在几个地方作案的情况。对于这几起案件的现场，也不能称之为第一现场、第二现场……。我们所说的第一、第二……现场的划分，是针对一起案件有几处现场而言的。

以上，我们介绍了现场分类的四种方法。此外，还可以根据现场的所在位置的不同，分为室内现场和露天现场；根据案情性质的不同，分为命案现场、火案现场、盗窃现场、抢劫现场、强奸现场，等等。各类现场都具有其自身的特点，因而勘验的重点和应注意的问题也不完全相同。研究现场分类的意义就在于，使侦查人员能够针对各类现场的具体特点，相应地采取不同的勘验方法，以提高现场勘查的质量。

第二节 现场勘查的任务和基本原则

一、现场勘查的概念

现场勘查，是指侦查人员依法对犯罪现场所进行的勘验、检查和调查研究活动。这个概念有三层含义：

其一，现场勘查的主体是公安机关和人民检察院的侦查人员。其他任何机关、团体或个人在法律没有授予一定侦查权的情况下，无权对犯罪现场进行勘查。

其二，现场勘查必须依法进行。现场勘查是一项重要的侦查措施，对于大多数刑事案件来说，其侦查活动是从现场勘查开始的。我国《刑事诉讼法》对现场勘查作了具体规定，如《刑事诉讼法》第101条规定："侦查人员对于与犯罪有关的场所、物品、人身、尸体应当进行勘验或者检查。在必要的时候，可以指派或者聘请具有专门知识的人，在侦查人员的主持下进行勘验、检查。"第103条规定："侦查人员执行勘验、检查，必须持有人民检察院或者公安机关的证明文件。"公安部还专门制定了《刑事案件现场勘查规则》，对现场勘查的任务，组织领导，以及勘查的内容、要求、步骤、方法等作了明确规定。侦查人员进行现场勘查时必须严格按照有关法律规定，以保障现场勘查活动正确、合法地进行。

其三，现场勘查的内容，除了对犯罪现场进行实地勘验、检查外，还包括向犯罪现场和犯罪现场周围有关人员的调查访问，以及对现场情况的分析研究。

二、现场勘查的任务

现场勘查的基本目的是：发现和收集痕迹物证，判明事件性质，分析研究犯罪分子的个人特征和实施犯罪的情况，正确确定侦查方向和范围。由于案件的情况是各不相同的，现场勘查所要解决的问题不可能完全一样，一般来说，现场勘查应完成以下任务：

(一) 判明事件性质

判明事件的性质,就是要弄清究竟发生了什么事件。这是现场勘查首先要解决的问题。关于事件性质,大体上有三种情况:一是确实发生了犯罪案件;二是不幸事件;三是伪造现场或谎报假案。有些现场,对事件的性质反映得比较明显,一看就知道是一起什么事件。但是,就大多数现场来说,事件的性质并不明显,必须通过现场勘查才能彻底搞清楚。只有查明了事件的性质,才能确定是否需要立案侦查,使侦破工作建立在可靠的基础之上。如果事件的性质尚未搞清楚,就盲目立案侦查,或者把事件的性质搞错了,那就会使侦查工作误入歧途,甚至会造成放纵罪犯,或者冤枉好人的严重后果。

(二) 研究和了解犯罪分子作案的情况

犯罪分子作案的情况,包括作案的时间、地点、过程、方法、工具以及作案人数和动机目的等内容。这是确定侦查方向和范围的重要依据。但是,侦查人员在接到报案时,对这些情况一般是不了解的,只有通过现场勘查,客观全面地研究现场上由于犯罪行为所引起的各种变化,发现和分析罪犯遗留的各种痕迹物品,以及对事主和周围群众进行深入细致的调查访问以后,才能对作案情况作出正确的判断。

(三) 研究犯罪分子的个人特点

所谓犯罪分子的个人特点,主要是指犯罪分子的性别、年龄、身高、体态、职业、爱好、衣着打扮等。这也是确定侦查方向和范围的重要依据。侦查人员根据现场勘查中所获得的大量材料,经过综合研究,就能够大体上勾画出犯罪分子的"脸谱",对犯罪分子本人所具有的一些特征做出初步的判断,从而为侦查破案指明方向。不仅如此,有的案件,由于现场勘查中获得了确凿有力的证据,还能够直接把作案分子揭发出来。

(四) 发现和收集痕迹物证

刑事案件的一个重要特点,就是犯罪分子作案以后,一般都会在现场上留下各种痕迹、物品,其中包括:手印、脚印、破坏工具痕迹、车辆痕迹、牲畜蹄迹、牙齿痕迹、弹头、弹壳、作案工具、衣帽、鞋袜、烟头、火柴棍、钮扣、血迹、精斑、毛发、粪便,等等。所有这些痕迹、物品都可能成为查明案情和揭露犯罪的重要证据。因此,全面细致地发现和收集痕迹物证,乃是现场勘查的一项极其重要的任务,而且往往是决定侦破工作成败的关键。无数事实表明,凡是在现场勘查中重视发现和收集痕迹物证的地区和单位,侦破工作就主动,破案就准确及时;反之,如果不重视发现和提取痕迹物证,从现场上搞不到有价值的证据材料,侦破工作就很难顺利进行,甚至还会造成冤假错案。因此,在现场勘查中,必须充分利用各种科学技术手段,努力提高痕迹物证的发现率和采获率,以提高办案的速度和质量。

(五）确定侦查方向和范围

研究确定侦查方向和范围，这是现场勘查的一项重要任务。所谓侦查方向和侦查范围，是指侦查破案工作的目标应该指向哪里，应该在什么地区、什么行业、什么单位和什么人中查找犯罪分子。这是侦查破案工作成败的关键。侦查方向和侦查范围确定的不准，就如同大海捞针，必然会使侦查破案工作陷入被动局面，很难及时准确地查获犯罪分子。在现场勘查中所获取的各种材料，都可以为确定侦查方向和侦查范围提供客观依据。侦查人员应当在现场勘验和现场访问的基础上，认真地对现场情况进行分析研究，正确地确定侦查方向和范围。

三、现场勘查的意义

现场勘查在刑事侦查工作中占有重要的位置。它是侦查破案工作的首要环节，而且是整个侦破工作的基础。侦查人员对侦查方向和范围确定的是否准确，各种侦查措施运用的是否得当，以及对犯罪分子认定的是否正确，往往都与现场勘查质量的好坏有着直接的关系。

刑事案件都是已经发生的事实，侦查人员一般不会亲自耳闻目睹。侦查人员要想对案情作出正确的判断，使自己的主观认识真正符合案件的客观实际，就需要进行现场勘查。因为犯罪现场是犯罪分子实施犯罪行为的客观反映。犯罪分子作案时或作案前后的各种行动，都不可避免地会引起现场上某些客观物体的变化，留下这样或那样的痕迹、物品；或者给事主及周围群众留下这样或那样的印象。而这些遗留在现场上的痕迹、物品和遗留在人们记忆中的各种印象，就是侦查人员研究、认识案情和揭露犯罪的重要依据。如果离开了犯罪现场，侦查人员对案情所作的分析判断，就缺乏必要的事实根据。当然也就难以正确地确定侦查范围和制定侦查方案。由此可见，现场勘查是侦查人员获得第一手材料的重要来源，是研究案情，制定侦查方案，运用侦查措施的客观依据，同时，也是取得犯罪证据的重要途径之一。实践证明，只有认真细致地做好现场勘查工作，才能使侦破工作建立在可靠的基础之上，有效地提高侦查破案的速度和质量。否则，如果不重视现场勘查，不注意发现和利用痕迹物证，侦破工作就很难避免盲目性。因此，侦查人员必须高度重视现场勘查工作，在不断总结实践经验的基础上，大力提高现场勘查的效率，充分发挥现场勘查在侦查破案中的作用。

四、现场勘查的基本要求

为了胜利完成现场勘查的任务，达到现场勘查的基本目的，对现场勘查工作的基本要求是：

（一）现场勘查必须迅速及时

刑事侦查时间性很强，机不可失，时不再来。这就要求现场勘查工作必须抓紧时间，及时进行，不容许有半点延误。事实表明，只有善于抓住罪犯作案不久，现场未遭破坏，痕迹物证比较明显，群众记忆犹新，罪犯未及远逃等有利时机，及时赶到现场，抓紧进行实地勘验和调查访问，或者采取追缉堵截、控制销赃等项紧急措施，才能准确地查明案情，获取证据，查获罪犯，达到迅速破案的目的。因此，侦查人员必须具有高度负责精神和雷厉风行的战斗作风，时刻保持战斗准备状态，一旦接到报案，不管白天黑夜，刮风下雨，都能够不失时机地赶到现场进行勘查。

（二）勘查现场必须全面、细致

全面细致是做好现场勘查的关键。所谓全面，就是要求凡是与案件有关的场所和痕迹、物品都必须认真地进行勘验和检查，即做到不漏地点，不漏痕迹物证；凡是与案件有关的事实情节都应进行调查了解，要全面占有材料。不仅如此，还要对现场勘查过程中所获得的一切材料进行全面地分析研究，以便对案情作出正确的判断。

所谓细致，就是要求侦查人员不论进行现场实地勘验，还是进行现场访问，都应当做到严格认真，一丝不苟，不仅要注意那些明显的痕迹、物品，而且还要精心地发现那些与案件有关的各种细微末节。切忌草率马虎、粗枝大叶。在实际办案中，一些看起来似乎是微不足道的痕迹和物品，但是，经过深入细致地调查研究和科学鉴定，往往成为揭露和证实犯罪的重要证据。因此，侦查人员必须具有敏锐的观察力和时刻保持艰苦细致的工作作风。在勘查过程中，不放过任何一个容易被忽略、被遗漏的地点或痕迹、物品，尤其是对那些已经遭到破坏的现场，更需要认真细致地反复地进行勘验，尽力发现和采取现场上一切与犯罪有关的痕迹和物品。

（三）勘查现场必须客观

所谓客观，就是按照现场的本来面目去认识现场。具体来说，就是要求侦查人员在勘查过程中，无论是发现、提取痕迹物证，还是进行现场访问，都要坚持实事求是的科学态度，要忠实于事实真相，客观真实地反映事物的本来面目，一就是一，二就是二，既不夸大，也不缩小，更不能随意加以歪曲和捏造。否则，就会对案情作出错误的判断，甚至造成严重的后果。

第三节 现场保护

一、保护现场的意义

犯罪现场是犯罪分子实施犯罪行为的客观反映，是犯罪证据的重要来源。案件发生后，对犯罪现场进行警戒封锁，使其保持着案件发生、发现时的状态，这对侦查人员分析判断案情,确定侦查范围和收集犯罪证据具有非常重要的意义。实践证明,现场保护的好坏,直接影响着现场勘查的质量。凡是现场保护好的,勘查中提出的犯罪痕迹、物证就多,破案就准确、及时;反之,就会给现场勘查工作带来困难,甚至因为在现场上取不到痕迹物证而难于破案。因此,必须十分重视对犯罪现场的保护工作。

二、保护现场的任务

我国《刑事诉讼法》第102条规定:"任何单位和个人,都有义务保护犯罪现场,并且立即通知公安机关派员勘验。"这表明,保护犯罪现场是每个机关、单位和公民应尽的法律义务。根据《刑事案件现场勘查规则》和其他有关法规的规定,公安派出所的民警、机关、企事业单位的保卫干部、街道和农村治安保卫委员会的人员都负有保护犯罪现场的职责。他们在保护现场工作中应具体完成以下任务:

(一)获悉案件发生后,必须迅速赶赴现场,及时采取措施,保护好现场,同时向上级公安机关报告。

(二)划定保护范围,布置警戒,维持秩序。在勘查人员到达之前,不许任何人进入现场。保护现场人员亦不得无故进入现场,或者触摸和移动任何痕迹、物品。

(三)遇到气候变化等情况,可能使痕迹物证遭到破坏时,应采取措施妥善保护。

(四)发现犯罪分子尚未逃离现场时,应立即扭送公安机关;发现重大犯罪嫌疑人时,要布置专人监视;对罪犯或嫌疑人要提高警惕,防止其逃跑、行凶、自杀或毁灭罪证。

(五)如遇到现场上有人命危急的情况,应立即指定专人进入现场进行急救或送往医院抢救。在救护时,要注意对伤者的姿势、位置等加以标记,记明由于救护而变动的情况,并防止现场上其他痕迹物体遭到变动或破坏。同时,要注意从被救护者口中了解与案件有关的情况。

对于受伤的犯罪分子也应采取急救措施,但应严密监视,防止发生意外。

(六)对爆炸、纵火现场应当立即组织力量,采取措施扑灭火险,排除险情,抢救财物。在抢救过程中,应使现场变动范围越小越好,并尽可能记明变动前情况。

(七)在铁路轨道、城市交通路线和繁华地区的通道上发生的凶杀、自杀和破坏案件等现场,应采取有效措施,迅速将尸体移出轨道和交通要道,排除交通障碍,但应记明变动的情况,以备勘查时研究分析。

(八)保护现场人员在保护好现场的同时,应抓紧发案不久的有利时机,向事主、发现人和周围群众进行初步调查访问。

勘查人员到达现场后,保护现场人员应将案件发生、发现的经过情况,事主、周围群众和有关人员对案件的反映和议论,现场是否遭到变动或破坏,以及所采取的保护措施等,如实地向勘查人员汇报。

三、保护现场的方法

为了完成上述任务,要求现场保护人员必须懂得保护现场的方法。由于每个案件发生的地点和环境不同,保护的方法也应有所不同,一般可以分露天和室内两种。

露天现场的保护方法:如果案件发生在屋子外边,就要在发生案件的地点和遗留有与犯罪有关痕迹、物体的一切场所的周围布置警戒,即绕以绳索或用灰粉划一警戒圈,禁止无关人员进入。对于通过现场的道路,根据情况,可临时停止交通,指挥行人绕道行走,如现场是重要路口,应布置专人看守,必要时可用布或木板挡起来。在勘查开始前,原则上应全面封锁,而后酌情缩小封锁范围。在城市,由于人口、车辆多,流动量大,封锁范围应尽可能缩小,以免影响交通。对于院内的现场,可将大门关闭,如同院内住有邻居,可划出一定通道行走。

室内现场的保护方法:主要是在门窗和重点部位设岗看守,对屋外可能是罪犯出入的路线或活动场所,也应划出一定范围,布置警戒加以封锁。

无论露天或室内现场,对于血迹、脚印、手印、破坏工具痕迹、车辆痕迹、被破坏的物体以及尸体和其他遗留物品(如凶器、毛发、衣服、烟头、文件、纸张和排泄物等)均要特别加以保护,要防止触摸破坏,必要时可用粉笔或白灰标明。露天场所易被家禽、动物和刮风下雨等自然条件破坏的痕迹、物体,可用席子、塑料布、面盆遮盖起来,但不能用散发强烈气味的东西遮盖,以免破坏嗅源,妨碍使用警犬。对尸体,必要时也可用席子或其他物品妥善地遮盖起来。对吊死、勒死的案件,如果人已死亡,就不要任意将绳子解开,更不能随便移动尸体,等勘查人员到达后再做处理。

现场保护的时间,一般应从案件发现后到勘查完毕时为止,但重大复杂的案件,一时不能判明全部案情的现场,可根据具体情况确定保护的时间,以备再次勘查。

第四节　现场勘查的组织领导

现场勘查是一项综合性的侦查措施,工作头绪多,情况复杂紧急,参加勘查的人员往往来自不同的部门,具有不同的专业特长,因此必须有严密的组织和强有力的领导,统一组织、统一指挥,这是做好现场勘查工作的一个重要条件。

一、现场勘查的职责范围

根据公安部《关于刑事侦查部门分管的刑事案件及其立案标准和管理制度的规定》和《刑事案件现场勘查规则》的规定,刑事案件的现场勘查,原则上由负责案件侦破的单位承担。具体来说,在城市由市公安局或公安分局的刑事侦查部门负责;在农村由县公安局负责;在厂矿、企业、机关、学校等单位内部发生的重大案件,以公安局刑事侦查部门为主,内部保卫组织协助进行勘查。勘查重大案件的现场,上一级公安机关应派人参加指导。涉及两个市县以上的重大、特大案件现场,由承办案件的主要一方负责勘查,或者在上级公安部门的统一指挥下共同进行勘查。有些一般案件的现场,可以委托基层公安保卫组织进行勘查,上级公安机关给予指导。

根据最高人民检察院颁发的《人民检察院直接受理、自行侦查刑事案件的办案程序(暂行规定)》第 20 条的规定,检察院自行侦查的刑事案件需要进行现场勘查时,应当在检察人员的主持下,对与犯罪有关的场所、物品、人身、尸体等进行勘验、检查。检察院可以指派或者聘请有专门知识的人员进行,也可以请公安机关协助,共同进行。

二、现场勘查人员的组成和分工

参加现场勘查的人员不宜过多,即不能搞人海战术,否则,容易造成混乱,甚至使现场痕迹物证受到破坏。一般应由负责侦查破案的领导人、侦查员、技术员以及发案地区的民警或保卫干部组成。有些案件,根据实际需要,还可以邀请有关专业人员参加。勘查重大案件现场时,应商请检察院派人参加。

现场勘查必须邀请两名与案件无关、为人公正的公民做见证人。案件的当事人及其亲属和司法人员不能充当见证人。

勘查重大、特大案件的现场,由于参加勘查的人员较多,应对勘查人员进行合理分工,使整个勘查工作在统一领导和指挥下,分工负责,密切配合,有步骤、有秩序地进行。勘查人员的组织分工,应从现场勘查工作的实际需要出发,分清轻重缓急,统筹安排,充分发挥每个人的专业特长,通常可以分为以下几个小组:

(一)现场保护组:由派出所民警、内部保卫干部、街道治保委员、民兵及指定的有关人员组成。负责维护现场秩序,警戒现场,保证现场勘查工作的正常进行。

(二)调查访问组:以侦查人员为主,吸收派出所民警或内保干部参加。负责调查案件发现、发生经过,寻找、发现案件的知情人或见证人,收集侦查线索、证人证言和其他证据。

(三)勘查检验组:由技术员、侦查员和警犬训练员组成。必要时,还可聘请有专门知识的人员参加。主要负责现场记录(照相、录像、现场笔录、现场绘图等),发现、提取犯罪痕迹物证,检验尸体,化验毒物,分析研究现场情况和鉴别遗留物等。

(四)搜索堵截组:由侦查员、警犬训练员、派出所民警,以及指定的其他人员参加。负责搜索犯罪分子,寻找犯罪痕迹物证,追缉堵截犯罪分子,等等。

此外,还可以根据需要组成其他若干小组。

三、现场勘查的领导和指挥

根据《刑事案件现场勘查规则》的规定,现场勘查应当由负责侦查破案工作的刑侦处、科、队长统一指挥。一般案件现场,可以由领导指定的人员统一指挥。涉及两个市、县以上的重大案件现场,应当由直接参加破案的主要一方或者上一级公安机关的刑侦领导干部统一指挥。

为了正确地组织现场勘查,现场勘查领导指挥人员应切实做好以下几项工作:

(一)接到报案后,应立即组织力量,快速赶赴现场。

(二)及时了解和掌握现场情况,迅速做好勘查前的各项准备工作,包括制定勘查方案,对现场勘查人员进行组织分工,聘请具有专门知识的人员,邀请现场勘查见证人,等等。

(三)根据实际需要,及时决定采取各种紧急措施,包括现场搜索,追缉堵截,通缉,通报,等等。

(四)掌握勘查工作进度,协调各项勘查工作,及时、妥善地解决勘查工作中遇到的各种问题。

(五)组织临场讨论,做好勘查后现场的处理工作。

现场勘查指挥员是现场勘查的组织者和领导者,其组织指挥工作是否得当,直接关系到现场勘查的速度和质量。因此,要求指挥人员必须亲临犯罪现场第一线,与侦查人员共同战斗。在现场勘查中,指挥员要充分发扬民主,集思广益。同时,又要在发扬民主的基础上实行高度集中、统一指挥。只有这样,才能充分调动所有参加勘查人员的积极性,抓住战机,及时有效地开展现场勘查工作。

四、现场勘查人员的纪律

现场勘查是一项艰巨复杂、政策性很强的工作,要求现场勘查人员必须坚决执行党的政策和国家法律,并遵守以下纪律:

(一)要严格服从统一指挥,按照组织分工和勘查步骤进行工作,不得随便触摸或破坏现场上的痕迹物证;

(二)要保护现场上的各种公私财物,不得私拿或无故损坏现场上的任何物品；

(三) 要尊重当地群众的风俗习惯；

(四) 要严格保守秘密，不准泄露有关现场情况和所发现的线索。

第五节 现场勘验

一、现场勘验的概念和法定程序

现场勘验是勘查人员运用科学技术方法对犯罪有关的场所、物品、痕迹、人身、尸体等所进行的观察、检验、记录和分析研究活动。主要包括：现场环境及态势勘验，现场痕迹勘验，现场尸体勘验，活体勘验，现场法医物证勘验，现场文书勘验，现场其他物品勘验等。现场勘验所要解决的基本问题是发现、固定、提取犯罪痕迹物证，并判明其产生的原因和发展过程及其与犯罪行为的关系。现场勘验作为现场勘查的有机组成部分，在现场勘查中占有极其重要的地位。这项工作做得好坏，直接关系到现场勘查的质量和侦查工作的结局。

现场勘验是一项法定的刑事诉讼活动，我国《刑事诉讼法》对勘验、检查的程序作了具体规定，这是现场勘验的法律依据。只有严格遵守这些法定程序，才能保证现场勘验的合法性和有效性。这主要是：

(一) 侦查人员执行勘验、检查，必须持有人民检察院或者公安机关的证明文件。

(二) 对于死因不明的尸体，公安机关有权决定解剖，并通知死者家属到场。

(三) 为了确定被害人、犯罪嫌疑人的某些特征、伤害情况或者生理状态，可以对人身进行检查。犯罪嫌疑人如果拒绝检查，侦查人员认为必要的时候，可以强制检查。检查妇女的身体，应当由女工作人员或者医师进行。

(四) 勘验、检查的情况应当写成笔录，由参加勘验、检查的人和见证人签名或者盖章。

(五) 为了查明案情，在必要的时候，经公安局长批准，可以进行侦查实验。

二、现场勘验前的准备工作

勘查人员到达现场以后，应抓紧时间做好各项准备工作，以保证勘验的顺利进行。

(一) 向保护现场人员了解现场保护情况，查明案件发生后，有什么人到过现场，触动过现场上哪些部位和物体。如果发现已采取的现场保护措施不当，应立即加以纠正，切实做好现场保护工作。比如，发现警戒不严，秩序混乱，应立即部署力量加强警戒，对容易遭到破坏的痕迹物证，应采取妥善的保全措施。

(二) 向事主或发现人、报案人等了解案件发生、发现的简要情况,以及犯罪分子的体貌特征、来去路线和其他有关情况。必要时,应当机立断,不失时机地采取相应的紧急措施。

(三) 邀请两名与案件无关、为人正直的公民,作为现场勘查的见证人。

三、现场勘验的步骤

(一) 视察现场,划定勘验范围

勘查人员初步了解了现场有关情况以后,接着就要对现场周围进行巡视观察,弄清现场的方位、中心和内部的大体情况及犯罪分子进出现场的路线,划定勘验的范围。实践表明,正确划定勘验的范围,是做好实地勘验的前提。勘验的范围如果划得太窄,就会漏掉罪犯遗留的痕迹物证,不利于对案情做出客观全面的分析判断;反之,如果划得太宽,把那些与犯罪活动无关的场所也划了进去,则必然会浪费侦查力量,拖延现场勘查的时间。究竟范围多大合适,应当根据每个案件的具体情况来确定。总的要求是,抓住中心,照顾全面,把主体现场和关联现场都包括进去。

必须指出,勘验的范围划定以后,并不是一成不变的。在勘验过程中,如果发现了新的情况,根据需要,也可以变更原定的勘验范围。

(二) 确定勘验顺序

勘验的范围划定以后,应进一步确定勘验的顺序。由于犯罪现场的情况是各不相同的,每个现场都有自己的特点,所以勘验的顺序和方法也就不可能千篇一律。在实践中,通常采用以下几种方法:

1. 从中心向外围勘验。主要适用于范围不大,中心明确,痕迹物证比较集中的现场。比如室内现场,一般多采用此种方法。

2. 从外围向中心勘验。主要适用于范围大,痕迹物证分散,中心不明确的现场。如对有些野外现场,在勘验时,可以先划定一个假设范围,然后由外围向中心搜索勘验。

3. 沿着犯罪分子作案时行走的路线进行勘验。主要适用于犯罪分子遗留的痕迹、物品清楚,能把犯罪分子行走的路线辨别出来的现场。此外,经过现场访问,已经弄清犯罪分子行走路线的时候,也可以沿着犯罪分子来去的路线进行勘验。

4. 分片分段进行勘验。主要适用于范围比较大或者处于狭长地带的现场。为了寻找比较微小的痕迹物品(如弹头、弹壳、钮扣、小刀等)或尸体残肢,可以把参加勘验的人员分成若干组,分段分片进行勘验。必要时,可以组织力量对有关场所进行全面搜索。

5. 从现场入口处开始,顺着物体的陈列顺序进行勘验。这主要适用于室内现场。通常是从被破坏的门窗开始，顺着物体陈列的次序，逐个进行仔细勘验。

6. 沿着地形、地物界限进行勘验。主要适用于野外有明显地形、地物界限的现场。如沿着河流、道路、沟渠等自然界限进行勘验。

7. 从容易遭受破坏的地方开始勘验。这主要是根据犯罪现场所处的自然环境考虑决定。如遗留在现场上某些部位的痕迹物证容易受到刮风、下雪、下雨等自然因素的破坏，或者处在交通要道上的痕迹物证，容易遭到来往行人、车辆等的破坏，即可以先从这些地方开始勘验。

8. 一个案件同时发现有几处现场，可以选择其中条件比较好、遗留痕迹物证比较多的现场首先开始勘验。如果参加勘验的人员比较多，也可以进行适当分工，对几处现场同时进行勘验。但是，在勘验过程中，彼此之间要随时交流情况，以便使勘验工作进行得更加全面细致。

总之，必须从每个现场的具体情况出发，因地制宜、因时制宜、因案制宜，正确地确定勘验的顺序，以保证勘验工作有计划、有秩序地进行。

（三）进入现场观察现场状态

在勘验的范围和顺序确定之后，现场勘查指挥人员应指定专人首先进入现场，找出一条进出现场的路线，然后其他现场勘查人员沿着指定的路线进入现场，观察现场状况。实践表明，在实地勘验之前，组织现场勘查人员，特别是参与侦破案件的人员，进入现场内部进行实地观察，了解现场的原始状况，这不仅能够使实地勘验同现场访问有机结合起来，而且对于正确地判断案情和开展侦破工作，也是有利的。

（四）初步勘验

初步勘验，也叫静的勘验，是指在不变动现场物体原来位置和状态的情况下，所进行的一种勘验。这种勘验的特点是通过眼看、耳听、鼻嗅，对现场上因犯罪行为所引起的一切变化情况进行观察研究，以便查明现场上每个物体的具体位置、状态，上面有无明显的痕迹，以及各个物体和痕迹之间的相互关系。必要时，还可以向事主或有关人员了解每个物体原来的位置和状态，以及变动、变化情况。对有的物体和痕迹还可以用尺子进行具体测量。但是，在初步勘验阶段，一般不得触动现场上任何物体，更不得改变现场上物体的位置和状态。

在静的勘验中，要特别注意找到犯罪分子活动的中心场所和出入道口，同时还要弄清犯罪分子在现场上接触过哪些物体和部位，到过哪些地点，以便明确勘验的重点。对勘验中所发现的具有证据意义的痕迹、物品(如手印、脚印、血迹、凶器等)，可用粉笔、石灰等加以标明，还应及时加以拍照和记录。

（五）详细勘验

详细勘验，也叫动的勘验，是指在翻转移动物体的情况下，对现场上的有关部位和物体全面细致地进行勘验。这种勘验是在初步勘验的基础上进行的，其主要特点是利用各种技术手段和光线角度,对现场有关物体进行多方面翻转移动勘验。详细勘验的主要任务,是仔细找寻和发现各种细小的、不明显的痕迹物证,如无色手印、灰尘足迹、细小划痕,以及毛发、纸屑、血点、精斑,等等;研究每个痕迹物证的形成原因及其与犯罪行为的关系。

详细勘验,在发现和提取痕迹物证时,应该特别细心,在利用各种技术手段时,要严格按照操作规则,不得损坏痕迹物证,也不得把勘查人员自己的指纹留在现场物体上。

综上所述,可以看出,初步勘验和详细勘验,是现场勘验由浅入深、步步深入的必要过程。这种阶段划分,对于保证勘验工作的质量,有着重要意义。因为勘查人员只有通过静的勘验,对现场上有关物体的位置、状态及其变化情况等有了完整的了解,并找到了勘验的重点以后,再移动物体进行详细勘验,才能够全面细致地发现和提取各种痕迹物证,并对这些痕迹物证形成的原因和与犯罪活动的关系做出正确的分析判断。否则,如果勘查人员进入现场后,未经过静的勘验,立即翻动现场上的物体进行勘验,那就不仅不能把勘验工作做深做细,而且还会因为勘验工作忙乱无序,而使痕迹物证遭到破坏,同时,也不利于对案情作出正确的判断。

但是,静的勘验和动的勘验,是紧密联系着的,并不是截然分开的。先进行静的勘验,然后再进行动的勘验,这并不意味着对现场上的有关部位和物体先静的勘验一次,然后又从头开始,对这些部位和物体再进行一次动的勘验。静的勘验和动的勘验,是两个连续的工作过程。一般说来,对一个物体进行了静的勘验,并且把它的原来的位置、状态以及遗留的痕迹等记录和拍照下来以后,接着就可以对它进行动的勘验。当然,对于某些位置相近、关系密切的部位和物体,也可以把它们做为一个整体,先进行静的勘验,然后再进行动的勘验,以便对它们的相互关系做出正确判断。

(六) 临场实验

临场实验,也称现场实验,是指在现场勘查过程中,为了验证与案件有关的某一事实或现象在某种条件下能否发生或存在,将该事实或现象参照案件原有条件加以表演的活动。它对于确定现场上某一现象或事实究竟在什么情况下形成的,以及是否与犯罪行为有关,具有重要意义。为了使现场实验达到预期的目的,必须严格遵守法定的程序和规则,并采取科学的方法。在案件侦查过程中,为了搞清某些问题,也可以在犯罪现场上进行现场实验。

第六节 制作现场勘验记录

一、现场勘验记录的概念和意义

在现场勘验过程中,必须认真制作现场勘验记录。现场勘验记录是侦查人员依法制作的反映现场状况和实地勘验结果的法律文书。由现场勘验笔录、现场照相、现场绘图三部分组成。其意义主要在于:

(一)没有亲自参加现场勘查的人,通过记录中所记载的内容,能够对犯罪现场的情况有个全面的了解。

(二)现场勘查记录是研究案情的重要依据。在侦查过程中,如果需要了解现场上某一情况时,侦查人员可以根据记录的内容,把现场的原始状况准确地恢复起来。

(三)现场勘查记录是一种重要的诉讼证据。它不仅能够真实反映犯罪现场,以及与犯罪有关的痕迹、物体的客观情况,而且还可以鉴别其他诉讼证据的真伪。

二、现场勘验笔录

我国《刑事诉讼法》第106条规定:"勘验、检查的情况应当写成笔录,由参加勘验、检查的人和见证人签名或者盖章。"现场勘验笔录,是侦查人员运用文字的形式对现场勘验情况和勘验结果所做的客观描述和真实记载。

现场勘验笔录由前言、叙事和结尾三部分构成。

(一)前言部分记载的内容

1. 接到报案的时间,报案人或当事人的姓名、职业、住址及其关于案件发生或发现的时间、地点和经过情况所做的陈述。

2. 保护现场人员的姓名、职业,到达现场的时间和保护现场中发现的情况。

3. 现场勘查领导人员和勘查人员的姓名、职务。

4. 见证人的姓名、职业和住址。

5. 勘查起止时间,勘查的顺序,当时的气候和光线条件。

(二)叙事部分记载的内容

1. 现场的具体地点、位置和周围环境。

主要记明:现场所在的市、区(县)、街道和乡、镇,门牌号码,以及现场的左邻右舍和四周固定的地物及通向某处的道路等。

2. 现场中心和有关场所的情况,特别要记明现场上一切变动和变化的情况。

对现场中心部位一定要写得详细具体。比如凶杀现场,应记明尸体躺卧的具体位置、姿势,周围物体上有无血迹,血迹喷溅的面积和形状,凶器及其他物品的位置和特征,等等。对于盗窃现场,其中心部位应记明被盗处所抽屉、保险柜等被破坏的情况以及内部存放物品被翻动的情况和遗留下何种痕迹、物品等。至于被盗走财物的种类、数量、特征等,应写在访问笔录中,现场勘查笔录中所记载的内容,仅限于实地勘验中所见到的情况。

除了中心部位以外,还应记明有关场所的情况。比如室内现场,应记明门窗是否被打开,室内桌、椅、床、箱柜、被褥以及其他与犯罪活动有关物体的摆设和存放情况,有无被翻动和破坏。

3. 各种犯罪痕迹物证的所在位置、数量、特征及分布状况等。

4. 现场上所见到的各种反常现象。比如,室内现场,门窗关闭,惟独一扇窗户的玻璃被打碎,但是窗框和窗台上的灰尘、蜘蛛网等没有任何触动,对于此种情况笔录中必须详细写明。

(三) 结尾部分的内容

1. 采取痕迹物证的名称和数量。
2. 拍照现场照片和绘制现场图的种类及数量。
3. 现场勘查指挥人员和参加勘查人员签名或盖章。
4. 见证人签名或盖章。

制作现场勘查笔录应注意的事项:

第一,笔录中记录的顺序应当与进行实地勘验的顺序一致。这样能够使看笔录的人具体了解现场勘验的过程和方法,同时也可以防止因为记载的秩序紊乱而发生遗漏和重复的现象。

第二,笔录的记载要客观、准确。只记勘验中所见的情况,不准把分析判断臆测的情况载入笔录中去。比如:"房间北墙窗户有块玻璃被打破,窗台上有一颗明显的胶鞋印,显然罪犯是从这里进入室内的……"像这样记载就不客观。应具体记明,该窗户多高多宽,哪一块玻璃被打破,破碎的程度,玻璃碎片散落的情况,上面有无痕迹,鞋印留在窗台的什么部位,鞋印的大小、特征以及脚尖朝向何方,等等。

第三,笔录的用语要明确、肯定,不能用模棱两可、含混不清的语句。比如:"不远的地方"、"较近"、"大约"、"旁边"等等,而应具体说明究竟有多远。

第四,笔录记载的内容既要全面详细,又要简明扼要,中心突出。也就是说,凡是对案件有意义的情况一定不能遗漏,必须详细记载;凡是与案件毫无关系的情况,则不应列入笔录。

第五,在现场勘查过程中,如果进行了尸体外表检验、现场实验、物证检验、人身搜查等,应单独制作笔录,并由主持人、法医、见证人签名。但是,在现场勘查笔录中对上述检验或实验、搜查的结果,也应扼要地加以记载。

第六,多次勘查现场和检查尸体时,每次均应制作补充笔录。如果一案有多处现场时,应分别制作勘查笔录。

三、现场照相

现场照相是现场勘查记录的重要组成部分。按照拍照的内容和要求的不同,现场照相分为现场方位照相、现场概览照相、现场中心照相和现场细目照相四种。

现场照片是刑事诉讼的重要证据,为了全面真实地反映犯罪现场情况和现场勘验过程,现场照相必须按照一定的步骤和方法进行,并合乎诉讼证据的要求。

四、现场绘图

(一)现场绘图的概念和种类

现场绘图是侦查人员运用测量和绘图的方法记录和反映犯罪现场情况的活动。它是现场勘查记录的组成部分之一。公安部制定的《刑事案件现场勘查规则》规定:"现场图必须反映现场的位置、范围,与犯罪活动有关的主要物体、痕迹、遗留物、作案工具、尸体的具体位置以及它们之间的距离和关系。"

现场图可按照不同的标准进行分类。如按照其反映的内容范围可分为:方位图、全貌图、局部图;按照其表现形式可分为:平面图、立体图、透视图、剖视图;按照其绘制方法可分为:比例图、示意图、比例示意结合图。每种图都有不同的用途和绘制要求。

1. 现场方位图

现场方位图的主要用途,是用来表示犯罪现场所在位置及其与周围环境的关系。它的基本要求是:将现场及其附近建筑物、道路、沟渠、墙壁、篱笆、树木、水井、小桥等主要物体都要绘画清楚。同时,还应特别注明出事地点、发现痕迹物证的地点以及犯罪分子进入和逃离现场的道路等有关场所。

2. 现场全貌图

现场全貌图是用来表示犯罪现场内部的全面情况的。它不仅要客观地反映犯罪现场的范围和状态,而且应把现场上与犯罪活动有关的物体、痕迹的位置、形状、大小以及它们之间相互距离和关系等按比例地表现出来。

3. 现场局部图

现场局部图是用来重点反映犯罪现场某一部分详细情况的。按照现场的不同情况和要求,现场局部图又可分为以下几种:

(1)现场局部平面图。它是以平面的形式来表现犯罪现场的某一部分上的物体、痕迹的分布情况和相互关系。

(2) 现场局部展开图。是用来表示现场物体垂直面上的痕迹物证的分布情况,如墙壁上遗留的弹痕和喷溅的血迹等。

(3) 现场局部透视图。主要用于表示中间隔有障碍物的几个空间的上下左右情况,比如,犯罪分子在同一房屋内楼上、楼下的活动范围或枪弹穿透多种障碍物的情况等。

(4) 现场局部立体图。是用立体的形式来表示现场上物体、痕迹的状态和分布情况等。

(二) 现场图的表示方法

现场图的表示方法大体可以分为三种:

1. 比例图

比例图是把犯罪现场的大小和现场上物体、痕迹的位置以及它们之间的相互关系,都按照一定的比例缩小(如 1∶10,1∶100,或 1/10,1/100)或者放大(如 10∶1,100∶1,或 10/1,100/1)绘制在画纸上。现场图的比例可以根据现场范围的大小,灵活确定。

2. 示意图

示意图不是按比例绘制,而是将现场上物体的形状、位置、分布状况等大致地绘画出来。然后,用目测、尺测、步测等方法测距,并在辅助线或箭头的旁边注明物体大小尺寸和它们之间的距离。这种方法多适用于面积比较大的现场。

3. 比例和示意结合图

比例和示意结合图适用于范围比较大的露天现场。一般的做法是,将现场的中心部分按比例绘制,而现场周围环境则用示意图的方法绘制。另外,对现场上发现的细小痕迹、物品,常常是用一定符号加以表示,而不是按比例绘制。

(三) 绘制平面图的方法

1. 露天现场平面图的绘制方法

常用的绘制方法有两种:

(1) 直线交叉法。首先把所要画的范围和客体确定下来,最好在现场的四周每一边都选一个以上地物,以便绘图时作为标帜物。如现场周围无足够的地物可利用,可以临时立一些木棍供利用。另外,还应选择 A、B 两个立足点(A、B 之间能通视和直接丈量距离),两个立足点应与每个观测点构成三角形,AB 的对应角不得小于 30°和大于 150°。在具体测量时,首先把图纸固定在图板上,再把图板放在第一个立足点 A 上,用指北针把图板方位加以固定。在绘制过程中,图纸的方位从始至终不能改变。根据立足点 A 的位置在图纸上确定一点 a,用三棱尺从 a 向第二个立足点 B 和每个测点瞄准,同时用铅笔画成直线。画完后,用尺测出第一个立足点 A 与第二个立足点 B 之间的实际距离,并按一定的比例绘在图纸上,即可得出图纸上的 b 点的位置(即第二立足点 B 在图上的位置)。再把图板移至第二立足点 B 上,使 B 点对准图纸上的 b 点,用三棱尺从 b 点向每个观测点瞄准,同样在图纸上画成直线与从 a 点所绘的直线交会。在图纸上所交会的点,就是现场实地客体所在的位置。根据客体的种类和图例规定的符号,按比例绘在交会点上,用橡皮擦去铅笔线,即完成草稿(图23)。

(2) 回转观测法。把绘图板固定在现场的中心一点,依次向每一个所要绘画的客体进行观测,即在图纸上形成放射的观测线,然后丈量出每个目的物与中心的距离,确定每个目的物在图纸上的位置。最后按比例把每个目的物绘画在图上,即完成草稿。

按上述方法画出草稿后,再誊画到一张干净的图纸上,并写上图的名称,填写图例说明,注明缩小(或放大)比例和绘图日期,最后由绘图人签名。

2. 室内现场平面图

室内现场平面图,就是房间的水平横切面的剖视图。室内现场平面图通常都按比例绘制。这种比例平面图不仅能清楚地表达室内现场的平面形状,而且还能看出现场的大小和现场上各种物体的位置和距离。

绘制室内现场比例平面图可依下列步骤进行:

(1) 先量一下现场所在房间内最长一面墙壁的长度,以便根据图纸的大小,选定平面图所要采用的比例。

(2) 把四边墙壁的长度,按选用的比例画在图纸上,构成室内现场的轮廓内线。

(3) 画上轮廓的外线。在室内现场比例平面图上,墙壁的厚度不需要按比例表示。内线和外线的间隔一般取0.2—0.3厘米即可。

(4) 将室内的家具、物体画入平面图中。为了确定物体在室内的位置,至少应该从横纵两个方向来测量该物体至墙壁的垂直距离(例如桌子的位置应测量它至南墙和至西墙的垂直距离)。家具应该按从上往下平面剖视的轮廓绘入图中,其他与案件有关痕迹或物体可按现场绘图图例来表示,图例中没有包括的物体,可以任意约定一个符号来表示,但必须在图例说明中注明所代表物体的名称。

(5) 现场上某些对案件有重要意义的距离,可以在平面图中特别注明。

(6) 如果现场四周墙壁上留有痕迹物证,或者挂有某种对案件可能有意义的物品,需要在图中加以表现,那就可以画一面或几面墙壁的立面图或叫"展开平面图"。对于室内物体(例如柜子)的立面必要时也可以用同样方法来绘图。

(7) 将指北针上指示的方向标画在图纸的左上角,以便确定现场平面图的方位。在图纸的右下方注明平面图的缩小(或放大)比例和图例说明,最后写上绘图日期和绘图人的姓名(图24)。

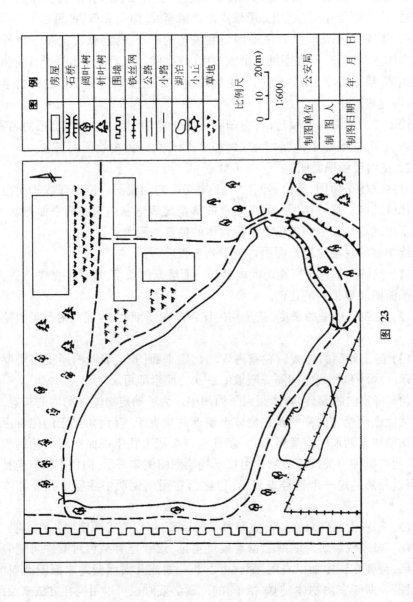

图 23

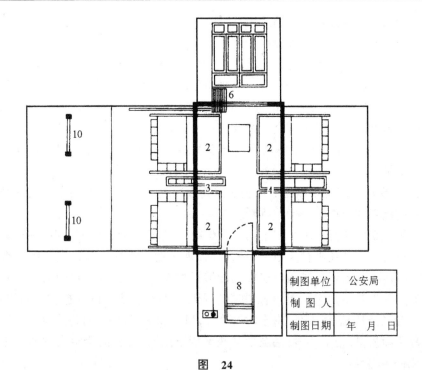

图 24

上述现场勘验笔录、现场照相和现场绘图是现场勘验记录不可缺少的组成部分。除此之外,对有些重大案件的犯罪现场,在现场勘验中,还可以进行现场录像,运用录像设备和摄录技术把犯罪现场状况及其周围环境和与犯罪有关的痕迹物证真实地记录下来。它同现场照相一样,可以为揭露和证实犯罪提供证据。

第七节 现场访问

一、现场访问的概念和意义

现场访问,也称现场调查,是指侦查人员在现场勘查过程中,向了解案件有关情况的人进行的调查询问活动。现场访问是现场勘查的重要组成部分,是现场勘查工作贯彻群众路线的一种基本形式。其主要目的是为了查明事件发生的原因、过程及事实情节,了解现场情况,收集犯罪证据,发现侦查破案的线索,及时准确地揭露和查获犯罪分子。

现场访问通常是与现场勘验同时进行的,访问的对象主要包括:最早发现案件现场的人和报案人;事主和被害人;被害人的家属和亲友;现场附近的群众;事件发生的前后曾经接触过现场的人员,等等。

现场访问的意义主要表现在：

(一)通过访问,迅速查明犯罪分子的体貌、衣着特征和赃物特征,以及罪犯逃跑方向、路线等有关情况,从而为追堵罪犯、控制销赃等提供重要材料。

(二)把访问所获得的材料与实地勘验结合起来,使之互相印证、互相补充,可以使实地勘验进行得更加全面细致。

(三)通过访问,广泛了解与案件有关的各种情况和反映,有利于正确地分析判断案情。

(四)现场访问是获取犯罪证据的重要方法之一,而且还有助于对实地勘验中发现的痕迹物证作出正确的判断。

为了使现场访问与现场实地勘验有机结合、紧密配合,现场访问必须抓紧时间及时进行。通常在进行实地勘验的同时,现场勘查指挥人员即应组织侦查人员,深入群众,开展现场访问。这样就能够抓住发案不久,事主和知情群众对与案件有关的人和事记忆犹新的有利时机,及时获得许多宝贵的证据材料和线索。否则,访问的时间拖得太久,由于时过境迁,事主和知情群众,对许多重要事实情节印象逐渐淡薄,记忆不清,甚至把某些事情记混淆了,因而会给案件的侦破工作造成许多困难。

二、现场访问的程序和规则

现场访问是一项侦查措施,必须严格遵守我国《刑事诉讼法》规定的程序和规则。

(一)现场访问只能由侦查人员进行。

(二)侦查人员进行现场访问时,必须首先出示侦查机关的证明文件。

(三)现场访问应当个别进行,不准许将几个访问对象集中在一起进行询问,以防止相互影响,使陈述失去客观真实性。

(四)访问开始时,侦查人员应当向访问对象讲明他有如实作证的义务和责任。

(五)访问结束时,应当制作访问笔录。

三、现场访问应查询的问题

现场访问应根据每个案件的不同情况和访问对象的不同特点,相应地提出各种不同的问题进行询问。

(一)访问报案人和最早发现案件人

侦查人员到达现场后,首先应访问报案人和最早发现案件人。访问时主要提出以下问题：

1．发案的时间、地点；

2．发现案件的详细经过,即在什么情况下,怎样发现出事的；

3．发现时现场的原始状况,后来有无变动,以及变动的原因和变动后的情况,等等。

(二) 访问事主、被害人及其家属

事主、被害人及其家属,在许多情况下,是现场访问的重点。访问中应着重了解以下问题：

1．关于案件发生、发现的详细经过；

2．关于财物的损失情况,如失物的种类、数量、价值、体积、重量、式样、新旧程度,以及平时保管使用情况等；

3．有关犯罪分子和犯罪嫌疑人的情况,如犯罪分子的人数、年龄、身高、体态、外貌、口音、衣着等具体特征,以及所使用的武器、凶器等。在访问中,要启发他们反复回忆,详细描述,以便具体、准确地勾画出犯罪分子的"脸谱"；

4．有关事主、被害人的情况。如事主、被害人平时的生活、工作和接触的人员情况,以及事主、被害人及其家属怀疑谁有可能作案。

在有些情况下,事主、被害人不仅了解犯罪分子的作案情况,而且还了解犯罪分子的外貌特征,如在强奸、抢劫、诈骗等案件中,事主、被害人同犯罪分子有过正面接触。因此,必须认真做好对事主、被害人的调查访问工作。但是,还应该考虑到,事主、被害人由于受到犯罪分子的袭击和侵害,往往精神过于紧张,心理状态异常,有时会发生错觉,或者基于强烈要求惩办罪犯的心情,而可能故意夸大犯罪的情节。因此,在对这些对象进行访问时,应注意以下问题：

(1) 先要安定情绪,然后再耐心提问。为了帮助他们进行回忆,可采用适当的方式进行启发。

(2) 对于受重伤的被害人,要立即送医院抢救,并在医生的协助下,找机会进行访问。如果被害人生命垂危,应在医生抢救过程中,抓紧时机进行简短问话,不能讲话的,可以让其用打手势、点头示意等方式提供有关情况。

(3) 对保管财物或值班有失职行为的职工,或者本人与案件有牵连可能虚构案情、推卸责任的人员进行访问时,应反复交代政策,说明利害,促使其讲出真实情况。

(4) 有的事主、"被害"人及其家属本身就是犯罪分子,因而故意谎报案情。当遇到此种情况时,应先听其详细陈述,然后再提问具体情节,一般不要过早揭开矛盾。

(三) 访问现场附近知情群众

对现场附近知情群众的访问,涉及的范围广,工作量大,实际上是一项广泛深入的群众工作。一般做法是,在出事地点周围和有关交通沿线,分片分段地到群众中去搜集反映，摸出可能知情者，然后再有重点地进行个别访问。在访问时，应重点提出以下问题：

1. 在发案当时或前后，曾经看到或听到一些什么情况，比如是否看到什么可疑人，是否听到某种异常声响或喊叫的声音，等等；

2. 广泛收集群众对案件的舆论和反映；

3. 有关事主、被害人及其家属的政治态度、思想品质、工作表现、生活作风、经济收支，以及平时结交人员等方面的情况；

4. 有关当地的敌情、社情及其他可疑情况。

四、现场访问应注意的问题

为了使现场访问工作正确地进行，在访问过程中，应注意以下问题：

（一）要根据不同对象采取不同方法进行访问。在访问时，要有针对性地宣讲有关的政策、法律，耐心细致地进行思想教育工作，以解除被访问人的思想顾虑。

（二）要坚持实事求是的科学态度。向被访问人提问题时，不能带提示性和倾向性，更不准用威胁、引诱等非法手段，逼迫被访问人提供情况。侦查人员对被访问人所谈的情况，不能做出同意或不同意的表示，也不得向被访问人谈论自己对案情的看法。总之，要忠实于客观事实，不能带着主观设想的某种框框去进行调查访问。

（三）要全面细致。所谓全面就是指在调查访问时要注意倾听各方面的意见，既要听正面的、肯定的意见，又要听反面的、否定的意见。所谓细致，就是指要详细询问与案件有关的各种情况，同时，还要弄清被访问人所谈情况的来源，力争得到第一手材料，切忌马虎草率。

五、制作现场访问笔录

现场访问，必须制作访问笔录。现场访问笔录是一种重要的法律文书，应当客观准确地记录被访问人的陈述，在格式上必须合乎统一的要求。

现场访问笔录一般由开头、正文和结尾三部分组成。开头部分主要记明笔录的名称，侦查人员的姓名，被询问人姓名、单位、职业、住址，询问的地点和时间等。正文部分主要记载被访问人关于案件事实的陈述，包括案件事实的详细情况，情况的来源，感知案件情况的条件，以及还有谁了解此情况，等等。结尾部分除了由有关人员签名或盖章外，还应当由被访问人在阅读笔录后对笔录签署意见。通常写："笔录已经本人阅读，记载无误"或"笔录已经向我宣读，记载无误"。

第八节 现场分析

一、现场分析的概念和意义

现场分析,也称临场讨论,是指现场勘验和现场访问结束后,在现场勘查指挥人员的主持下,全体勘查人员对现场情况及案件有关问题就地进行的分析研究活动。现场分析是现场勘查的最后一道工序。《刑事案件现场勘查规则》规定:"现场勘查结束后,应根据实地勘查和现场访问的情况,组织临场讨论,对案件的主要情况作出初步分析判断,并提出对现场的处理意见"。

现场分析在整个现场勘查工作中占有极其重要的位置,是现场勘查过程中带有关键性的环节。它的作用主要表现在:

(一)对现场勘查过程的全面检查。现场分析通过对现场勘验和现场访问中所获得的各种材料进行逐个分析和综合研究,能够及时发现勘查中的漏洞和不足,并且采取措施及时补救,从而保证现场勘查的质量。

(二)正确认识案件情况的基本途径。侦查人员通过现场勘验、现场访问和现场其他措施获得了大量的材料,这些材料往往是零散的、不系统的,只能反映事物的各个片面的或表面的联系,而真象与假象混杂,很难正确认识案件情况。现场分析通过对各种材料的比较印证和思考、判断、推理,能够除伪存真,由表及里,找出事物之间的内在联系,对案件的发生、发展的全貌有个正确的认识。

(三)确定侦查范围,制定侦查计划的重要前提。现场勘查的重要目的是判明事件的性质,对需要立案侦查的犯罪案件则应确定侦查方向和侦查范围。而要达到此目的,就必须对现场勘查所获得的材料进行分析研究。实践证明,现场分析搞得好坏,对案情认识的是否正确,直接影响到侦查范围的确定和侦查计划的制定。因此,认真做好现场分析,是提高破案速度和质量的一项重要措施。

二、现场分析应解决的问题

由于犯罪现场的情况是各不相同的,通过临场讨论所要解决的问题,也不可能完全一样。这里只就一些主要的和带有共同性的问题作一概述。

(一)判明事件性质

判明事件性质,就是研究确定现场上发生的究竟是一起犯罪案件,还是伪装犯罪或不幸事件。这是临场讨论过程中,必须首先研究解决的一个重要问题。事件本身的性质如何,是决定立案或不立案的一个重要依据。事件的性质如果判断错了,其结果往往会使侦查工作误入歧途。比如,发生的本来是一起犯罪案件,而误认为是灾害事故,则犯罪分子就可以逍遥法外;反之,本来是一起不幸事件,而认定为犯罪案件,或者本来是伪装犯罪,而误认为是真的发生了犯罪事件,并立案侦查,结果只能是白白浪费侦查力量,甚至还会误伤好人。所以,在临场讨论中,一定要认真研究事件的性质,力求做出正确的结论。

为了正确地判明事件的性质,应当全面地研究事主、被害人和知情群众所提供的情况,细致地分析现场上遗留的痕迹、物品及其他有关情况。其中特别应该注意有助于判明事件性质的反常情况。勘查人员应当对各种材料进行冷静的分析、比较,决不能仅仅根据某些表面现象或事主、被害人的陈述就轻率地做出结论。

(二) 推断作案的时间

作案时间是确定侦查范围、肯定或否定嫌疑人犯罪的一个重要依据。同时,对作案时间作出正确的判断,还有助于审查被告人的供词和证人的证言是否真实可靠。所以,推断作案时间是临场讨论中应当解决的重要问题之一。通常应认真分析以下材料:

1. 事主、报案人以及其他知情群众所提供的情况。例如,群众听到呼救声或异常声响的时间,看见犯罪分子逃离现场的时间,等等。

2. 现场上物品的使用和陈设情况。比如,室内电灯是否亮着,床上的被褥是否铺开,炉火是否熄灭了及尿盆里盛尿量的多少,等等。

3. 现场上各种记载时间的物品所表明的情况。比如钟表时针停止的时间,日记和日历停记和停翻的时间,以及证件、电影票、火车票、盖有邮戳的信件、汇款单、报纸上面记载的日期,等等。

4. 罪犯遗留的各种痕迹物品的新鲜程度和干湿情况。

5. 对于有尸体的现场可以根据尸僵、尸斑、尸冷、尸体的腐败程度以及胃内容物的消化程度来判断作案时间。

6. 现场所处的地理环境和来往人员的活动情况。比如,公园里发生的杀人案件,通常多发生在公园游人比较少的时候。机关单位内部发生的盗窃案件,多发生在职工下班或开会,现场上无人的时间。

7. 根据事主、被害人平时的生活习惯及上下班时间,结合现场有关情况来推断作案时间。

(三) 判断作案地点

作案地点,是指犯罪分子实施犯罪行为的场所,通常称为第一现场。在实践中,犯罪分子实施犯罪行为的地点和发现案件的地点往往是不一致的。所以,当案件有两个或更多现场的时候,必须判明正在勘查的场所是否罪犯作案的地点,如果不是,就应及时采取措施去寻找作案地点。找到犯罪分子作案地点,有助于准确而充分地发现和搜集犯罪痕迹物证,有时还可以直接找到犯罪分子。另外,作案地点也是审查和核实被告人口供和证人证言的重要依据之一。根据作案地点的状况及其所处的地理位置,有助于对案件性质和嫌疑人的范围作出正确的判断,所以,判明作案地点对侦查破案工作具有重要意义。

为了判断作案地点,必须仔细研究现场状况和犯罪分子实施犯罪过程中所形成的各种痕迹、物品。比如搏斗痕迹,拖拉尸体痕迹,滴落的血迹,以及遗留的手印、脚印、毛发、精斑等等。尤其应注意尸体上或现场有关物体上遗留的异常物质。例如,在尸体上沾附着某种物质碎屑,而发现尸体的地点并没有此类物品,此时就应考虑是否从他处移尸此地。在实践中,有些狡猾的犯罪分子,为了转移方向,在作案时故意制造一些假的痕迹物证遗留在现场上,布置疑阵。因此,在临场讨论中,要善于发现和分析各种反常现象,及时识破犯罪分子的伪装。例如,尸体上有多处开放性的损伤,但是尸体周围血迹很少,说明此处很可能不是第一现场,罪犯行凶杀人的地点很可能在别处。另外,事主、被害人和知情群众提供的情况也是判断作案地点的根据之一。例如他们目睹犯罪分子在某个场所实施犯罪行为,或者听到从某处传来撕打或呼救的声音等。必要时,可以让事主、被害人和知情群众指认罪犯作案的地点。但是,由于种种主客观因素的影响,群众有时也会把犯罪分子作案地点指错,所以应该把群众提供的情况与实地勘验结合起来进行分析研究。

(四) 判断作案工具

不同行业、不同地区的人所使用的工具是不同的,对同一种类的工具在使用方法上也往往能反映出行业或地区的特点。所以,判明作案工具及其使用方法,对于确定侦查方向和范围有着重要意义。

为了判断作案工具,除了认真地研究事主、被害人和知情群众提供的情况以外,应当仔细地观察和分析现场上发现的工具痕迹或尸体上形成的损伤的形状、大小、深度及特点。如果在现场上发现可疑工具,应结合痕迹进行比较研究,有条件的,也可让刑事技术人员就地进行鉴定,必要时,还应请有经验的专家和群众帮助识别。

(五) 判断作案的目的和动机

犯罪分子在故意实施犯罪行为的时候,总是受着一定的目的和动机所支配。所谓犯罪目的,是指犯罪分子希望通过实施犯罪行为所要达到某种结果的心理态度。而犯罪动机,则是指犯罪分子实施犯罪行为的内心起因。犯罪目的和动机两者是紧密联系着的。有犯罪的目的,就必然有一定的犯罪动机。但是,两者又是不同的,不能混淆。例如,杀人罪的犯罪目的是为了非法剥夺他人的生命,而促使凶手实施杀人行为的动机则是各种各样的。有的是为了报私仇,有的是为了灭口,有的是为了图财,有的是为了奸情,有的是为了推翻人民民主专政的政权和社会主义制度,等等。

作案的目的和动机是犯罪分子实施犯罪的主观因素,它是判断案情性质和确定侦查范围的重要依据。犯罪分子作案的目的、动机不同,案件的性质往往也就不同,因而侦查的范围也就不完全一样。例如,杀人案件,如果作案动机是为了图财害命,侦查范围就要大一些;如果是为了私仇报复,其侦查范围就要比前者小得多。判明作案的目的、动机,对于准确地定罪量刑也有着重要的意义。

判断作案目的、动机主要应根据以下材料:

1. 仔细分析事主、被害人及其家属的工作性质、政治态度、生活作风、经济情况和社会关系。

2. 全面地观察和分析现场状态,现场上与犯罪有关的各种痕迹、物品分布情况,以及财物损失的情况等。

3. 研究尸体所在的环境,躺卧的姿势,损伤的部位、形状和程度,如果是女尸还应检验是否被奸,等等。

判断作案目的、动机是一个比较复杂的问题,必须以现场勘验和现场访问中所获得的材料为依据,从实际出发,实事求是地进行分析研究,切忌先入为主,主观臆断。有些案件,仅仅根据现场勘查过程中所掌握的材料,还不能对犯罪分子作案的目的、动机作出明确的判断,而只能提出几种推测。在这种情况下,对各种因素都应该考虑到,同时,还应从中找出一种可能性较大的因素,以便抓住主要矛盾,重点部署侦查力量。有些犯罪分子,往往在作案动机上制造种种假象,以转移侦查视线。比如把强奸杀人,伪装成图财害命,或者把普通刑事犯罪伪装成反革命破坏等。因此,侦查人员在研究犯罪目的动机时,必须提高警惕,善于发现各种反常现象,以免上当。

(六) 判断作案的方法

作案的方法,是指犯罪分子对作案对象的选择、出入现场的路线、方法和实施犯罪的过程和手段,等等,即犯罪分子如何实施犯罪行为。

分析罪犯作案的方法对侦查破案工作的意义,主要表现在:有助于分析犯罪分子是否惯犯;是否具有某种职业习惯;是否熟悉现场内部情况或了解事主、被害人的活动规律。此外,还可以分析在同一地区内先后发生的数起案件是否同一人或同一伙人所为。

判断犯罪分子的作案方法,主要是根据犯罪分子作案时遗留的各种痕迹、物品,以及现场上各种物体的变动情况,同时,还应详细询问事主、被害人和目睹人,必要时,应进行现场实验。

(七) 判断作案人数

判明作案人数,对于确定侦查范围和侦缉犯罪嫌疑人具有重要意义。通常采用以下方法:

1. 根据犯罪分子在现场上遗留的痕迹、物品来判断。例如,现场上发现了大小不等或者花纹不同的鞋印,分析可能是二人或多人作案。

2. 根据犯罪分子从现场上带走财物的数量、体积、重量,并结合实施犯罪的手段来判断。比如,犯罪分子盗去了布匹、粮食、收音机、电视机等大量物品,而现场上又未发现交通工具痕迹,判断犯罪分子并不是一人。但要注意有的犯罪分子在同一地点连续作案时,也会从现场带走大量财物。

3. 对有尸体的现场,应根据犯罪分子行凶杀人的手段和致伤凶器的种类来判断作案的人数。同时还应注意被害人的抵抗能力和现场上的搏斗痕迹。

(八) 判断作案人,确定侦查范围

判断作案人,确定侦查范围,就是通常所说的"定向"、"画像"。所谓"定向",就是推断犯罪分子可能潜藏在哪个地区、单位或行业;而"画像",是指推断犯罪分子的个人特点,其中包括:作案人的性别、年龄、身高、体态、相貌、衣着和职业爱好等特点,以及具备什么样条件(如作案人与被害人之间的关系,对现场情况是否熟悉等)。判断作案人,确定侦查范围,这是现场勘查的一项重要任务,也是临场讨论中所要解决的中心问题。只有对侦查方向和范围作出准确的判断,才能顺利地开展侦查活动,及时准确地查获犯罪分子。

除上述论及的临场讨论中所要解决的七方面的问题,都可作为确定侦查范围的依据以外,对下述几方面的材料,也应仔细研究。

1. 根据罪犯遗留在现场上的各种物品来判断。实践表明,各种现场遗留物,不仅可以作为揭露和证实犯罪的重要证据,而且也是侦查人员用来确定侦查范围的客观根据。例如,根据现场遗留物生产或制作的地区,往往可以推断犯罪分子居住的地区范围;从犯罪遗留物的用途和使用范围,可以判断犯罪分子的职业和爱好;从犯罪遗留物的式样、大小、轻重等具体特征,可以判断犯罪分子人身的某些特点,如年龄、性别、身高、体态、体力等;根据犯罪遗留物的质量、价值、新旧程度等,可以判断犯罪分子的身份和经济情况,等等。

2. 根据犯罪分子从现场上拿走或破坏的物品来判断。犯罪分子从现场拿走或破坏什么物品,往往反映着其主观心理状态,它可以作为"定向"、"画像"的客观依据。比如,根据损失物的种类和用途往往可以判断罪犯的职业爱好;根据被盗物品的数量、体积、重量等,可以判断犯罪分子的人数、年龄和体力等;根据损失物的价值大小,以及是否便于携带、转移、隐藏等特点,可以判断罪犯是内盗还是外盗,是本地人作案还是外来的流窜犯作案。

3. 根据犯罪分子遗留的手印、脚印及其他痕迹来判断。比如根据指纹可以分析罪犯的年龄或手指畸形等特点;根据足迹可以分析犯罪分子的身高、性别、体态及腿脚有无残疾等;根据现场上的遗留文字材料,可以分析犯罪分子的文化程度和年龄、职业等特点。

4. 根据事主、被害人的情况来判断。犯罪分子与事主、被害人之间往往有着某种关系。通过对事主、被害人的工作情况、经济状况、思想品质、生活作风、交往关系及家庭成员等进行全面的分析研究,并结合现场勘查中所获得的其他材料,往往能够对嫌疑人的范围作出某种判断。

5. 根据事主、被害人和目睹人提供的情况来判断。事主、被害人和目睹人所提供的关于罪犯的口音、体貌特征、衣着打扮和携带物品的特征等,是"定向"、"画像"的重要依据。

以上八个方面的问题是临场讨论中所要解决的一些主要问题。在实践中,每一起案件都有自己的特点,因而临场讨论时应该从实际出发,凡是对侦查破案有意义的问题,都要认真地进行研究,而有些问题现场已经反映得很明显,就没有必要去反复进行研究。

临场讨论在侦查破案的全部过程中仅仅是个初步的认识过程。有些案件由于现场不明显,材料不充分,根据现场勘验和现场访问所获得的材料,还不能够明确地解决临场讨论中所要判明的问题。在这种情况下,就要继续抓紧工作,待进一步收集到必要的材料以后,再作分析判断。总之,临场讨论一定要坚持实事求是的原则,根据所掌握的材料,能分析到什么程度,就分析到什么程度,存在几种可能,就分析几种可能。不能毫无根据地勉强做出某种结论。当然,对那些有充分的事实根据可以肯定下来的问题,也要敢于作出肯定或否定的结论。如果发现几个材料之间有矛盾时,应当再勘验,再访问,必要时,可进行现场实验,务求得出切合客观实际的结论。

第九节 现场勘查后的处理

现场勘查结束后,现场勘查领导人应当根据案件的具体情况,切实做好现场勘查后的处理工作。根据公安部制定的《刑事案件现场勘查规则》的规定,对现场的处理应采取以下措施:

一、对不需要保留的现场,通知事主处理。对现场上的重要财物,应向事主当面点清。

二、对需要继续研究和勘查的现场,应全部或部分保留,指定专人妥善保护,并通知所在单位的领导和事主。

三、对需要保留的尸体,应妥善保存,并向死者的家属或者所在单位的领导说明情况。

四、对需要提取的物品,要填写提取清单,并向物主或主管单位出具收据。提取特别贵重物品或绝密文件,应经县公安局长或者市公安局的刑侦科(队)长以上领导批准。

第十章 侦查破案

第一节 侦查破案的概念和意义

一、侦查破案的概念

侦查破案是指公安机关(包括国家安全机关)、人民检察院对已决定立案的案件所进行的侦查调查活动。主要包括:制定侦查计划;发现和查证嫌疑线索;确定犯罪嫌疑人;收集犯罪证据;缉查犯罪嫌疑人;破案处理等。其目的是为了及时、准确地揭露和证实犯罪,查获犯罪嫌疑人,有效地打击和预防犯罪。

二、侦查破案的重要意义

我国公安、检察机关对犯罪案件的侦查一般分为侦查破案和预审两道工序。第一道工序是从立案开始,通过侦查、调查活动,确认犯罪嫌疑人并查清其主要罪行,到对犯罪嫌疑人依法采取强制措施为止;第二道工序是从依法逮捕或拘留犯罪嫌疑人开始,通过审讯和收集、核实证据材料,查清案件的全部事实情节,直至作出是否移送起诉或者撤销案件的决定为止。侦查破案和预审是侦查过程中两个相互衔接、紧密联系的工作环节,二者有机结合共同构成刑事诉讼的侦查阶段。侦查破案是侦查机关的中心任务,其意义主要在于:

(一)侦查破案是打击犯罪,保护国家和人民利益的重要措施。犯罪是严重危害社会的行为,国家必须依法对犯罪者实施惩罚。侦查破案的基本任务就是力求使一切案件真相大白,使一切犯罪分子都难逃法网,从而能够及时有力地打击犯罪,制止犯罪,有效地保护国家和人民的利益。

(二)侦查破案是预审工作的前提,是整个刑事诉讼程序的基础。因为犯罪分子的犯罪活动大都是秘密进行的,犯罪手段狡猾隐蔽,犯罪事实情节错综复杂。如果没有强有力的侦查破案工作,犯罪事实就不可能被揭露,犯罪分子就不可能被查获,犯罪证据就难以找到,因而预审工作就难以进行。实践证明,侦查破案工作做得好坏,不仅关系着预审工作的质量,而且对于起诉和审判活动能否顺利进行具有直接影响。

(三)侦查破案是预防犯罪的有效方法。通过侦查破案活动,还可以了解犯罪的原因,掌握犯罪规律,对公民进行法制宣传教育,并建议有关部门堵塞漏洞,加强防范工作。

第二节 立 案

一、立案的概念

立案是指公安机关、人民检察院、人民法院对控告、检举和犯罪嫌疑人自首的材料或自己发现的犯罪线索材料进行审查,依据事实和法律,决定是否作为一个案件交付侦查或审判的诉讼活动。立案是刑事诉讼的一个独立阶段,其主要任务是接收控告、检举或犯罪嫌疑人自首的材料,并对材料进行审查,根据事实和法律,正确作出是否作为一个案件交付侦查或审判的决定。

立案阶段是刑事诉讼的开始,是每个刑事案件都必须经过的诉讼程序。在一般情况下,只有经过立案这一法定程序,公安机关、人民检察院、人民法院才能开始对案件进行侦查或审判活动。因此,立案是对案件进行侦查、起诉、审判的合法依据。它在刑事诉讼中能够起到过滤器的作用,一方面能够保证任何一个犯罪行为都受到法律追究,使每个犯罪分子都不能逃脱法律的制裁;另一方面,又能把那些不应追究刑事责任的人,从刑事诉讼的范围中排除出去,防止无根据地追究犯罪。

总之,准确及时地做好立案工作,对司法机关集中力量迅速有效地同犯罪作斗争,保障无辜的公民或依法不应追究刑事责任的人不受刑事追究,有着十分重要的意义。所以,侦查机关在对案件进行侦查之前,必须认真抓好立案这一环节,只有在特殊紧急的情况下,才允许在进行立案审查的同时,进行某些侦查活动,如勘验现场、搜查、拘留等,以便正确决定是否立案。

二、立案的根据和条件

我国《刑事诉讼法》第 86 条规定:"人民法院、人民检察院或者公安机关对于报案、控告、举报和自首的材料,应当按照管辖范围,迅速进行审查,认为有犯罪事实需要追究刑事责任的时候,应当立案;认为没有犯罪事实,或者犯罪事实显著轻微,不需要追究刑事责任的时候,不予立案,并且将不立案的原因通知控告人。控告人如果不服,可以申请复议。"这条规定指明了司法机关立案的根据和条件。司法机关决定立案或者不立案主要根据有关犯罪事件的材料。这些材料主要来自以下几个方面:

(一)公民个人的检举和控告。包括被害人的控告,知情人的检举、揭发,以及其他人的报案、报告等。这是刑事诉讼立案的主要材料来源。

(二)机关、团体、企事业单位的控告、检举。根据我国《刑事诉讼法》第 84

条第1款的规定,任何单位和个人发现有犯罪事实或者犯罪嫌疑人,有权利也有义务向公安机关、人民检察院或人民法院报案或者举报。

(三)犯罪人的自首,即犯罪分子自动到司法机关坦白交待自己所犯的罪行。这也是立案的一种材料来源。

(四)司法机关直接发现或获得的材料。比如公安机关、国家安全机关在日常的治安保卫工作中发现的犯罪事实或线索,在侦查、预审过程中发现与本案无关的其他犯罪事实或犯罪分子;人民检察院在开展各项检察活动中,发现的贪污、渎职等方面的犯罪线索,等等。这都是立案的一种重要的材料来源。

上述立案材料,是司法机关决定是否立案的事实依据,但是有了立案材料不一定就能立案,还要看是否符合立案的条件。根据我国《刑事诉讼法》第86条的规定,立案必须具备以下两个条件:其一是确有犯罪事实存在;其二是需要追究犯罪行为实施者的刑事责任。

所谓确有犯罪事实,是指在客观上某种危害社会的行为已经发生,并且依照刑事法律的规定该行为已经构成犯罪。这是立案侦查的前提。所谓需要追究刑事责任,就是指依据刑事法律的规定,需要给予实施犯罪行为的人以必要的刑事处罚。如果某种行为不构成犯罪,或者虽然构成犯罪,但是具有某种妨碍立案的情况(如犯罪人已经死亡或者犯罪已过追诉时效期限等),就不能立案。

在通常情况下,对于某种行为是否构成犯罪和是否需要追究犯罪行为实施者的刑事责任,并不难做出判断。比如杀人、放火、投毒、抢劫、强奸等,其犯罪性质十分明显,经过审查材料和现场勘查,认为此种犯罪事实确已发生,即可决定立案。但是,有些行为由于社会危害性较小,往往不容易确定是犯罪行为,还是一般违法行为,以及是否需要追究刑事责任。对于此类案件,如果情况不是十分紧急,就应该认真做好立案前的调查工作,在取得充分的事实材料以后,再进一步决定是否立案侦查。有些案件由于案情复杂,在未有经过系统的侦查以前,很难认定是否需要追究刑事责任。在这种情况下,只要查明确有犯罪事实存在,就可以立案侦查。至于对实施这种犯罪行为的人应否追究刑事责任,则有待立案后,通过侦查活动去解决。

三、立案管辖

根据刑事诉讼法的规定,在我国,有权决定立案的机关只有公安机关(包括国家安全机关)、人民检察院和人民法院。除此之外,其他任何机关和个人都无权决定立案。人民法院、人民检察院和公安机关在立案时,必须严格按照法律规定的管辖范围进行管辖。

(一)人民法院直接受理的案件

根据我国《刑事诉讼法》第18条第3款的规定,自诉案件由人民法院直接受理。自诉案件包括：(一) 告诉才处理的案件；(二) 被害人有证据证明的轻微刑事案件；(三) 被害人有证据证明对被告人侵犯自己人身、财产权利的行为应当依法追究刑事责任，而公安机关或者人民检察院不予追究被告人刑事责任的案件(《刑事诉讼法》第 170 条)。

(二) 人民检察院直接受理的案件

我国《刑事诉讼法》第 18 条第 2 款规定："贪污贿赂犯罪，国家工作人员的渎职犯罪，国家机关工作人员利用职权实施的非法拘禁、刑讯逼供、报复陷害、非法搜查的侵犯公民人身权利的犯罪以及侵犯公民民主权利的犯罪，由人民检察院立案侦查。对于国家机关工作人员利用职权实施的其他重大的犯罪案件，需要由人民检察院直接受理的时候，经省级以上人民检察院决定，可以由人民检察院立案侦查。"根据《最高人民检察院关于人民检察院直接受理立案侦查案件范围的规定》，人民检察院直接受理下列刑事案件：一、刑法分则第八章规定的贪污贿赂犯罪及其他章中明确规定依第八章相关条文定罪处罚的犯罪案件；二、刑法分则第九章规定的渎职犯罪案件；三、国家机关工作人员利用职权实施的非法拘禁案、非法搜查案、刑讯逼供案、暴力取证案、虐待被监管人案、报复陷害案、破坏选举案；四、国家机关工作人员利用职权实施的其他重大犯罪案件，需要由人民检察院直接受理的时候，经省级以上人民检察院决定，可以由人民检察院立案侦查。

(三) 公安机关受理的案件

公安机关是国家的侦查机关，负责大多数刑事案件的立案侦查工作。根据我国《刑事诉讼法》第 18 条第 1 款的规定，刑事案件的侦查由公安机关进行，法律另有规定的除外。

公安机关受理的刑事案件分别由公安机关的刑侦、政保、经文保、铁道交通保卫、边防保卫和交通安全管理等职能部门负责立案侦查。根据公安部《关于刑事侦察部门分管的刑事案件及其立案标准和管理制度的规定》，刑事侦查部门分管下列刑事案件：杀人案，伤害案，抢劫案，投毒案，放火案，爆炸案，决水案，强奸案，流氓案，盗窃案，诈骗案，抢夺案，敲诈勒索案，伪造国家货币、贩运伪造的国家货币案，伪造有价证券案，伪造票证案，伪造公文、证件、印章案，投机倒把案，走私案，拐卖人口案，制造贩运毒品案，非法制造、贩运枪支、弹药案，制造、贩卖假药案，破坏生产案，等等。

刑事侦查部门分管的各类刑事案件，根据其社会危害性大小和案情复杂程度，分为一般案件、重大案件和特别重大案件三种。分别由县(城市公安分局)、专(市)、省、自治区、直辖市公安机关和公安部负责立案侦查。

一般案件、重大案件由县公安局、城市公安分局负责侦查，专(市)公安机关负责督促指导并直接参与一部分重大案件的侦查工作。

特别重大案件由专、市公安机关组织侦查,省、市、自治区公安机关进行督促指导并直接参与一部分特别重大案件的侦查工作。

涉及几个县和城市几个区的重大案件,由专、市公安机关组织侦查。

涉及几个专(市)的重大案件、特别重大案件,由省、自治区公安机关组织侦查,或者指定一个专、市公安机关为主组织联合侦查。

涉及几个省、市、自治区的特别重大案件,由公安部组织侦查,或者指定一个省、市、自治区公安机关为主组织联合侦查。

四、专案侦查范围

刑事侦查部门对已确定立案侦查的案件,应视案件的不同情况,指派相应的侦查人员,负责进行侦破。对于其中案情比较复杂、危害比较大、涉及面比较广的重大案件,要组织专门力量,采用各种侦查手段,实行专案专办,即通常所说的专案侦查。通常列为专案进行侦查的案件主要有:

(一)必须采用侦查手段才能破获的重大现行案件。这主要是指已经发生的杀人、放火、爆炸、投毒、抢劫、强奸以及重大的盗窃、诈骗、贩毒、走私等重大、特别重大案件。此种案件,大都危害严重,情节复杂,只凭一般的调查方法,很难查破,而必须列为专案进行侦查。但是,在这些重大刑事案件中,有一些是当场抓获罪犯或者案情比较明显,经过一般调查,即可查清的,则无需列为专案。

(二)刑事犯罪集团案件。这主要是指一些犯罪分子纠合一起,成帮结伙,有组织、有计划地进行盗窃、抢劫、诈骗、投毒、走私、强奸及其他犯罪活动的案件。由于犯罪集团,成员复杂,涉及面广,手段狡猾,活动嚣张,危害严重,所以必须列为专案,集中力量,采取有力措施,及时查破。

(三)重大的预谋案件。这主要是指犯罪分子正在图谋进行杀人、抢劫、放火、爆炸、投毒、强奸和重大盗窃等犯罪活动,而在其着手实施犯罪之前被我发觉的案件。对于此种案件,只要发觉犯罪分子确有准备作案的具体行动表现(如购置作案工具、准备炸药或毒药、制订了作案计划等),即应列为专案,积极开展侦查,以便及时采取措施,主动出击,先发制敌,不使犯罪分子的阴谋得逞。

五、立案程序

立案程序,是指司法机关立案时应当遵守的步骤和方法。根据我国《刑事诉讼法》第83条的规定,公安机关或者人民检察院发现犯罪事实或者犯罪嫌疑人,应当按照管辖范围,立案侦查。《刑事诉讼法》第84条规定:"任何单位和个人发现有犯罪事实或者犯罪嫌疑人,有权利也有义务向公安机关、人民检察院或者人民法院报案或者举报。""被害人对于侵犯其人身、财产权利的犯罪事实或者犯罪嫌疑人,有权向公安机关、人民检察院或者人民法院报案或者控告。"公安机关、人民检察院或者人民法院对于控告、检举和犯人自首的材料，不论是口头的，还是书面的，也不论是否属于本部门管辖，都应当首先接收下来，不能以任何理由加以拒绝或推诿。接受控告、检举的工作人员，应当告知控告、检举人必须如实陈述，并说明诬告应负的法律责任。对口头控告、检举的应制作笔录。笔录应记明控告、检举的事实及其根据，以及控告、检举人的姓名、性别、年龄、职业、住址等。笔录应当让控告人、检举人阅读或者向他宣读，无误后由控告人、检举人签名或盖章。控告人、检举人要求不公开自己姓名的，在侦查阶段，应当为他保守秘密。

立案是刑事诉讼中的一个独立的诉讼阶段。它的主要内容包括：对立案材料的接收、审查、处理等。立案前，公安机关、人民检察院、人民法院应当对接收的立案材料迅速认真地进行审查。主要审查以下内容：（一）检举、控告或自首材料是否真实；（二）是否确有犯罪事实发生；（三）是否符合法定的立案标准，应否追究行为人的刑事责任；（四）是否属于本部门的管辖范围。在审查时，如果认为事实不清，证据不足，可以要求控告人、检举人补充材料或者进一步说明情况，立案机关也可以直接调查，收集证据。

通过审查，对确有犯罪事实需要追究刑事责任而且属于自己管辖范围的，应当立案。决定立案的，首先由承办人员写出立案报告书，经领导批准后，正式立案。立案报告书的内容主要包括：立案的材料来源，发案的时间、地点，犯罪的简要事实，现有的证据，以及立案的法律根据和初步意见。审查后，如果认为不具备立案条件，应当作出不立案的决定，由承办人员写出不立案决定书。在不立案决定书中，主要写明：案件的材料来源；决定不立案的理由和根据，然后报领导批准。承办人员应当将不立案的理由和根据通知控告人。控告人如果不服，可以向接受控告的机关申请复议。人民法院、人民检察院、公安机关应当认真复查，并把复查结果及时通知申请复议人。经过审查，对于不属于自己管辖范围的，应移送主管机关处理，并通知控告人、检举人；对需要采取紧急措施的，应当首先采取紧急措施，以防止人犯逃跑、自杀、毁证或重新进行犯罪活动。

第三节　制定侦查计划

一、侦查计划的概念和意义

侦查计划，又称侦查方案，是指侦查人员在全面分析研究案情的基础上，对具体案件的侦破工作所作的全盘规划。

侦查破案工作任务艰巨，情况复杂，头绪繁多，涉及面广，而且往往需要各种侦查措施、手段同时或交替使用和各种侦查力量协同作战，为了保证侦破工作有秩序有条理地进行,必须制定周密的侦查计划。制定侦查计划对各类案件的侦查都是必要的,特别是对于那些情况复杂的重大刑事案件的侦查,应当制定详细的书面侦查计划。侦查计划要报请有关领导批准后执行。

《刑事诉讼法》84条规定:"任何单位和个人发现有犯罪事实或者犯罪嫌疑人,有权利也有义务向公安机关、人民检察院或者人民法院报案或者举报。""被害人对于侵犯其人身、财产权利的犯罪事实或者犯罪嫌疑人,有权向公安机关、人民检察院或者人民法院报案或者控告。"公安机关、人民检察院或者人民法院制定侦查计划是侦破工作的首要环节,它对于顺利开展侦查,及时准确地完成侦查任务有着十分重要的意义。

(一)侦查计划是组织和指挥侦查工作的依据。有了侦查计划,指挥员就可以按照计划组织和使用侦查力量,确定必要的侦查措施,指挥侦查活动,以达到及时破案的目的。

(二)侦查计划在整个侦查过程中能够起到统一思想,指导行动的作用。它为侦查员指明了执行侦查任务的目标和要求,从而使各种侦查力量在侦破过程中步调一致,协同作战,充分发挥主动性,避免盲目性。

(三)有助于全面查清案情,获取证据,避免侦查工作中可能发生的疏漏和失误。

二、侦查计划的内容

侦查计划一般应包括以下几个方面的内容:

(一)立案根据。包括案件发生、发现的时间、地点,当事人的基本情况以及造成的损失和后果,简要地叙述通过审查立案材料所查明的犯罪事实等。如果是以线索材料为依据立案侦查的案件,则要把线索来源和初步查证的犯罪嫌疑事实叙述清楚,并说明立案侦查的理由。

(二)对案情的分析判断。即在现场勘查和已掌握材料的基础上,对案件的性质,作案过程以及犯罪分子的个人特征及其作案的手段、方法和所具备的条件等作出分析判断,并且写明初步确定的侦查方向和范围,等等。

(三)侦查的任务和措施。即根据案件的具体情况,确定应当查明哪些问题,要达到什么要求,为查明这些问题拟采用的侦查措施和手段,以及完成各项任务的期限等。

(四)侦查力量的组织和分工。即写明专案班子由哪些人组成,每个人承担的具体工作任务,完成任务的时间、要求以及与有关方面的配合等。如果参加侦破的人员比较多,则要分为几个组,要写明每个组的负责人、组成人员、具体工作任务,等等。

(五)有关工作制度。即建立严格的请示报告制度和工作进展情况的汇报制度,规定完成各项侦查任务应注意的问题等。

三、制定侦查计划应注意的问题

为了使侦查计划符合客观实际,切实可行,在制定侦查计划时应注意以下问题:

(一) 全面细致地研究案件材料,准确地确定侦查方向和范围。毛泽东曾经指出:"指挥员的正确的部署来源于正确的决心,正确的决心来源于正确的判断,正确的判断来源于周到的和必要的侦察,和对于各种侦察材料的联贯起来的思索。"① 侦查实践表明,以辩证唯物主义为指导,认真研究现场勘查和调查访问所获得的全部材料,吃透案情,这是制定侦查计划的前提。因为只有情况明,才能决心大,措施才能正确有力。如果不从案件的客观实际出发,不从分析案件材料中作出判断和推理,只满足于一知半解,主观主义地制定侦查计划,无异于"瞎子摸鱼",必然会把侦破工作引入歧途。

(二) 充分发扬民主,集思广益。侦查计划是指挥员和全体参加侦破人员集体智慧的结晶。案件的情况是错综复杂的,往往真相与假相交织在一起,使人不易分清。所以,侦查指挥人员在组织侦查人员分析研究案情时,要善于引导大家充分发表意见,对不同的看法应认真展开讨论,以便集中群众智慧,作出正确结论。

(三) 全面安排,点面结合。对整个案件的侦破工作必须作全面安排,既要有重点进攻,又要有全面的工作布置,使点和面的工作有机地结合起来。对那些案情性质还不够清楚,侦查方向难以确定,而存在几种可能性的案件,在制定侦查计划时,应当把几种可能性都考虑进去,相应地采取各种侦查措施。不能只着眼于可能性最大的一种判断,而忽略或放弃可能性较小的判断。侦查实践表明,有些案件在刚开始侦查时,认为某一方面的可能性比较大,但是,随着侦查工作的逐步深入,这种可能性却下降到次要的地位或者被排除;而某个开始时认为可能性较小的方面,却成为侦查破案的主攻方向。因此,在制定侦查计划时,既要把某种可能性比较大的方面作为重点,又要兼顾可能性较小的方面,真正做到点面结合,统筹兼顾,周密布置,不使犯罪分子漏网。

(四) 要随着客观情况的变化,适时修改侦查计划。侦查计划是侦查人员根据对案件的初步认识而制定出来的。侦查人员的这种认识是否符合案件的客观实际,还需要通过侦查实践来检验。在执行侦查计划的过程中,必然会出现一些新情况、新问题而需要相应地调整侦查力量,改变战斗部署。因此,应当根据新情况和深化了的认识,及时补充或修改既定的侦查计划,以使其更加切合实际,

---

① 《毛泽东选集》第 1 卷,第 179 页。

更加完善,保证侦破工作始终沿着正确方向深入开展。

第四节 寻找线索,发现和认定犯罪嫌疑人

侦查计划经领导批准之后,侦查人员就要在既定的侦查方向和范围之内,深入群众进行调查访问,摸排嫌疑线索,从中发现和确定犯罪嫌疑人。这是侦查破案工作的重要环节,对侦查破案工作的成败起着重要的作用。实践证明,摸排工作搞得深入细致,侦查线索就能源源不断地反映上来,犯罪嫌疑人就会很快被发现。经过进一步的侦查、调查,及时取证,就会很快侦破案件,查获犯罪分子。反之,摸排工作做得不好,线索枯竭,犯罪嫌疑人发现不了,案件侦破工作就无法进展,甚至造成积案。

一、调查摸底

调查摸底,侦查实践中通常称摸底排队,是指侦查人员在侦查计划所确定的范围之内,发动和依靠基层公安保卫组织、治安积极分子提供嫌疑线索和检举、揭发犯罪分子的侦查活动。调查摸底是寻找侦查线索,发现犯罪嫌疑人经常采用的一种重要措施,是我国刑事侦查工作贯彻群众路线一种重要形式。其基本做法是:

(一) 确定调查摸底的范围

在调查摸底开始之前,必须确定调查摸底的范围,即确定在哪些地区、单位、人员中开展摸排工作。范围划的是否适当,对搞好调查摸底工作至关重要。因为只有在犯罪分子生活、工作、隐藏的地区或单位开展调查摸底工作,才能达到预期的目的,否则,必将是徒劳无益的。由于案件的情况是各不相同的,调查摸底的范围,也必须因案、因事而异,不可能千篇一律。在通常情况下,调查摸底范围要力求做到大小适当,点面结合,并且要随着侦查工作的深入发展,随时加以调整。只有这样,才能做到既不漏掉犯罪分子,又能较快地把犯罪嫌疑人摸出来。

(二) 拟定犯罪分子应具备的条件

在调查摸底范围确定之后,还应进一步研究拟定犯罪分子应具备的条件。这是发动群众排查嫌疑线索的前提。因为广大群众明确了犯罪分子应具备的条件之后,才能针对侦查部门提出的摸排内容进行思考、回忆、联想,提供与案有关的线索材料。否则,如果摸排对象的条件不具体、不准确,即使范围划的很准确,也很难获得有价值的侦查线索。

犯罪分子作案应具备的条件是在综合分析现场勘验和调查访问所获得的材料的基础上提出来的。所提条件的多少及具体到什么程度,这主要取决于犯罪

分子在实施犯罪过程中暴露的程度和侦查人员对案情分析判断的准确程度。一般来说，排查对象的条件主要包括以下方面：

1. 时间条件。犯罪时间是犯罪事实的重要组成部分。任何犯罪行为都是在一定时间内实施的。只有当某人具备作案时间，才能确定其为嫌疑人。如果有确凿材料证明，某人在发案时间内没有离开工作或生活场所，就说明他没有条件亲自去犯罪现场实施犯罪行为。侦查人员在研究确定时间条件的时候，要尽力做到具体、准确，并且应当警惕一些狡猾的犯罪分子在作案时间问题上可能设置的种种假象和骗局。

2. 空间条件。任何犯罪行为都是在一定空间范围内进行的。只有查明某人在发案时间内曾经到过犯罪现场或者具备接触犯罪现场的条件，才能列为犯罪嫌疑人。

3. 工具条件。犯罪分子作案往往借助一定的工具，如杀人凶器、破坏工具、交通运输工具，等等。通过现场勘验、尸体检验、痕迹检验和调查访问即可以找到或者判明犯罪分子作案时所使用的工具。持有某种工具或具有接触某种工具的方便条件，则是确定嫌疑人的根据之一。在侦查实践中，犯罪分子为了转移侦查视线或嫁祸于人，往往借用或盗用他人的工具作案，或者在作案后故意将他人的工具、物品留在犯罪现场，所以在摸排作案工具时，应充分考虑到各种复杂情况。

4. 现场遗留物条件。犯罪分子作案时往往会在犯罪现场上遗留下衣、鞋、帽、烟头、钮扣、手帕、毛巾等等物品，根据这些物品的用途和本身所具有的特征，可以找到犯罪分子。以物找人这是侦查中经常采用的方法。因此，现场遗留物是摸排犯罪嫌疑人的重要条件之一。

5. 赃物条件。在抢劫、盗窃、抢夺、诈骗等类案件中，犯罪分子作案后一般都持有赃物，有些赃物本身有着明显的特征，可以作为摸排的内容。

6. 因果关系条件。有些刑事案件，特别是投毒、放火、杀人等类案件，犯罪分子和被害人之间往往存在着某种矛盾和利害冲突。这些矛盾和利害冲突是激发犯罪分子实施犯罪行为的动因，犯罪行为的发生正是这种矛盾激化的结果。犯罪分子与被害人之间这种因果关系是一种客观存在，往往能够在犯罪现场上不同程度地表现出来。侦查人员通过对现场勘验、尸体检验和调查访问所获材料的综合分析，可以对犯罪分子作案的动机、目的作出初步判断，从而判明犯罪分子作案的因果关系。这种因果关系条件也可以作为排查嫌疑人的根据之一。

7. 人身相貌条件。犯罪分子的体貌特征，包括性别、年龄、身高、体态、口音、面部特征、头部特征、说话及走路姿势、衣着打扮、生活习惯等等，这些是摸排嫌疑人的重要条件。有些犯罪分子在作案时身体受伤，衣服被撕破，钮扣脱落或者衣服上沾有血迹、油垢及其他异物，这些也应列为摸排内容。

8. 职业、技能条件。有些犯罪分子往往利用自己的职业技术进行犯罪活动。比如利用注射器投毒杀人,用绘画的技能伪造人民币或票证,驾驶汽车作案,等等。这些技能条件,通常是同他所从事或曾经从事的职业有着密切联系。因此,有些案件,可以把具有某种职业技能作为摸排嫌疑人的重要条件之一。

9. 知情条件。有些案件从犯罪行为实施过程和现场情况来看,只有了解内情、知道底细或熟悉现场情况的人才有条件作案。在这种情况下,应当把直接或间接了解某种内部情况的人,作为摸排嫌疑人的条件。

10. 反常表现条件。犯罪分子作案的前后必然会在心理上发生一系列变化,因而在行动上会产生一系列反常表现。例如,在作案前突然对被害人表示"亲近",或者故意散布某种流言蜚语;有的到处探听消息,对某种事物表示特别"关心";在作案后,表现惊惶不安,到处探听风声,或者突然购买大量高档商品,经济来源不明,等等。这些也是摸排的重要内容。

总之,犯罪分子应具备的条件是多方面的,在调查摸底中,凡是可以用来寻找嫌疑线索的各种因素都应充分加以利用。对于符合条件的对象,要一个不漏地摸出来,通过审查,从中发现犯罪嫌疑人。尤其是对摸出来的重点对象,要逐个甄别核实,做到否定、认定有据。就是说,调查摸底必须全面细致,扎扎实实,不能有半点疏漏。

(三) 发动群众提供线索

发动群众提供线索这是调查摸底的关键步骤。在侦查实践中经常采用的形式就是向群众公布案情。即将摸排犯罪嫌疑人的条件通过公布案情的形式交给群众,动员群众根据所列条件去思考、回忆、联想,向侦查机关提供线索,或者进行检举、揭发。实践证明,公布案情是发动群众的一种好形式,是侦查破案的一种行之有效的方法。它在侦查破案中的作用主要表现在:1.能够使广大干部群众深刻认识犯罪的危害,增强同犯罪作斗争的责任感,积极检举、揭发犯罪分子,协助侦查机关侦破案件。2.在党的政策感召下和群众舆论攻势的压力下,能够促使犯罪分子分化动摇,主动投案自首。那些不肯投案自首的犯罪分子也会在众目睽睽之下,惶恐不安,行动反常,更加暴露,从而为侦查破案创造有利条件。3.对社会上的不稳定分子能够起到震慑的作用,使他们慑于国法的威严和群众的威力,不敢轻举妄动,以身试法,从而达到预防和减少犯罪的目的。

公布案情作为发动群众提供线索的一种方法,应当有目标、有领导、有控制地进行,不能盲目地公布案情。什么案件采用这种方法,什么案件不能采用这种方法,在什么范围内公布案情,以及公布案情的哪些情节,事先都必须经过慎重考虑和周密安排,并报经有关领导批准。总的要求是:既有利于迅速破案,又不至于暴露侦查秘密或造成不良影响。

在一般情况下,对下列案件采用公布案情的方法比较适宜:1.案件性质明确、范围不大的内部案件;2.因果关系比较明显,犯罪分子与被害人之间有一定内在联系的案件;3.犯罪分子特征明显,嫌疑对象涉及范围不大的案件;4.犯罪分子遗留在犯罪现场上的痕迹、物证有特定地区、行业特征的案件;5.在一定时间或地区内连续发生,可以并案侦查的案件。

公布案情的过程就是发动群众提供线索或检举、揭发的过程,应当做到点面结合不留死角。对列为调查摸底范围内的重点部门、重点地区的重点人员,应当层层动员,做到家喻户晓,人人皆知,而对一般地区和单位的群众的发动工作也不能忽略,以防止犯罪分子漏网。

公布案情后,要有计划、有准备地组织群众座谈讨论,引导群众议案情,谈看法,回忆案件发生前后的疑人疑事,让群众把自己所见所闻有关案件的情况毫无保留地提供出来。对于具体对象的检举、揭发,则应当在会下个别进行,以免暴露侦查秘密或造成不良后果。

在调查摸底工作中,应充分发挥基层公安、保卫组织的作用。因为基层公安、保卫人员战斗在基层,生活在广大群众之中,与人民群众有着密切的联系,了解当地的地理环境、经济状况、人情风俗和人员来往情况,因此,依靠他们去发动群众,排查嫌疑线索有着诸多便利条件。

当群众发动起来以后,侦查人员应不失时机地深入群众做艰苦细致的调查访问工作,尤其要注意做好知情人的工作,以获取重要的犯罪嫌疑线索。所谓知情人,主要是指曾经耳闻目睹犯罪分子进行犯罪活动的人或者了解与案件有关的某种重要事实情节的人。这些人往往与犯罪分子之间有一定的利害关系,其中有的可能是犯罪分子的家属或亲友,有的可能参与做过某些坏事,所以思想顾虑一般比较多,往往不肯轻易地把自己所知道的情况全部提供出来,有的甚至有意包庇隐瞒。这就要求侦查人员必须做耐心细致的思想发动工作,解除顾虑,指明利害,争取他们与犯罪分子划清界限,如实地向政府反映情况。

总之,发动群众,提供线索,是一个深入细致的工作过程,不能局限于开会和一般号召。要把普遍发动和调查访问紧密结合起来,而且应把深入群众调查访问作为工作的基点。

调查访问有公开和秘密两种方式。公开的调查访问是以公安人员的身分,直接向群众进行调查,了解与案件有关的各种情况。一般的调查访问都是采用这种方式。秘密调查是侦查人员以其他行政机关、群众团体工作人员的身分作掩护,不暴露工作意图,向被调查人进行侧面的调查访问。这种方式多用于与案件或者与罪犯有某种牵连的人,要注意作好身分掩护,讲究工作方法。

侦查人员在进行调查访问时,不仅要有谦虚的态度,满腔的热忱,求知的渴望,同群众打成一片,而且要注意宣传群众,做好政治思想工作。这样,才能得到群众的信任和支持,把他们所了解的情况敢于和愿意讲出来,从而才能为侦查破案提供各种有价值的线索材料。

二、综合分析，发现犯罪嫌疑人

侦查活动全面展开后，各种嫌疑线索会源源不断地反映上来。此时，就需要对各种嫌疑线索进行认真细致地筛选，从中发现犯罪嫌疑人。发现犯罪嫌疑人是侦查破案过程中一个十分重要的环节，它直接关系到侦破工作能否集中力量、集中目标深入开展。通常情况下，在调查摸底前所拟定的犯罪分子应具备的条件是发现嫌疑人的根据。在确定嫌疑人时，要综合分析其是否符合摸排对象的条件，其中尤其应把握犯罪时间、空间条件和作案因素、证据条件。就是说，首先要审查其是否具备犯罪的时间条件和空间条件。只有当某人具有作案的时间和空间，即在实施犯罪的时间内下落不明，或者到过犯罪现场或客观上有接触犯罪现场的条件，再进一步审查其他作案因素和条件才有实际意义。所谓作案因素，是指导致犯罪分子实施犯罪的主、客观原因，既包括犯罪人实施犯罪的主观动机、目的，又包括导致案件发生的客观外界条件。所谓证据条件，即能证明某人实施犯罪的事实材料。包括犯罪分子作案时遗留在犯罪现场上的痕迹、物证，被害人的陈述，证人的证言，等等。当然，在确定嫌疑人时并不要求必须取得足够、确凿的证据，但是，肯定或者否定某人为嫌疑人应当有一定的事实根据。如果有事实证明某人实施了犯罪行为，尽管只是部分的或不确凿的证据，也应将其确定为犯罪嫌疑人。在侦查实践中，多数犯罪嫌疑人开始时只具有犯罪的时间、空间条件和其他因素，而尚未获取犯罪证据，后来，通过采取侦查措施逐步查清犯罪事实，证实其为犯罪分子。

刑事案件是复杂多样的，犯罪分子往往制造种种假象迷惑侦查，尤其是共同犯罪的案件，教唆犯或主犯，经常是唆使、指挥甚至雇用他人去实施某种犯罪行为，这就要求侦查人员在确定犯罪嫌疑人时，必须综合分析，全面审查各种嫌疑线索，充分考虑各种可能性，防止漏掉真正的犯罪分子。

三、调查取证，审查犯罪嫌疑人

调查取证，审查嫌疑人。这是侦查破案中带有关键性的一环。它直接关系到侦查破案的速度和质量。

（一）审查犯罪嫌疑人的目的要求

在调查摸底过程中所发现的犯罪嫌疑人，往往不是一个，而是若干个。他们的嫌疑根据和程度是各不相同的，大致可分为一般嫌疑对象和重点嫌疑对象两种。但是，不管是哪种嫌疑对象，在没有取得确凿证据证实其犯罪之前，只能说明他们可能是这个案件的作案人，而不能认定他就是犯罪分子。因此，发现了犯罪嫌疑人之后，还必须对他们逐个进行审查。只有当获得了充分、确凿的证据，证实某嫌疑人正是本案的作案人时，才能认定其为犯罪分子，并依法追究其刑事责任。否则，如果所收集到的证据材料，足以证明某犯罪嫌疑人没有作案条件，根本不可能进行此种犯罪活动时，就应及时做出否定结论，排除其犯罪嫌疑。在实际办案过程中，开始时嫌疑对象一般比较多，但是经过审查，其中，有些人被否定，解除嫌疑，还有极少数人，嫌疑上升，成为重点嫌疑对象。

重点嫌疑对象被确定以后，侦查目标已经明确，任务比较具体，这时侦破工作所要解决的关键问题就是要全面收集能够肯定或否定嫌疑对象进行犯罪活动的证据，审查原先所获取的同犯罪活动有关的各种痕迹、物证同嫌疑对象有无联系。这是一项极其复杂而严肃的工作，要求侦查人员必须从每个案件的实际情况出发，积极主动、机动灵活地采用各种侦查手段，从作案时间、作案因素、作案工具、行动表现和赃证物品方面，深入开展侦查，收集证据，过细研究，反复核实。无论对嫌疑对象作出肯定或否定的结论，都必须以驳不倒、否不了的客观事实为依据。要坚决反对不经过艰苦细致的侦查，没有取得充分、确凿的证据，就草率认定犯罪，随便拘人捕人的错误做法。

（二）对各种侦查材料的分析鉴别

对于侦查过程中所取得的各种材料，必须运用辩证唯物主义的观点和方法，认真细致地进行分析研究，使之互相比较，互相印证，鉴别哪些材料是真实的，对确定案情有意义；哪些材料不真实，对确定案情没有意义，从而把握事物的内部联系，抓住事物的本质，对犯罪嫌疑人是否为犯罪分子，得出符合客观实际的结论。

对侦查材料进行分析研究时，既要对每个材料逐个地考察，又要联系起来综合对比，全面甄别、印证。对每一个材料都要从其来源上，内容上，分析其是否真实可靠，反映的情况是事实还是假象，是客观事物发展过程中的自然联系，还是偶然的巧合。它们本身所出现的矛盾，是可以得到合理的解释，还是无法解释。然而，在实践中，有许多材料如果孤立地进行分析研究，是难以判明真伪的，因此就必须把各种材料联系起来研究。在综合分析研究时，要注意发现矛盾，并且弄清是什么样的矛盾，以及产生矛盾的原因，求得正确的解决。如果根据现有材料，还不能解决所发现的矛盾时，就应进一步调查取证。

另外，还要注意已取得的证据是否充分有力。证据是否有力，就是指它的证明力的大小。各种证据，都同案件事实有联系，在某一方面反映了一定的案件事实。但是证据反映的是什么样的案件事实，反映的程度怎样，却是各不相同的，因而它们的证明力也就有大有小，对于证实犯罪嫌疑人是否为犯罪分子所起的作用也就不同。在审查证据材料，认定犯罪时，如果有了有力的证据来证明某犯罪嫌疑人就是犯罪分子，则所作出的结论就有扎实的根据。如果现有证据反映的情况，不能无可辩驳地说明犯罪嫌疑人就是真正的犯罪分子，这种证据对证实犯罪就不是有力的。关于证据是否充分的问题,是说明已有的证据材料,能不能充分证明某个犯罪嫌疑人就是犯罪分子。只有获得了必要的证据,足以说明犯罪案件就是某人干的,才能认为所作出某人即是犯罪分子的结论是有根据的。如果现有的材料,仍然是表明犯罪嫌疑人有可能作案,而不能完全肯定就是该人作案,那么证实其是罪犯的证据就是不充分的,即使表明其有犯罪嫌疑的材料相当多,嫌疑很大,也只能说明其有犯罪的重大嫌疑,而不能据此认定其就是犯罪分子。

总之,分析研究各种侦查材料,是深入认识案情的过程,是进一步揭露犯罪活动,并找出犯罪分子的主观反映客观的过程。这是一项极其严肃而又细致的工作,决不可粗枝大叶,凭想当然办事。只有开动机器,多方设想,多谋善断,充分发挥侦查人员的集体智慧,集思广益,才能看得全面,想得周到,使办案人员的主观认识真正符合客观实际。

第五节　破　　案

一、破案的概念

破案是指在查清主要案件事实,取得确凿证据之后所采取的一系列侦查措施的总称。它是侦破过程中的一个重要环节。在通常情况下,要对犯罪嫌疑人采取一定的强制措施,立即将他们缉拿归案。

破案后,侦查部门应及时将人犯和案卷移交预审部门,通过审讯,进一步查清全案的犯罪事实和情节,并作出相应处理。

二、破案的条件和时机

在破案之前,首先必须认真审查破案的条件。破案必须具备一定的条件,否则,就不能够轻率地决定"破案"抓人。在对侦查过程中所获得的全部材料进行认真地分析研究和审查核实以后,如果认为犯罪事实已经查清,证据确凿可靠,认定某人是犯罪分子已有充分的事实根据,即可决定破案。有些案件,由于受条件的限制,某些具体情节一时难以查清,而主要犯罪事实清楚,有确凿的证据证实这一犯罪案件是某人干的,在这种情况下,也可以决定破案。因为刑事案件的时间性很强,破案必须及时。当然,对某些未查清的情节,在破案后,要抓紧调查清楚。

总之,具有确凿的证据,案情已经查清或者主要犯罪事实清楚,这是破案必须具备的两个基本条件。只有具备了这样的条件以后,才可以决定破案。

有了破案条件以后,还要选择最合适的破案时机。在决定破案时机时,必须考虑本案与其他正在侦查的案件有无牵连。如果这一案件的破案将会影响到其他案件的侦查时,只要侦查部门能够完全控制侦查对象的行动,也可以决定缓破。

在破案前,应制定具体的破案计划,报请领导批准。破案计划的内容通常包括:案件侦查的结果;破案的理由和根据;侦查力量的组织和分工;破案的方法和步骤;对案犯的分别处理,以及对被拘捕的人犯如何组织审讯等。同时,还要办理各项必要的法律手续,做好破案的各项物质准备。破案后,应及时填写《破案报告表》,对有些重大复杂案件,还应当写出破案总结。

三、破案后的处理

破案以后,侦查人员应抓紧时间做好破案后的处理。这主要包括以下几项工作:

(一) 追缴和发还赃物

对犯罪分子因犯罪所获得的赃物、赃款,要全部追缴,如数发还事主。这是惩罚犯罪,保护人民的一项必要措施,也是获取罪证、揭露和证实犯罪的重要内容。这项工作做好了,往往可以发现许多新的犯罪事实或新的犯罪分子,破获大量的积案。同时,通过发还赃物,还可以教育群众,加强防范工作。

(二) 整理材料档案

在案件侦查结束后,应把侦查过程中所获取的各种材料,按照其内容和作用分别整理,装订成档案。使其能够全面、客观、真实、系统地记载犯罪分子实施犯罪行为的情况和侦查过程中所取得的全部证据材料,正确地反映案件侦破工作的全过程。这对于全面了解侦查工作的进行情况,正确地分析和处理案件有着重要的意义。

(三) 总结经验教训,做好善后工作

案件查破后,指导破案的领导人,应组织侦破人员对整个案件的侦破工作进行全面的总结。在肯定成绩的同时,还要认真检查侦破过程中走弯路的教训,分析产生缺点错误的原因,用以教育干部,提高斗争水平。对于破案有功的个人和单位,应分别给以表扬和奖励。

对于破案过程中发现的与本案无关的可疑线索,如果在当时未来得及查清的,在破案后,应积极组织力量进行追查,有的应及时转交有关部门进行调查处理。

对调查摸底中确定的嫌疑对象,曾经通知其所在地区和单位进行过工作的,经过查证已排除嫌疑,应通知有关地区和单位销毁材料,消除影响。

第十一章 侦查实验

第一节 侦查实验的概念和种类

一、侦查实验的概念

侦查实验,是为确定对查明案情有意义的某一事实或现象是否存在,或者在某种条件下能否发生或怎样发生,而参照案件原有条件将该事实或现象加以重新演示的活动。我国《刑事诉讼法》第108条规定:"为了查明案情,在必要的时候,经公安局长批准,可以进行侦查实验。"侦查实验是一项重要的侦查措施,通常是在现场勘查过程中进行,必要时,在侦查、预审、起诉、审判过程中也可以进行。

侦查实验是一种检查性的措施。一般用于鉴别证人的证言和被告人的供词是否真实可靠;审查辨认结果是否准确;审查对案件有关的说法的可信程度,等等。

二、侦查实验的种类

侦查实验以其所要解决的问题为标准,一般可以分为以下几类:

(一)感知可能性实验。即在一定条件下,某些现象通过感觉器官在人脑中直接反映的可能性实验。比如检查在一定环境中看见或听见的可能性实验,就属于此类实验。

(二)行为可能性实验。即在一定条件下实施某种外在活动的可能性实验。包括:1. 行为能力可能性实验。即胜任某种外在活动主观条件的可能性实验。比如是否可能搬移重物,是否具有专门技能(如绘画、制图、驾驶汽车等)的实验。2. 行为过程可能性实验。即从事某种外在活动所经过的顺序的可能性实验。比如在一定条件下是否可能按照一定的顺序完成盗窃活动的实验。3. 行为结果可能性实验。即实施某种外在活动所达到的最后结局的可能性实验。比如在一定条件下,某人是否可能将一重物从甲地搬移到乙地;某人在一定的时间内是否可能从甲地步行到乙地的实验等。

(三)自然力可能性实验。即在一定条件下某些现象不经人力干预,自由发展可能性的实验。比如这个草堆在一定条件下能否自燃的实验;某库房能否容纳一定数量货物的实验；在某一场所保存某些物品时，其重量能否发生自然损耗的实验等。

第二节 侦查实验的任务和规则

一、侦查实验的任务

侦查实验适用的范围很广，通常用来解决以下问题：
（一）确定在一定条件下，能否听到某种声音或看到某种事物；
（二）确定在某种条件下，能否完成某种行为；
（三）确定在某种条件下，某种事实或现象是否能够发生；
（四）确定在某种条件下，使用某种工具能否形成与犯罪现场上的痕迹相一致的痕迹；
（五）确定在某种条件下，使用某种工具能否留下某种痕迹或形成某种损伤；
（六）确定某种事实或现象是否曾经发生或可能在什么条件下发生。

由此可见，侦查实验对于侦查破案乃至整个刑事诉讼活动具有重要意义。它是侦查人员判明案情，查对证人、被害人的陈述及被告人的供述与辩解是否符合客观实际情况，是否真实可靠的一种有效方法。侦查实验的结论不仅能够为分析判断案情提供依据，为侦查破案提供线索，而且还可作为重要的诉讼证据。

二、侦查实验的规则

为了保证侦查实验结论的科学性，并能发挥其诉讼证据作用，侦查实验必须严格按照我国《刑事诉讼法》规定的程序进行，并应遵守以下规则：

（一）侦查实验应当尽可能在被审查事件发生的原地点进行。如果原地点的具体条件已发生重大变化，而可能影响实验结果时，应先恢复原状，然后再进行实验。

（二）侦查实验的时间、光线、风向、风速、气温等自然条件应同事件发生时的条件相近似。在实验过程中，应注意因某些自然条件不一致可能使实验发生的误差，必要时，可采取相应的模拟条件加以补救，并在实验记录中加以说明。

（三）要尽可能利用原来的工具和物品进行实验。如果原来的工具或物品被损坏，或因为鉴定的需要，不宜重复使用时，必须选用种类、型号及新旧程度相同的工具或物品进行实验。

（四）应当坚持在同一条件下变换方法多次实验，或者变换条件反复实验。
（五）侦查实验，严禁一切足以造成危险、侮辱人格或者有伤风化的行为。

第三节 侦查实验的组织实施

一、侦查实验的准备

做好实验前的准备工作,是顺利完成侦查实验任务的前提。

(一)明确实验的任务。主持实验的侦查人员应当根据实验所要解决的问题,仔细研究有关材料,详细询问事主、证人、被告人和其他有关人员,正确确定实验的目的、任务。

(二)确定实验的内容和方法。即根据实验的种类、目的、任务,确定实验的具体内容和方法,以及实验的次数和顺序,等等,以保证实验有条不紊,顺利进行。

(三)确定实验的时间和地点。侦查实验应当尽可能在事件发生的原地点进行。如果原地点的条件已不具备,或者改变实验地点对实验的进程和结果并无影响时,也可以另选地点或者在实验室内进行。

(四)确定参加实验的人员。侦查实验应在侦查人员的主持下进行。实验如果涉及到有关专门性的问题,要延请有关专门人员参加,并请他们担任该实验项目的操作执行者。

侦查实验应延请两名与案件无关,为人公正的见证人到场见证。如果为了审查当事人或证人的陈述是否真实时,可让当事人或证人参加实验。侦查实验如果是分为若干小组分头进行时,每一个小组均应有两名见证人到场见证。如果理解实验的目的和内容要求具有一定的专门知识,则应延请具有此种专门知识的人作实验见证人。在侦查实验过程中,实验主持人必须当场向见证人提示经实验所见到或听到的情况,并让他们注意这些情况的产生过程和特点。

为了保证侦查实验的顺利进行,还应指派一定的人员担任实验现场的警戒工作。

侦查实验开始之前,实验主持人应当向参加实验的人员宣布纪律,要求所有参加实验的人员必须服从实验主持人的统一指挥,按照分工,各负其责,互相配合,不得各行其是。要爱护实验现场上的公私财物,不得私拿、丢失或无故损坏。对侦查实验的内容和结果,应当严格保密。

(五)准备实验所必需的工具和物品。

二、侦查实验的实施方法

侦查实验所采取的方法是否科学,直接关系到实验的成败。实验的方法应根据实验的种类、内容、目的来确定。在一般情况下,侦查实验可采用形式逻辑中探求因果联系的五种方法,即求同法、求异法、求同求异共用法、共变法和剩余法。并且要注意各种实验方法的综合运用,使之相互补充和相互印证。比如,运用求同法实验的结果是肯定的,就应在与这种结果相反的条件下,运用求异法实验,以验证求同法实验的结果。

三、制作侦查实验记录

为了使侦查实验结果在刑事诉讼中起到证据的作用,从实验一开始,就应将实验的情况和结果用笔录、照相、绘图、录音、录像、制作模型等方法加以记录和固定。

侦查实验记录以笔录为主,用其他方法固定的实验情况和结果,应作为笔录的附件。笔录一般由前言、叙事和结束三部分构成:

前言部分:应写明实验的法律依据;案件的基本情况;实验的内容和目的;实验主持人、助手、执行者、见证人的工作单位、职务、技术职称等基本情况。

叙事部分:应写明实验的过程和结果。即:在什么条件下,用何种方法和材料进行实验;各参加者的具体分工和所在位置;实验执行者做了些什么动作;实验的具体方法和次数;实验的条件有何种改变;每次实验的结果如何;对实验的进程和结果是怎样固定的,等等。

结束部分:应写明实验的起止时间,参加实验人员和见证人的声明和签名。

第四节 侦查实验结果的审查和运用

一、侦查实验结果的审查

侦查人员对侦查实验的结果必须认真进行审查评断,主要应注意以下几个方面:

(一)实验的时间、地点、自然环境和条件是否与事件发生时的环境和条件相一致。

(二)实验的方法是否科学,实验所采用的工具和物品是否与原来的工具和物品相同或者相似。

(三)实验人是否具有某种专业知识、专门技能,有无解决某种专门性问题的能力,其所运用的专业知识是否科学。

(四)实验人与案件有无利害关系,能否客观公正地进行实验。

(五)提供所发生事件有关情况的当事人、证人、被告人、犯罪嫌疑人的生理功能和心理状态是否正常,与事件发生时相比有无重大变化。

(六)实验结果与案内其他证据材料是否协调一致。如果实验结果与案内其他证据相矛盾,则应进一步分析矛盾的性质和原因,必要时可重新进行实验。

二、侦查实验结果的运用

(一)对肯定性结果和否定性结果的运用

侦查实验可能得出肯定性的结果或否定性的结果。运用实验的肯定性结果和否定性结果时,应根据实验的目的进行具体分析。主要有以下几种情况:1.肯定性结果只能为分析案件某一情节提供依据;否定性结果则不能证明该情节就一定不存在。比如,证人某甲证明在家中听到隔壁有人威胁被害人某乙的声音是深夜 11 点钟,经实验证明确实可以听见,据此,可以分析案发时间是深夜 11 点钟。相反,如果经实验,证实听不见,则不能证明案发时间不是深夜 11 点钟。2.肯定性结果只能为缩小侦查范围提供依据,而不能证实某人一定犯罪;否定性结果则可排除该人具备一定的犯罪条件。比如经实验证明某人可以将被盗的一重物从犯罪现场搬移到某处,这只能证明该人具有实施犯罪的条件,但不能肯定该人就一定犯罪。相反,如果经过实验证明该人根本搬不动这一重物,此时,即可根据这一否定性结果,排除该人具有这一犯罪条件。3.在审查是否有伪造现场可能时,侦查实验的肯定性结果意义并不大,不能据此否定伪造现场的可能,而否定性结果则能证明有伪造现场的事实。例如:库房值班员报案,称犯罪人挖墙洞进入库房盗走了大量铝锭。经实验,该洞口可以自由出入,这一结果对证实值班员监守自盗、伪造现场,意义不大。反之,如果实验证明该洞口不能自由出入,这一否定结果就可以作为该值班员监守自盗、伪造现场的一个重要证据。

(二)对单一性结果和非单一性结果的运用

侦查实验的结果可能是单一性的,也可能是非单一性的。证实某一事实或现象的发生或存在只有一种客观可能性的,是单一性结果;证实具有两种以上客观可能性的,为非单一性结果。根据单一性结果,可以认定有关事实或现象极大可能存在或不存在;根据非单一性结果,只能对某一事实或现象的发生或存在做假定性的推测。

应该指出,侦查实验不可能将原来的事实或现象完全彻底地反映出来,它只能证明某一事实或现象发生或存在的可能性,而不是必然性,因而所得出的结果不可能与原来完全一样。所以,任何侦查实验结果都不能单独作为侦查中认定或否定某一事实或现象的依据,应当与案内其他证据相结合,综合运用。

第十二章 辨　认

第一节　辨认的概念和种类

一、辨认的概念

辨认,亦称侦查辨认,是指在侦查人员的主持下由证人、被害人及其他有关人员对犯罪嫌疑人及与案件有关的物品、尸体或场所进行的识别指认活动。辨认是一项常用的侦查措施。我国公安部制定的《公安机关办理刑事案件程序规定》第19条规定:"为了确定被告人和物证,经县以上公安机关负责人或者主管部门负责人批准,可以由被害人、目睹人或知情人对可证明有犯罪嫌疑的人和物进行辨认。"

辨认是一种与询问证人、询问被害人密切相关的侦查措施,是询问的一种特殊形式。辨认人的辨认结论与证人证言和被害人的陈述一样可以作为诉讼证据。在侦查过程中,正确地运用辨认措施,对于确定和缩小侦查范围,发现侦查线索,澄清嫌疑或认定犯罪分子有着十分重要的意义。

二、辨认的种类

辨认可以按照不同的标准进行分类:

(一)依据辨认主体的不同,可分为被害人辨认、证人辨认和被告人辨认三种。其中被害人辨认居多数。特别是抢劫、强奸、诈骗等案件中,被害人与犯罪人有过一段时间的正面接触,对犯罪人印象较深,在侦破过程中,通过被害人辨认,往往可以直接查获犯罪分子和赃物。证人辨认,包括目睹人辨认和知情人辨认,在侦查实践中也经常运用。犯罪嫌疑人辨认,主要是根据侦查工作的需要,由被告人或犯罪嫌疑人识别和指认犯罪工具或犯罪有关场所等。

(二)依据辨认对象的不同,可分为人身辨认、物品辨认、尸体辨认和场所辨认。

人身辨认是侦查中经常运用的一项侦查措施。其目的是确定某嫌疑人与案件之间是否存在客观内在联系,即解决人身是否同一问题。人身辨认又可分为外貌辨认和语音辨认两种。

物品辨认包括对作案工具、赃物、现场遗留物以及其他物证、书证的辨认,其目的在于确定某物品与案件之间是否存在客观内在联系。

尸体辨认，即组织目睹者、知情人辨认无名尸体。这是侦破无名尸体案件常用的侦查措施，目的在于查明无名尸体的身源，以确定侦查方向和范围。

场所辨认，即由事主、被害人、知情人或犯罪嫌疑人对同犯罪活动有关的场所进行辨认，以确定某个场所是否为犯罪地点或隐匿赃物、掩埋尸体的地点，等等。

（三）依据辨认的形式不同可分为公开辨认和秘密辨认。公开辨认，是在被辨认人或被辨认物的持有人知晓的情况下，组织辨认人进行辨认。此种辨认多运用于对犯罪现场遗留物、无名尸体和犯罪场所的辨认。有时对已拘捕的人犯也可进行公开辨认。公开辨认的经过和结果应制作正式的辨认笔录。此笔录可以作为诉讼证据公开使用。秘密辨认，是在被辨认人或被辨认物的持有人不知晓的情况下，组织辨认人进行辨认。这主要适用于辨认侦查过程中发现的犯罪嫌疑人和可疑物品。秘密辨认的结果只能作为侦查线索，不能作为诉讼证据使用，如果需要用作证据，则应重新组织公开辨认。

（四）依据辨认的方法不同，可分为直接辨认和间接辨认。直接辨认是辨认人通过自己的感知器官直接对辨认对象进行比较鉴别，以认定其与自己先前感知过的对象是否同一。比如通过直接观察犯罪嫌疑人的体貌或可疑物品进行辨认，直接到某个场所指认犯罪地点，等等。直接辨认能够比较真实、全面地感知辨认对象的特征，所以是普遍采用的一种辨认方法。间接辨认是辨认人通过某种中介了解辨认对象的特征并以此为基础进行比较鉴别，以认定其与自己先前感知过的对象是否同一。比如通过观察犯罪嫌疑人的照片或录像进行辨认，通过听犯罪嫌疑人的谈话录音进行辨认，等等。间接辨认由于受到种种条件的限制或干扰，往往不能充分地反映辨认对象的特征，所以，此种辨认结果不如直接辨认真实可靠。但是，在侦查实践中，对于那些不能或不便进行直接辨认的场合，采用间接辨认的方法也是必要的。为了保证辨认结论的可靠性，在进行间接辨认之后，还可以选择适当的时机进行直接辨认。

第二节 辨认的规则

为了确保辨认的科学性和准确性，充分发挥辨认在侦查中的作用，辨认必须经县以上公安机关负责人或者主管部门负责人批准，并在侦查人员的主持下进行。侦查人员在组织辨认时必须遵守如下规则：

一、辨认前要详细询问辨认人

侦查人员在举行辨认之前要对辨认人进行询问，主要问清他所了解辨认对象的情况和特征。即他是在什么条件下,怎样感知被辨认的人或物品的,这些被辨认的人或物品有什么具体特征,尤其是其突出的特征,并认真做好询问笔录,以便与辨认结果进行核对。

二、分别辨认

如果有数个辨认人对同一个辨认对象进行辨认时,应让他们分别进行辨认,不能数人一起同时辨认,以免相互影响,使辨认结果失去客观真实性。

三、混杂辨认

所谓混杂辨认,就是把辨认对象混杂在若干个相类似的对象之中,一同提交辨认人进行辨认。对人的辨认和对物的辨认都必须采用此种方法,不得单独提交辨认。这是保证辨认结果客观真实性的一种有效措施。但对尸体和犯罪场所的辨认则不必采用混杂辨认的方法。

四、严禁暗示和诱导

在辨认过程中,侦查人员应科学地编制和运用辨认导语,导语中不得搀杂任何暗示和诱导的成分。也就是说,侦查人员不得以任何方式暗示和诱导辨认人按照侦查人员的意图作出某种回答。同时,也不得让辨认人在辨认前知道辨认的对象,以防止辨认人受外界的影响而产生先入为主的偏向。

第三节 辨认的方法

辨认是一项极其复杂而严肃的侦查活动,为了保证辨认结果的准确性,必须采取正确的方法。辨认方法应视辨认种类而异,不可能千篇一律。

一、对人辨认

对人的辨认可以分为实人辨认、照片辨认、录像辨认、语音辨认等数种。各种辨认都有其自己的特点,辨认的方法也有所不同。

(一)实人辨认的方法

实人辨认,是指辨认人对被辨认人直接进行辨认。实人辨认既可采用公开的形式进行,也可采用秘密的形式进行。

侦查人员在组织公开辨认时,应事先通知被审查的嫌疑人,要求他接受辨认,嫌疑人不得拒绝。公开辨认应取混杂辨认的方式,即将嫌疑人混杂于若干个性别、年龄、体貌特征相近似的人员之中,一起接受辨认人的辨认。举行公开辨认,应邀请两名与案件无关、为人公正的见证人参加。辨认应在光线条件较好的室内进行。在实施辨认时,辨认人可以与被辨认人面对面地直接辨认,也可以让辨认人躲在一定掩体之后,对被辨认人直接进行观察辨认。一般情况下,辨认人只对被辨认人的静态特征进行辨认,包括头部及全身的正面、侧面、背面特征。必要时,也可以让辨认人对被辨认人的动态特征(包括坐立及行走姿势等)进行辨认。有时还可以将体貌辨认与语音辨认结合起来进行辨认。

对嫌疑人的秘密辨认,是指在不让嫌疑人知晓的情况下进行的辨认。秘密辨认可以在有特定嫌疑人的情况下进行,也可以在没有特定嫌疑人的情况下进行。在无特定嫌疑人的情况下进行秘密辨认,通常称为"寻找辨认"。即由侦查人员带领辨认人在犯罪分子可能出没的场所进行守候辨认,找寻犯罪分子。这种辨认实际上也是一种混杂辨认,只不过混杂的对象为不特定的多数人。

秘密辨认的场所依嫌疑人的情况而定。如果无特定的嫌疑人,那么,辨认的场所应选择罪犯可能出没的地方;如果有特定嫌疑人,而尚未对其采取强制措施时,应选择有利于辨认人看清嫌疑人,而又不会被其发觉的场所进行辨认。比如,嫌疑人是某工厂的工人或某单位的职工,可把辨认人安排在该单位的传达室,在职工上下班时间,对过往的人员进行辨认;或者将嫌疑人安排在一个合适的场所,进行秘密辨认。如果嫌疑人已被拘捕,应组织辨认人在羁押场所进行秘密辨认。秘密辨认是侦破过程中经常运用的一种侦查手段。如果需要将秘密辨认的结果作为诉讼证据公开出示时,则应另外举行公开辨认,邀请见证人参加,并制作正式辨认笔录。

(二) 照片辨认的方法

照片辨认,是指辨认人通过被辨认人的照片进行的辨认。一般用于不能或不便进行实人辨认的场合。照片辨认也应采取混杂辨认的方式,即将被审查的嫌疑人的照片混杂于其他相似的人的照片之中,提交辨认人辨认。混杂的照片,在式样、规格、色彩等方面应与嫌疑人照片相一致。比如,不能把一张大照片混于几张小照片之中。在无法取得嫌疑人单人照片的情况下,可以利用集体合影照片进行辨认。但照片不能过小,至少应能看清照片上人像的面部特征。由于拍摄技术上的原因,有些嫌疑人照片会歪曲或掩盖嫌疑人的某些特征,照片的影像与嫌疑人本人有较大差别,此种情况,不宜举行照片辨认。另外,提交辨认的照片在拍摄的时间上,应尽可能接近发案时间,以保证辨认结果的可靠性。

(三) 录像辨认的方法

录像辨认,是指辨认人通过观看有关被辨认人的录像片进行辨认。它既具有实人辨认的真实性、直观性,又具有照片辨认的方便性。既能反映被辨认人的静态特征,又能反映被辨认人的动态特征。同时,还有利于消除辨认人的顾虑和紧张心理。所以,录像辨认作为一项新的技术方法,在侦查实践中已被广泛运用。

录像辨认通常在以下两种情况下采用:一种情况是用于查找犯罪人,比如,公安机关在某些重要场所或案件多发场所,装上摄像机。如果犯罪分子到此处作案,便会秘密拍摄下来,然后组织有关人员观看录像片指认犯罪人;另一种情况是用于审查犯罪嫌疑人,比如,侦查人员对犯罪嫌疑人进行录像,然后提交被害人、目睹人或其他知情人进行辨认。

采用录像辨认应该注意的是:摄制辨认录像时要保证画面清晰,能充分反映嫌疑人的体貌特征,防止影像失真;在辨认时要严格遵守人身辨认的各项规则。

(四) 语音辨认的方法

语音辨认是辨认人利用听觉功能,对被辨认人的语音进行辨认。语音辨认是视觉辨认的重要补充,在实践中主要用于以下两种情况:

其一,在不能进行视觉辨认的条件下运用。这可起到视觉辨认不能起到的作用。如有些犯罪分子选择夜晚实施抢劫、强奸、杀人等犯罪活动,或者蒙面作案,辨认人的视觉受到限制,无法感知被辨认人的面貌特征,但是被辨认人在作案过程中讲话的语音则会以声音表象的形式留在辨认人的记忆之中。由于人的语音具有特定性和稳定性,辨认人可以根据语音特征去寻找和认定犯罪人。

其二,在能够进行视觉辨认的条件下运用。这可对视觉辨认的结果起到印证的作用。如在视觉辨认之后,再进行听觉辨认,使之相互印证,就能够提高视觉辨认的可靠性。所以,凡是有条件进行语音辨认的,都应在举行视觉辨认之后,再进行听觉辨认,或者二者同时结合进行。

在侦查实践中,语音辨认又可分为实音辨认和录音辨认两种。实音辨认是让辨认人直接对被辨认人的声音进行辨认。此种辨认,一般是在有了确定的嫌疑人之后进行。例如,某青年女工夜里回家途中遭两名歹徒抢劫,其中一名歹徒在剥她的大衣时说:"喂!把大衣脱下来,快点!"后又说:"趁活着赶快滚吧!"由于光线很暗,被害人没有看清歹徒的面貌特征,但记住了歹徒的声音:音调低,有些沙哑。侦查人员在找到犯罪嫌疑人之后,在犯罪现场举行语音辨认,让被害人在原来条件下,听了几个人说话的声音,结果从中认定某嫌疑人就是作案的歹徒。

录音辨认,是指辨认人通过听录音对被辨认人进行辨认。此种方法多用于寻找犯罪分子。在侦破绑架、敲诈勒索以及利用电话进行流氓活动等案件中,通过组织被害人、知情人听犯罪分子作案时的电话录音,往往可以查明犯罪分子的身份。录音辨音也可以用于认定犯罪分子。即将被审查的嫌疑人的讲话录音,掺杂在几个声音相似的人的讲话录音之中,提交辨认人进行辨认,以确定该嫌疑人是否为犯罪分子。为了保证辨认的客观准确性,在制作辨认录音时,录音所用的材料和工具应符合辨认要求,既要注意录音效果的清晰度,又要保持录音条件的一致性。比如,嫌疑人的声音是从电话中录下来的,掺杂人员的声音也应通过电话录制。嫌疑人讲话时戴着口罩,掺杂人员讲话时也应戴着口罩。

二、对物品的辨认

物品辨认适用的范围很广泛,实践中经常用的有:对现场遗留物的辨认;对不知名死者的衣物和随身携带物品的辨认;对赃物的辨认,等等。辨认的方法可采用公开和秘密两种形式。对无名尸的衣物和随身携带物品及其照片的辨认,一般是采取公开辨认的形式,即公开组织周围群众及知情人对物品进行识别。同时,侦查人员也可按照该物品的生产、流通、使用范围,携带该物品或物品照片到有关地区组织群众对物品进行辨认。目的在于,通过辨认衣物和随身携带的物品,查明死者的身份,为侦查破案提供线索和方向。

对罪犯遗留在犯罪现场上的作案工具、凶器和随身物品,一般是采用秘密的方法进行辨认。如果犯罪分子或犯罪嫌疑人已被拘捕,可以组织被害人、知情人进行公开辨认,为揭露和证实犯罪提供证据。对那些特定特征不明显的现场遗留物,在侦查过程中,可以组织有关的专业人员或专家进行鉴别,确定这些物品的生产、使用单位和销售范围。

对侦查过程中查获的赃物应将其提交事主、被害人及知情人进行辨认。对侦查中发现的某些可疑物品,也应组织事主或财物保管人等进行辨认,以确定其是否为本案的赃物。赃物辨认既可公开进行,也可秘密进行。公开辨认通常是在犯罪人或犯罪嫌疑人被拘捕后举行。

组织对物品的辨认,侦查人员应当先对辨认人进行详细询问,问清被辨认物品的具体特征,然后再进行辨认。如果辨认人是该物品的失主,询问时应当让辨认人提供与该物品相类似的物品或者提供该物品相关联的部分(如断裂部分、拆下的部件等),这对核对辨认结论的可靠性具有重要意义。

对物品的辨认一般应遵守混杂辨认的规则。被辨认物要混杂在特征类似的若干同类物品之中,提交辨认人辨认。在选择掺杂物时,只要一般特征相似即可,而不应专门挑选各种特征十分相似的同类物品,更不应专门仿造相类似的特征。如果被辨认物品比较特殊,难以找到同类掺杂物,或者被辨认物品的特定特征十分明显,比如,是事主自己书写的字画或制作的工艺品,辨认人对被辨认物品的特征了解得非常清楚,也可以将被辨认物品单独提交辨认人进行辨认,而不必掺杂其他同类物品。

三、对尸体的辨认

尸体辨认可采取公开的形式进行。通常是将尸身、尸体照片和死者的随身衣物三个方面结合进行。为了便于辨认,应由法医协助做好辨认前的准备工作。准备工作的内容视尸体的情况而定:对颜面部受伤变形或污损、腐败的尸体要作必要的清洗整容；对尸体进行尸表检验，以发现和记录尸表上的各种特征；根据尸骨和牙齿对死者作出法医骨学和法医齿学的分析判断；根据尸体的颅骨恢复死者生前面貌，供辨认和查找尸源时参考。

对无名尸体首先应组织现场周围的群众、失踪人的亲属等进行辨认。在具体做法上，可以让辨认人直接辨认尸体或尸体照片；也可以通过衣物等辨认死者的身份；还可以由侦查人员带着死者的部分物品或者尸体或衣物的照片，深入到有关地区或单位组织群众辨认。如果辨认人认出死者是谁，则应详细询问其认定的根据及其最后一次见到死者的时间、地点，以便与现场无名尸体的实际情况进行核对。

对尸体的辨认不适用混杂辨认的规则。但是辨认的其他规则仍须遵守。

四、对场所的辨认

在侦查过程中，对有些案件需要事主、被害人或其他知情人对犯罪有关场所进行辨认。比如，由于被害人、事主或目睹人在案发时心情过于紧张或者对地理环境生疏，而无法说清犯罪分子作案的确切地点。在这种情况下，就应举行场所辨认。组织辨认之前，侦查人员应让辨认人仔细回忆该场所的环境特征，并根据辨认人提供的情况，分析判断该场所可能位于何处或者可能是哪个具体地点，然后带领辨认人寻找辨认犯罪场所。在实践中，由于辨认人对犯罪场所环境特征的感知、记忆有差错，而往往会发生错认犯罪地点的情况。因此，侦查人员对辨认人指认的犯罪地点，应认真进行勘验，仔细寻找犯罪分子作案时遗留的各种痕迹物品，并结合辨认人事先关于犯罪事件的陈述，审核辨认结果的可靠性。

在侦查破案过程中，往往会遇到有的被告人供述了自己的犯罪事实，但不能明确指出作案地点或有关场所。在此种情况下，侦查人员应令其详细供述犯罪现场的环境特征，然后带领被告人寻找辨认犯罪现场。这是场所辨认的一种特殊形式。

五、制作辨认笔录

公开辨认应当制作正式的辨认笔录，此种笔录不仅是侦查人员分析研究案情的依据，而且是一种重要的诉讼证据。辨认笔录主要包括如下内容：（一）进行辨认的时间、地点和条件。（二）辨认人的姓名、性别、年龄、工作单位、职业和住址。（三）辨认对象的具体情况，如被辨认人的姓名、性别、年龄、职业、住址；被辨认物品的种类、型号、形状、数量等。（四）混杂辨认客体（人或物品）的具体情况。（五）辨认结果及其根据。即认定同一、不同一或相似，认定的根据是什么。（六）参加辨认人员签名或盖章，包括主持辨认的侦查人员、辨认人、被辨认人、见证人等。

对于辨认对象的混杂情况和被认定同一的人或物应分别拍照,照片附在辨认笔录中。在辨认前侦查人员询问辨认人的笔录也应与辨认笔录一起入卷,以便对照研究。

第四节 辨认结果的分析评断

辨认是一种错综复杂的认识过程,受各种主客观因素的制约。侦查人员对辨认结果,无论是肯定的或否定的,均须结合案内其他证据材料进行分析评断和甄别核实,然后才能作为诉讼证据使用。在分析评断时,一般应注意以下几个方面的因素:

一、辨认人方面的因素

辨认人作为辨认的主体,在辨认中起着关键的作用。实践表明,辨认人识别能力的强弱和能否作客观公正辨认,直接关系到辨认结果的可靠程度。因此,对辨认人本身的情况必须认真地进行审查评断。

(一)审查辨认人与案件及案件当事人有无利害关系,判明其有无作虚假辨认的情况。

(二)审查辨认人的生理条件,主要查明辨认人是否具备正常的感知能力、记忆能力、识别能力和表述能力,尤其要注意其有无近视、色盲、夜盲、听力减弱和健忘等生理缺陷,以及这些缺陷对辨认结果可能造成的影响。

(三)审查辨认人的职业技能条件,即注意了解辨认人的文化程度、生活经历、职业专长和兴趣爱好,进而分析其是否具备对某种辨认客体的识别能力,以及识别能力的强弱。必要时可通过实验加以证实。

(四)审查辨认人的心理状态,即查明辨认人在感知辨认客体时心理状态是否正常,精神是否高度紧张,神志是否清醒,对辨认客体的感知、记忆和识别是否积极主动。并注意评断辨认人的心理状态对辨认结果的影响。

二、辨认对象方面的因素

辨认对象也称辨认客体,包括被辨认的人、物品、尸体及场所等。辨认结果是否真实可靠往往受辨认对象因素的制约。这些因素主要包括:

(一)辨认对象的特征是否突出。尤其是能够反映客体本质属性的特定特征是否明显,是否容易与其他相似客体区别开来。

(二)辨认对象的特征的稳定性程度。应查明该客体与辨认人感知时相比,是否已经发生重大变化,特别要注意查明辨认对象的特征是否经过伪装、遮掩或变造。

(三) 辨认对象的特征的复杂程度。即分析判断感知和识别这些特征是否需要具备某种专门知识，进而评断辨认人是否具有此种识别辨认能力。

三、感知的客观条件方面的因素

辨认人对辨认对象的正确感知不仅决定于辨认人自身的感知能力，还取决于感知时的客观外界条件。这些客观条件除了感知对象的特征是否明显、稳定等因素外，还包括感知时自然环境条件的优劣和感知过程的长短以及距离的远近等因素。比如，在光线明亮的情况下，往往能够看清犯罪分子的身高、体态、面貌及衣着特征，等等；在光线昏暗的情况下，则只能看到犯罪分子的大体轮廓，无法看清其细节特征。因此，在评断辨认结果时，应注意分析辨认人感知时当地的自然环境因素。又比如，辨认人与辨认对象接触的时间越长，对辨认对象特征的感知就越全面、清晰，印象也越深刻，记忆越牢固。辨认人在遭到犯罪分子突然袭击的情况下，由于正面接触的时间短促，往往看不清犯罪分子的具体特征。因此，详细询问辨认人与辨认对象的接触过程，对于评断辨认结果的可靠程度，有着重要意义。

四、组织辨认的程序和方法方面的因素

这主要是审查在辨认的组织和实施过程中有无违反辨认规则的情况，举行辨认的方法是否科学，辨认笔录的记载是否客观、准确，等等。

总之，对辨认结果应从多方面进行甄别核实，而不能盲目相信。在使用辨认结果证明案件事实时，要特别慎重。不能仅凭辨认结果就认定犯罪分子或者排除嫌疑，更不能仅仅根据被害人、证人的指认，就决定破案抓人。必须将辨认结果与案内其他证据材料结合起来进行分析研究，加以综合运用。

第十三章 询　　问

第一节　询问的概念和意义

一、询问的概念

刑事侦查中的询问,是指公安机关和人民检察院的侦查人员用口头的方式向证人、被害人调查了解案件情况的诉讼活动。包括以下五层含义:

(一)询问的主体只能是公安机关和人民检察院的侦查人员。其他任何机关、团体或个人都无权在侦查中询问证人。根据1982年最高人民法院、最高人民检察院、公安部《关于机关团体和企事业单位保卫处科在查破案件时收集的证据材料可以在刑事诉讼中使用的通知》的规定,县(市辖区)直属以上的机关、团体、企业、事业单位保卫处、科,在公安机关指导下,查破一般危害国家安全的犯罪案件和其他一般刑事案件时,可以依法询问证人、被害人,这种询问的笔录可以在刑事诉讼中作为证据使用。这是公安机关和人民检察院把部分侦查权下放给这些保卫处、科。只有这些受委托的单位才有权查破一般危害国家安全的犯罪案件和其他一般刑事案件,并且有权在侦查中询问证人、被害人。

(二)询问的对象是证人、被害人。

(三)询问的方式一般是采用口头问话的方式让证人、被害人对案件情况进行陈述。但是,证人要求自己书写书面证词,也应当允许。在必要的时候,侦查人员也可以要求证人提供书面证词。

(四)询问的内容应是证人、被害人所了解的案件情况。即他们所知道的有关本案应查明的情况,包括事件本身以及关于事件发生前后的有关情况;案件当事人、被害人、证人的身份以及他们之间的相互关系,等等。

(五)询问是一种刑事诉讼行为,必须严格遵照法律规定的程序进行。

二、询问的意义

询问是一种重要的侦查措施,是侦查机关及时查明案件事实,准确地揭露和证实犯罪不可缺少的手段之一。询问,特别是对证人的询问贯穿于侦查破案的全过程,从立案侦查,摸底排队,审查嫌疑人,认定犯罪人,直至最后破案都离不开询问。询问作为侦查破案的一种基本措施,具有以下重要意义:

（一）是侦查人员查明案情的基本方法之一。刑事犯罪案件大都是已经发生的事实，侦查人员对案件事实并没有亲自耳闻目睹，他们需要通过询问报案人、知情人、被害人及被害人的亲属来了解案件发生的时间、地点、原因、结果以及犯罪分子实施犯罪的方法、手段和过程等事实情节，并以此为依据制定侦查计划，运用侦查措施。

（二）是收集证据的重要途径。侦查人员通过询问不仅可以获取证人证言和被害人陈述，而且还能够发现新的证据线索，获取新的证据。

（三）是审查和核实证据的一种重要手段。侦查人员通过询问证人、被害人可以审查侦破过程中所收集的各种证据材料是否真实可靠，以及它们与案件事实之间是否存在内在联系。

（四）是查缉犯罪分子的一种重要措施。犯罪分子作案后往往迅速逃离犯罪现场，或者乔装打扮将自己隐匿起来。侦查工作的一项重要任务就是及时将犯罪分子缉拿归案。侦查人员通过询问证人、受害人往往能够了解犯罪分子的体貌特征、生活习惯、活动规律和逃匿方向，从而为查缉犯罪分子提供有利条件。

总之，询问在侦查破案中有着非常重要的作用，每个侦查人员都应掌握询问证人、受害人的基本功，善于根据不同询问对象的心理特点，采用不同的询问对策。

第二节　询问证人

一、证人的概念和特征

我国《刑事诉讼法》第 48 条第 1 款规定："凡是知道案件情况的人，都有作证的义务。"此条规定说明，我国刑事诉讼中的证人是指向司法机关陈述所知案件情况的人。证人具有以下的特征：

（一）是了解案件情况的第三人，即除刑事诉讼中当事人、受害人以外其他了解案件情况的人。我国刑事诉讼法规定，被告人的供述和辩解，被害人的陈述是独立的证据，所以他们不能作为证人提供证言，尤其是在共同犯罪案件中，同案被告人不能互为证人。但是，共同犯罪人如果已经结案处理，他可以以证人的身份提供证言，因为这时他已不再是本案的共同被告人。另外，办理本案的司法人员、辩护人不得同时为证人。

（二）证人一般都是自然人。因为只有自然人才能凭借感官感知案件事实，而国家机关、团体、企业事业单位等本身并无这种感知能力。同时，证人伪证构成犯罪的，应承担刑事责任，而不能对机关、团体科处刑罚。所以，证人应是自然人。

（三）证人是陈述自己所了解的案件情况的人。因此，证人必须具有正确感知和表达的能力。不能辨别是非和正确表达的人，不能充当证人。我国《刑事诉讼法》第48条第2款规定："生理上、精神上有缺陷或者年幼，不能辨别是非、不能正确表达的人，不能作证人。"这说明能够辨别是非和能够正确表达这是证人的基本条件。如果某人生理上、精神上虽有缺陷或者年幼，但是能够辨别是非并且能够就自己所了解的案情作正确的表达，就具有作证的能力，可以作为证人进行询问。间歇性精神病人在没有发病的情况下了解案情时，如能正确表达，也可作为证人。

二、做好询问的准备工作

认真做好询问前的准备工作，这是保证询问工作顺利进行的前提。它主要应包括以下内容：

（一）确定应受询问的证人的范围

在一个案件中究竟哪些人能够作为证人，这是由案件事实本身所决定的。侦查人员在询问之前，必须缜密地研究案件材料，弄清哪些事实情节需要通过询问加以确定和证实，进而了解哪些人知道这些情况，然后，确定哪些人是应受询问的证人。例如，通过审查材料，认为犯罪分子作案的地点尚未确定，为了解决这个问题，就应把犯罪案件的发现人、目睹人和被害人的亲属等，确定为应受询问的证人。

但是，确定了这些人以后，并不是说对所有这些人都必须加以询问。侦查人员应该从中把那些了解案件事实比较多，能够提供有价值的证据的人挑选出来，作为询问的对象。

在确定应受询问的证人的范围时，还应该考虑到每个人的生理和心理状况。由于各人生理和心理状况的不同，几个证人在感知同一个事实时所注意的方面也往往不同，因而他们的陈述是可以互相补充的。

（二）了解证人的身份、职业、健康水平、性格特点及其与被告人和被害人之间的关系，研究证人可能提供什么情况和能够证明什么问题等，以便正确地确定询问的方式方法。

（三）拟定询问提纲。要使询问工作有计划地进行，避免盲目性，侦查人员在询问之前，应拟出一个简要的提纲，主要包括：询问的目的要求；应向证人提出哪些问题；采用什么样的询问方式等。对于特别重要的证人，事前还应制定出详细的书面计划。

（四）研究确定询问证人的先后顺序，以及询问的时间和地点等。

三、询问证人的程序和策略方法

侦查人员询问证人,必须遵照刑事诉讼法规定的程序,并注意运用正确的策略方法,以保证一切了解案件情况的公民都有客观地充分地提供证言的条件。

(一)询问证人,可以到证人的所在单位或者住所进行。必要时,也可以通知证人到公安机关或人民检察院提供证言。

侦查人员询问证人应当向证人出示公安机关或人民检察院的证明文件或者侦查人员的工作证。

(二)询问前应当了解证人的身份,以及证人和案件、被告人、被害人之间的关系,并告知证人要如实地提供证言、证据和有意作伪证或者隐匿罪证应负的法律责任,询问不满十八岁的证人,可以通知其法定代理人到场。

(三)询问时,应当先让证人就其所知道的案件情况作详细叙述,然后再进行询问。询问的内容只能是与案件有关的问题。让证人就他所了解的案件情况,作实事求是地叙述,并说明这些情况的来源,即他是怎样知道这些情况的。比如感知这些情况的环境、气候条件以及证人当时的精神状态和注意力情况,等等。证人如果有顾虑,不愿意或不敢作证时,询问人应针对其心理特点,作耐心细致的思想工作,帮助其提高认识,解除顾虑。为了保证证人证言的客观真实性,询问人不得向证人泄露案情或者表示自己对案件的看法。严禁用威胁、引诱、暗示和其他非法方法询问证人。询问人员对证人所谈情况,不能作同意或不同意的表示。

(四)询问证人应当个别进行。一案有两个以上的证人时,要分别进行询问,不能把几个证人集中在一起,采用座谈或开讨论会的方法进行询问,以免证人之间相互影响,使证人证言失去客观真实性。另外,分别询问还有利于对证人证言进行相互印证,以鉴别其真伪。

(五)制作询问笔录。询问证人必须认真制作询问笔录,把证人所提供的证言,客观准确地记载下来。笔录的内容应包括:询问的时间、地点;制作笔录人的姓名、职务;参加询问的每个人的姓名、职务;证人的姓名、性别、年龄、职业、住址和工作单位以及其与被告人、受害人的关系;证言的详细内容(一般采用询问人提问和证人回答的方式记录)。证人的陈述,应用第一人称加以记录,要力求详细具体,不失原意,字迹应清晰端正。

笔录制成后,应当交证人阅读,没有阅读能力的应当向他宣读。如果证人认为记载有错误或有遗漏时,应允许其改正或补充。笔录核对无误后,证人应在笔录上签名、盖章,如有添改,则应在添改处签名、盖章。询问的侦查人员也应在笔录上签名。

四、对证人证言的审查判断

证人证言是一种重要的诉讼证据，它直接关系到办案的质量。在侦破过程中所取得的证人证言，多数是符合客观实际的。但是，也有不少证言并不准确，甚至是虚构的，其原因是多方面的。有的证人因为与被告人或事主有利害关系，故意歪曲或夸大事实情节；有的证人基于某种个人目的(如为了报私仇或表现自己"积极")，而故意提供假情况；有的证人由于受到主客观条件的影响，所提供的证言与实际情况不符。因此，侦查人员对证人证言必须认真进行审查和核实，以判明其是否真实和证明力的大小。根据侦查实践经验，对证人证言主要应从以下六个方面进行审查判断：

（一）证人与案件之间的关系。即证人与案件本身以及与本案的被告人、被害人之间是否有利害关系，分析他是否有可能为了开脱自己、维护亲情、友谊、报恩或泄愤报复而提供虚假的证言。当然，不是说凡是与案件有利害关系的人都会提供虚假证言，而只是一种可能性，是在审查证人证言时应当注意的一个方面。

（二）证人的思想品质和一贯表现。一般来说，政治觉悟高、思想品质优秀的人，提供的证言比较真实，而思想觉悟低、品质不好的人，往往容易提供伪证。当然这也不能一概而论，而应对具体情况进行具体分析。

（三）证人证言的来源。即要弄清证人所提供的证言是自己耳闻目睹的，还是听别人传说的。如果是证人直接听到或看到的，还应弄清其感知这些情况时的主客观条件，诸如本人的听力、视力状况以及感知的时间、距离、光线、风向，等等，以判断他在当时情况下，能否正确地感知与案件有关的某种情况。必要时，可以进行侦查实验。如果是听他人传说的，则应尽可能地向直接感知案件情况的人调查、核对，以判断有无失实的可能。

（四）证言的内容。证人有关案件情况的叙述是否真实可靠，这是侦查人员审查判断证人证言所要解决的关键问题。因为只有内容真实的证言，才能作为诉讼证据。审查证言内容的基本方法就是分析证人所叙述的事实情节有无矛盾，是否符合事物发展的规律。在通常情况下，如果证人有意作伪证，捏造事实，或者夸大、缩小案件的某些情节，必然会出现漏洞或矛盾，违背事物发展的规律。所以，当发现证言内容有矛盾和可疑之处时，必须深入核查，切实弄清其原因。同时，还应将证人证言同案内其他证据进行综合研究，使之相互印证，分析它们是否协调一致，以鉴别证言的真伪。

（五）证人的作证能力。即审查证人的感知力、记忆力和表述力，判断是否可能影响其客观地提供证言。证人的感知能力(主要包括证人感觉器官的功能和感知事物的知识、经验，等等)和记忆力、表述力对证言的真实性有着直接影响。几个证人在客观环境和条件相同的条件下,由于他们的感知能力不同,他们所了解的案情往往会有很大的差别。在感知能力相同的情况下,由于他们的记忆力、表述能力的不同,所提供证言的内容也可能不同。我国《刑事诉讼法》规定,生理上、精神上有缺陷或者年幼,不能辨别是非、不能正确表达的人,不能作证人。目的是为了保证证言的客观真实性。因此,侦查人员在审查证人证言时,应当注意审查提供证言者的主观条件,弄清有无妨碍其如实提供证言的因素和是否具备作证的能力,从而对证言的真伪和证明力的大小作出正确的判断。必要时,也可以聘请专门人员对证人的作证能力进行鉴定。

(六)证人提供证言时的客观条件。证人是证言的提供者,证人能否客观地、充分地把自己所感知的案件情况提供出来,与提供证言时的客观条件有直接关系。因此,侦查人员在审查证人证言时,应注意审查证人是在什么情况下提供证言,是否受到询问人的威胁、引诱、欺骗,是否受到案件当事人或其他人的贿买、胁迫、指使,等等。如果发现上述妨碍证人客观真实地提供证言的情况,还应进一步分析这些因素对证人证言的影响,以及应当采取的补救措施。

总之,对证人证言应持慎重态度,要进行认真细致地分析判断,注意鉴别其真伪,并判断其证明力的大小。只有经过审查判断认为真实可靠、具有证明力的证言,才能作为诉讼证据加以采用。

第三节 询问被害人

一、被害人的概念

刑事侦查中的被害人,是指其合法权益受到犯罪行为直接侵害的人。在自诉案件中,被害人是诉讼当事人,享有当事人的权利,负有当事人的义务。在公诉案件中,被害人既不是当事人,也不是证人,而是独立的诉讼参与人,享有特定的诉讼权利。

由此可见,被害人与证人同犯罪行为的关系是不同的。被害人是遭受犯罪行为直接侵害的人,而证人则是独立于犯罪行为之外。由此决定了被害人的人身不可替代性和不同于证人的特殊的诉讼地位。

被害人的陈述,是指被害人就其所了解的案件情况,向司法机关所作的叙述。根据我国刑事诉讼法规定,被害人陈述是刑事诉讼中的一种独立证据。

二、询问被害人的意义

在侦查实践中,大部分刑事案件都有被害人,他们是犯罪行为的直接受害者,对犯罪分子实施犯罪的时间、地点、手段、过程、危害后果等案件情况,往往了解得更为清楚、具体。尤其是在强奸、抢劫、诈骗、杀人、伤害等类案件中,被害人与犯罪分子大都有过直接接触,往往了解犯罪分子的一些个人特征,比如犯罪分子的性别、年龄、身高、体态、衣着打扮、相貌特征、言谈举止、生活习惯、职业特点、文化程度以及作案动机、目的、逃匿方向等。有的甚至可以直接指出是何人作案。所有这些对侦查人员判断案件性质,确定侦查方向和范围,收集、核实其他证据,揭露和证实犯罪都具有十分重要的作用。因此,询问被害人是获取被害人陈述的有效方法,是侦查破案中常用的一种侦查措施。

三、询问被害人的程序和方法

根据我国刑事诉讼法的规定,询问证人的程序、方法,均适用于询问被害人。但是,由于被害人是犯罪行为的直接受害者,同案件有着切身的利害关系,询问时应注意以下问题:

(一)及时询问。被害人是一种重要的证据来源。被害人陈述不仅是揭露犯罪和证实犯罪的重要证据,而且还可以为查缉犯罪分子提供线索和方向。因此,凡有被害人的案件,侦查人员都应抓紧时间及时询问被害人。特别是对生命垂危的被害人,更应强调及时询问,否则将会丧失获取被害人陈述的良机。由于被害人的人身不可代替性,只有被害人本人向司法机关就案件情况所作的叙述,才能作为被害人的陈述发挥其证明作用,所以侦查人员不能以询问被害人的亲属、监护人或诉讼代理人代替询问被害人。

(二)要针对被害人的心理特点,采取相应的询问方法。被害人的心理状态是复杂多样,各不相同的。比如,强奸案件的被害人常常会感到羞辱或怕影响自己的名誉,而忍气吞声,不愿陈述受害情况,不愿证实犯罪;有的被害人与犯罪分子有抚养关系、上下级关系或者受到威胁、利诱、欺骗而不敢揭发犯罪事实;有的故意歪曲事实真相,把通奸说成强奸或把强奸说成通奸。伤害案件的被害人,由于基于强烈要求严惩被告人的愿望,而往往夸大事实情节,或者因为在遭受犯罪行为侵害时精神紧张、激动,而产生感知上的错误。有的案件,被害人由于自己也有过错而不敢据实陈述,等等。这就要求侦查人员在询问被害人时,要尽力摸清被害人的思想情况和心理特点,有针对性地采用询问的策略方法。既要解除被害人的思想顾虑,热情鼓励和支持他们同犯罪作斗争,又要警惕"被害人"捏造事实陷害他人。

(三)询问未成年被害人,应当选择未成年人比较熟悉的场所,比如他们所在的学校或家庭住所进行询问。态度要耐心和蔼,问话应使用少年儿童所熟悉的语言,简单明确,通俗易懂,不得使用暗示性或引诱性语言提问。必要时,可以邀请其家长或老师参加问话,但应防止家长、老师给予不当的影响。

(四)询问被害人应全面细致,并注意发现和收集其他证据。被害人作为犯罪行为的直接受害者对犯罪情况了解比较多。侦查人员在询问时,应让被害人详细陈述犯罪分子实施犯罪的时间、地点、过程、手段、后果及犯罪分子的个人特征等与案件有关的全部事实情节。对陈述不够清楚、具体的,要及时提问,让其作补充陈述,要尽力做到一次询问把所要问的问题全部问清,以免对被害人多次进行重复询问。在询问过程中,还要注意发现证据线索,扩大证据来源。发现被害人持有其他犯罪证据时,应动员其及时交出。必要时可以依法对被害人的人身进行检查。

四、对被害人陈述的审查判断

由于受各种主客观条件的影响,被害人的陈述既可能是真实可靠的,也可能是不真实或不完全真实的。因此,必须经过审查判断,查证属实后,才能作为认定案件事实的依据。对被害人陈述的审查判断主要应从以下几个方面进行:

(一)被害人与被告人的关系。即被害人与被告人是否相识,平素关系是否正常,有无私仇或利害冲突,等等,以便正确判断被害人陈述的真伪。

(二)被害人陈述的来源。即要查明被害人陈述的内容是直接感知的,还是由他人告知的,或是凭自己想象、推测得来的。如果是直接感知的,则要审查被害人当时所处的客观环境和主观条件如何,以及这些因素对陈述内容的影响。如果是听他人告知的,则应问清告知的具体人和告知的经过,以便找知情人进行查对。如果是推测的,则应让被害人说明推测的根据,以供侦查人员分析研究案情时参考。

(三)被害人陈述的内容是否合情合理。即审查被害人陈述的内容是否符合客观事物的发展规律。如果不合情理,则应进一步询问或采取其他方法调查核实。

(四)审查被害人的陈述与案件其他证据是否协调一致。如果发现被害人的陈述与其他证据相矛盾,则应查明产生矛盾的原因,必要时可以再收集其他证据加以印证、核实。

(五)审查被害人是否具有辨别是非和正确表达的能力。被害人与证人一样都是以所陈述的内容来证明案件事实。被害人由于生理、精神上有缺陷或者年幼,而不具备辨别是非和正确表达的能力,他所作的陈述就失去了客观真实性,当然不能用作诉讼证据。有的被害人虽然具备辨别是非和正确表达的能力,但由于生理、精神上有缺陷或者年幼,其感知能力、记忆能力、表述能力比较低,往往会使其陈述内容的真实性受到影响。因此,侦查人员在审查被害人陈述时,应注意审查被害人的生理、精神状况和智力发育程度及其对陈述内容可能造成的影响。

(六)审查被害人的思想品质和一贯表现。被害人的思想表现如何,生活作风是否正派,往往会影响到其陈述内容的真实程度,因此,这也是审查被害人陈述时,应注意的一个方面。

　　总之,对待被害人的陈述要同对待其他证据一样,必须进行全面、细致地分析研究,认真查证,不能盲目轻信,更不能仅仅根据被害人的陈述,就决定破案抓人。

第十四章 搜查和扣押

第一节 搜查的概念和搜查前的准备

一、搜查的概念

搜查是指侦查人员依法对被告人以及可能隐藏罪犯或者犯罪证据的人的身体、物品、住处或其他有关地方进行搜索和检查的诉讼活动。我国《刑事诉讼法》第109条规定:"为了收集犯罪证据、查获犯罪人,侦查人员可以对犯罪嫌疑人以及可能隐藏罪犯或者犯罪证据的人的身体、物品、住处和其他有关的地方进行搜查。"这说明,搜查的概念主要包括以下四层含义:

(一) 搜查的主体是公安机关和人民检察院的侦查人员。就是说,在侦查阶段,只有侦查人员才有搜查权,其他任何机关、团体或个人都无权进行搜查。

(二) 搜查的对象不仅限于犯罪分子本人的人身、住所和物品,如果认为其他人有可能隐藏罪犯、罪证时,也可以对其人身、住所、物品进行搜查。

(三) 搜查的目的是为了收集犯罪证据和查获犯罪嫌疑人。由于案件情况和搜查对象的不同,搜查所要完成的具体任务也不尽相同。有的案件是搜寻赃物,有的案件是搜寻凶器、犯罪工具及其他罪证,有的案件是为了查获犯罪嫌疑人。

(四) 搜查是一种诉讼行为。它具有法律的强制性,直接关系到公民的基本权利。因此,必须严格按照法定程序进行。

二、搜查的时机

搜查作为一种重要的侦查措施,通常在以下几种情况下进行:(一) 在拘留、逮捕犯罪嫌疑人的同时,进行搜查;(二) 在侦查过程中,经领导批准,对重大嫌疑人进行传讯的同时,进行搜查;(三) 在预审过程中,犯罪嫌疑人供出隐藏赃物或罪证的处所,应立即进行搜查;(四) 通过秘密侦查手段发现重要犯罪证据时,应迅速进行公开搜查。

三、搜查前的准备工作

为了保证搜查工作的顺利进行,事前必须认真做好准备工作,主要包括以下内容：

（一）明确搜查的目的。每个参加搜查的人员事前都应当明确，通过搜查所要达到的目的，是寻找罪证，还是查获罪犯，以及需要寻找的罪证的种类、型号和特征，等等，以便有目的地进行搜查。

（二）收集有关被搜查人的材料，比如被搜查人的性别、年龄、职业爱好、生活方式、作息时间和社会关系等，以便使搜查工作得以顺利进行。因为被搜查人隐藏物品的方法，往往同他的职业爱好有联系。了解被搜查人的社会关系有助于正确判断罪证或罪犯隐藏的处所，并决定是否需要同时对之进行搜查。

（三）了解被搜查处所的周围环境。如果要在某一建筑物里进行搜查时，事前应当收集有关建筑物的材料，如建筑物的位置，与邻近其他建筑物的关系，房屋的所有进出口，以及房屋内部的结构情况等。

（四）确定搜查的参加人。搜查应当配备足够数量的人员。究竟多少人为宜，要视每个案件的具体情况而定。其中除了直接进行搜查的人员以外，还应设置一定数量的警戒人员，以防止被搜查人乘隙逃脱、行凶、自杀或转移罪证。

（五）制定搜查方案。它的主要内容是：搜查的目的及时间、地点，搜查进行的顺序及其重点，警戒人员的设置，断绝同外界联系所采取的措施，以及搜查过程中可能发生的种种情况和相应的对策。同时，还要明确参加搜查人员的组织分工和必要的工作方法，等等。

（六）做好搜查的物质准备。这主要是指携带好武器和必需的工具（如照相机、放大镜、录像机、手电筒、皮尺等），并且配备好交通和通讯联络工具。

第二节　搜查的程序和方法

一、搜查的程序

搜查是一种强制性的侦查措施。使用得好，可以及时准确地获取罪证，查获犯罪分子，查清案情；使用得不好，不仅达不到搜查的目的，还会侵犯公民的合法权益。因此，侦查人员在执行搜查任务时，必须遵循法定程序，严格履行各项法律手续，这主要包括：

（一）必须向被搜查人出示《搜查证》。《搜查证》要由县级以上公安机关或人民检察院负责人签发，应写明被搜查人的姓名、住址，被搜查的物品、住处或其他有关地方，执行搜查的机关、人员和搜查的日期等。但是，执行逮捕、拘留时，遇有下列紧急情况之一的，不另用搜查证也可以进行搜查：1.身带行凶、自杀器具的；2.可能隐藏爆炸、剧毒等危险物品的；3.可能毁弃、转移犯罪证据的。

（二）搜查时，应当有被搜查人或者他的家属，被搜查人的邻居或其他见证人在场。搜查到的与案件有关的物品,应当让见证人过目。对国家机关、团体或企事业单位的工作处所进行搜查时,应当有该机关、团体或企事业单位的代表参加。

搜查妇女的身体,应当由女工作人员进行。

(三)搜查开始前,应当首先向被搜查人说明交出证据和人犯的法律义务,动员其主动交出。如拒不交出,则强行搜索、检查。发现与案件有关的物证、书证等,应当提取和扣押,并应填写《扣押物品清单》。

(四)搜查结束时,搜查的情况应当写成《搜查笔录》。其主要内容是:决定搜查的机关和执行搜查人员的姓名、在场见证人姓名,搜查起止时间、地点,所查获的与案件有关的物品及其放置的处所和状态等。重要证据还应让被搜查人写明是从哪里查获的。《搜查笔录》由侦查人员和被搜查人或者他的家属,邻居或者其他见证人签名或盖章。如果被搜查人或者家属在逃或者拒绝签名、盖章,应当在笔录上注明。

总之,搜查是一项严肃的执法活动,必须依法办事,严禁非法搜查。我国《刑法》第245条规定,非法搜查他人身体、住宅,或者非法侵入他人住宅的,应当追究其刑事责任。

二、搜查的方法

搜查,大体可以分为人身搜查、住宅搜查和室外搜查三种。不论进行哪一种搜查都应根据案件的性质、被搜查对象的身份、搜查地点的环境条件及搜查的目标等具体情况,选择采用正确的策略方法,以保证搜查工作的顺利进行。

(一)人身搜查

人身搜查的重点是查获人犯身上携带的凶器、毒药和其他赃证物品,以及人犯身上遗留的伤痕、血迹、精斑等。搜查时,要提高警惕,防止被搜查人行凶报复。一般做法是:由一个执行人员进行搜查,一个或几个执行人员负责警戒和监视。首先令被搜查人举起双手,执行人员站在其背后进行搜查。先检查其衣裤口袋、腰带、衣领等部位,注意发现有无武器、匕首、毒药以及其他可供行凶、自杀的物品、器具。然后,对其全身从上到下进行仔细检查。在检查其衣帽、鞋袜时,要特别注意夹层、补丁、卷边或新缝补过的地方。如果怀疑其鞋底夹层或后跟等处可能隐藏罪证时,可用X光进行透视检查。对于留长发的人犯,特别是烫发的妇女,应对其头发进行仔细检查。另外,身体的天然孔窍(如肛门、耳朵等)和贴附在身上的膏药和包扎的绷带等处也可能隐藏罪证,也应注意检查,必要时可以请医生参加。

对于被搜查人身上携带的物品,如书包、手表、钢笔、戒指、烟斗、香烟、日记本、书籍,等等,也应该细心检查。

对妇女的人身搜查只能由女搜查人员进行。见证人也必须是女性的,要在适当的处所进行。搜查时,应根据案情,结合女性的生理特点,凡是有可能隐藏赃物罪证的地方和部位都要仔细检查。

(二) 住宅搜查

对住宅进行搜查,应视住宅的具体情况和搜查的目的来确定搜查的顺序和重点。如果需要寻找的是某些犯罪痕迹,就应根据案情仔细地检查可能留有痕迹的那些地方和物品。如果需要寻找的物证是某种细小的东西,那就应对室内凡是能隐藏这些细小物件的地方和物品细致地进行检查。比如,地板、天花板、墙壁、门坎、烟筒、通风气孔、窗台、屋檐、床铺、桌椅、枕头、被褥、钟表、缸罐、书籍、画幅、镜框,等等。在室内搜查时,要特别留意发现隐藏罪犯、罪证的秘密处所。为此,应采用某些有效的技术手段。例如,检查墙壁有无夹墙、夹壁,可用小锤敲击,如果有空洞,便会发出空哑的声音,而同其他部位的声音显然不同。检查地板,要注意其缝隙中是否有泥垢,钉子帽是否发亮,若被起动过不久,就会出现地板缝泥垢被清除或钉帽发亮等现象。检查箱柜抽屉有无夹层,可以测量比较其内外长度或深度。另外,对于新染过的衣服、布匹等,应查明其原来的颜色,并注意其上面是否遗留有某种痕迹。

(三) 室外搜查

室外搜查,是指对被搜查人的庭院、菜园等露天场所的搜查。这些地方通常是同被搜查人的住处相邻近,对之进行搜查往往是住宅搜查的继续。就是说,在搜查住宅的同时,对室外有关场所也进行搜查。但是,在必要时,也可以单独进行搜查,并应持有搜查证。

室外地面广阔,地形复杂,所以,在搜查开始前,要根据具体环境划定搜查的范围,然后分段分片进行搜查。对于搜查范围以内的地面、厕所、院墙、畜圈、粪坑、水井、草堆、菜窖等都应仔细检查。特别要注意地面上新翻动过的泥土。如果怀疑泥地下面可能有秘密处所时,可以在地面上倒水,观察其渗水快慢情况。如果搜查的范围很大,地形很复杂,则应通过访问熟悉周围环境的群众,发现可疑物品和处所,然后有重点地进行搜查。

第三节 扣押的概念、程序和方法

一、扣押的概念

刑事诉讼中的扣押,是指司法机关将与案件有关的物品、文件,依法予以扣留的刑事诉讼活动。其目的是为了取得和保全诉讼证据。我国《刑事诉讼法》第114条规定:"在勘验、搜查中发现的可用以证明犯罪嫌疑人有罪或者无罪的各种物品和文件,应当扣押;与案件无关的物品、文件,不得扣押。"扣押一般在侦查中使用,是一种重要的侦查措施。

扣押作为一种侦查行为,只有侦查人员才能依法使用,其他任何机关、团体或个人都无权在侦查过程中扣押被告人的物品和文件。侦查人员所扣押的物品和文件必须是与案件有关的,即能够证明被告人有罪或者无罪的,以及罪重或罪轻的物品和文件,与案件无关的物品、文件,不得扣押。如果在现场勘验和搜查过程中所发现的物品、文件是否与案件有关暂时无法确定,则应先行扣押,待查清后再作处理。在现场勘验、搜查中如果发现违禁品,虽然同本案无关,也应当扣押,交有关部门处理。

二、扣押物证、书证的程序和方法

扣押物证、书证是一项强制性的侦查措施,必须严格依照法定的程序并采取正确的方法,以保证扣押正确合法进行。

(一)侦查人员向机关、团体、企事业单位和公民调取证据时,应持有公安机关或人民检察院的介绍信和侦查员的工作证。

(二)在现场勘验或搜查中发现的各种物证、书证需要扣押的,由现场指挥人员决定。对于易溶、易腐不便保管的物品,应当场拍照记录,或者制成复制品;对不便提取的大型物品,可以在拍照、记录后查封,或者令原持有人妥善保管,不得转移、丢失或者使用。扣押的武器、弹药和易燃、易爆物品,应在拍照、记录后,交公安机关或其他有关部门保管,以免发生危险。扣押的书证如果是党和国家机密文件,应当拍照下文件的名称、号码,记明扣押的时间、地点等情况,文件应退还原发文单位保管,以免泄密。

(三)扣押物品、文件时,应当有见证人、物品持有人或者他的家属在场。如果扣押的是集体财物,应有其单位代表在场。对所扣押的物品,应在上述人员参加下当场查点清楚,开列清单,写明扣押物品的名称、牌号、规格、样式、质量、数量、重量、特征及其来源和扣押的时间、地点等。清单一式二份,由侦查人员、见证人和持有人或其家属签名或盖章后,一份交物品持有人,一份附卷备查。物品、文件持有人或其家属不在场,或者拒绝签字的,应在扣押清单上注明。

(四)根据我国法律规定,侦查人员认为需要的时候,可以扣押被告人的邮件和电报。根据1979年4月5日最高人民检察院、公安部、邮电部颁发的《执行逮捕、拘留的机关扣押被逮捕、拘留人犯的邮件、电报暂行办法》的规定,扣押被告人邮件、电报的范围只限于以下四种:1.被告人寄发的;2.直接寄交该被告人的;3.寄交他人转交被告人的;4.寄交该被告人转交他人的。

侦查人员扣押邮件、电报,要报经公安机关或人民检察院领导批准,并制作《扣押邮件电报通知书》,送交邮电部门检交扣押。扣押时,应详细注明被扣押邮件、电报的收发人姓名等有关情况,并逐件开列清单一式二份,其中一份连同邮件、电报由执行逮捕拘留机关备案;一份交邮电部门存查。不需要扣押时,侦查机关应当立即通知邮电部门停止扣押。

(五)侦查机关对扣押的物品、文件必须妥善保管,不得丢失、损坏、使用或调换。在扣押的文件中,如发现内容反动,或者是淫秽画册、图片、黄色书刊,应当有专人保管,不得传抄、扩散。

(六)扣押的物品、文件,如果经查与案件无关,应当立即发还。发还时应核对扣押清单,清退注销,并由接受人签名、盖章。

第十五章 侦缉措施

侦缉措施,是指侦查人员为了找寻和缉拿犯罪分子和重大犯罪嫌疑人所采用各种侦查措施的总称。主要包括:追缉堵截、通缉通报、守候、控制销赃、拘留、逮捕等措施。

第一节 追缉堵截

一、追缉堵截的概念

追缉堵截是侦查破案过程中常用的紧急侦查措施。它通常在现场勘查过程中使用。在侦查的其他阶段,如果发现犯罪分子或重大犯罪嫌疑人逃跑时,也应及时采取追缉堵截措施。

追缉堵截包括追缉和堵截两种措施。

所谓追缉,就是根据已掌握的犯罪分子或重大犯罪嫌疑人的体貌特征、携带物品特征、现场痕迹和遗留物所反映的情况,组织力量,沿着犯罪分子或重大犯罪嫌疑人可能逃跑的方向和路线,循踪查缉。所谓堵截,就是在犯罪分子或重大犯罪嫌疑人逃跑时可能经过的道路上布岗设卡,盘查拦截。在侦查实践中,追缉和堵截常常同时并用,即在追缉的同时,运用电话、电报通知沿途公安保卫机关,立即组织力量在有关车站、码头、路口、关卡进行堵截。

二、追缉堵截措施的适用条件

追缉堵截措施通常应在下列条件下适用:

(一)犯罪分子或重大犯罪嫌疑人的体貌特征有较为明显的暴露,易于识别,估计其逃离现场不远的;

(二)发案不久,犯罪分子在逃离犯罪现场的道路上遗留有明显的足迹、血迹及其他痕迹、物品,能够显示出其逃跑的方向的;

(三)犯罪分子在作案过程中受了外伤,或者在搏斗中衣服被剥脱、撕碎或沾染大量血迹、泥土、颜料等,能够引起沿途群众注目的;

(四)犯罪分子携带的赃物数量多、体积大,特征比较明显的;

(五)犯罪分子驾驶机动车辆作案或乘机动车辆逃跑,发现及时的;

(六)被害人、知情人指明犯罪分子逃走的路线和去向的。

三、追缉堵截的方法

追缉堵截应当从每个案件的具体情况出发,采取正确的策略方法。实践中常用的方法有以下几种:

(一)单路尾追法。根据犯罪分子逃跑的方向和路线,布置力量,尾随其后追捕和缉拿。

(二)迎面堵截法。即在犯罪分子逃跑行经路线的前方布置力量,设卡拦截。

(三)多路迂回法。即采用分兵多路、中间直追、两侧迂回的方法进行追缉堵截,以防止犯罪分子逃脱。

(四)合围包剿法。在追缉过程中如果发现犯罪分子进入一个较小的范围之内,如窜入楼群,或者钻进树林、庄稼地,缉捕人员应迅速抢占有利地形、地物,将其包围起来进行搜索缉捕。

在进行追缉堵截时,应注意以下问题:

(一)行动要迅速,不使犯罪分子获得喘息的时间。

(二)在追缉途中,要随时留意发现罪犯抛失的物品和留下的痕迹,以获取罪证。要边追缉边向沿途群众调查访问,及时掌握情况的变化,使追缉始终沿着正确的路线和方向进行。

(三)在进行追缉时,要充分利用步法追踪技术,顺着罪犯逃跑的路线边追缉边搜索。在城市郊区、农村、山区、林区等地进行追缉时,有条件的可以使用警犬进行追踪搜捕。

(四)对带有凶器和枪支的逃犯进行追缉堵截时,要警惕罪犯行凶拒捕,特别是在追捕带枪支弹药和爆炸物品的逃犯时,更应百倍提高警惕,做好周密准备,实行统一指挥。既要千方百计活捉逃犯,又要避免硬打硬拼,造成不必要的伤亡。

第二节 通缉、通报

一、通缉

通缉是公安机关对应当逮捕而在逃的人犯,通令缉拿归案的一种侦查措施。我国《刑事诉讼法》第 123 条规定:"应当逮捕的犯罪嫌疑人如果在逃,公安机关可以发布通缉令,采取有效措施,追捕归案。"这条规定说明,通缉包括以下三层含义:

(一)通缉的对象是已经在逃,应当逮捕的犯罪嫌疑人。他们有的是在侦查工作开始之前,即畏罪潜逃;有的是经过侦查,主要犯罪事实已经查清,在采取强制措施之前逃跑;有的是在采取强制措施之后,又乘隙逃脱;有的是在刑罚执行期间,从劳动改造场所逃跑。对于上述人犯都可以采用通缉的措施缉拿归案。但是,对于那些尚不够逮捕条件的违法犯罪分子或犯罪嫌疑人,即使他们已经在逃,也不能采用通缉的方法。

(二) 有权发布通缉令的机关是公安机关,其他机关、团体和个人都不能使用通缉的方法。人民检察院、人民法院需要缉拿追捕人犯的时候,可以商请公安机关协助,自己不能发布通缉令。

(三) 通缉是请求有关地区公安机关和人民群众协助缉拿在逃人犯的一种有效形式。接到通缉令的公安机关,应当立即采取措施,查缉人犯。任何公民一经发现被通缉的人犯都有权利和责任立即将其扭送公安机关、人民检察院或人民法院处理。

公安机关在发布通缉令之前,应认真研究案件材料和人犯的情况,正确确定通缉令发布的范围。在自己的辖区内,公安机关可以直接发布通缉令。超出自己的辖区,应当请求有权发布的上级公安机关发布。为了便于查找被通缉的人犯,通缉令的内容应当明确、具体。一般应写明案件的性质,被通缉人的姓名、性别、年龄、籍贯、住址,以及逃走时的服饰特征、体貌特征和简要案情,并附上照片。对体貌特征的描述,主要应包括身高、体态、脸型、头型、发型、颏、眉、眼、鼻、嘴、牙、耳等方面的明显特征,以及外露的斑痣、疤痕、残疾和某些明显的动态特征,如走路的特殊姿势和特殊的嗓音、方言,等等。如果被通缉人出逃时携带某种物品,也应将该物品的具体特征在通缉令中写清楚。此外,通缉令中还应写明与发布通缉令单位的联系方法。

通缉令一般都以文件形式发送至有关地区的公安机关或其他单位,有条件的,还可以通过传真设备发送。通缉令可以公开张贴,以便取得人民群众协助。

通缉令发出之后,如果又发现新的重要情况,可以发补充通报,通报中须注明通缉令的编号和日期。被通缉人已经归案,或者已经死亡,发布通缉令的公安机关,应当在原发布通缉令的范围内,及时通知撤销通缉令。

综上所述,通缉是一种直接关系到公民人身权利的侦查措施,使用时应当特别慎重,要严格按照法定条件和程序执行,不得滥用。

二、通报

通报是刑事侦查过程中,公安机关内部通力合作、协同破案的一种侦查措施。通报的对象和适用范围比通缉广,主要有以下几种:

(一) 协查通报。主要是请求有关地区的公安机关协助查清犯罪嫌疑人的真实姓名和有关情况。在侦查实践中常常会遇到有些犯罪分子改名换姓,很难查清其全部犯罪事实,尤其是重大流窜犯,捕获后,虽人赃俱在,但因弄不清其真实姓名、住址,而无法结案。这种情况,就需要通报有关地区公安机关协助调查。协查通报的内容应写明简要案情和犯罪嫌疑人的体貌特征、作案手段、衣着打扮、携带物品等,有条件的还应附以指纹和照片,以便于调查核实。

(二)查找通报。主要是请求有关地区公安机关或其他单位协助查找失踪人员,查明无名尸体的身源,查获或控制赃物。

在侦查过程中,侦查人员经过案情分析,认为某失踪人员可能被人杀害或拐骗时,即可通报有关地区公安机关协助查找。通报内容要写明失踪人的姓名、年龄、性别、职业、住址、籍贯、体貌、衣着特征、精神状态,以及失踪的时间、地点等情况,并附上失踪人的照片。

查明无名尸体身源的通报,要写明无名尸体性别、大致年龄、体貌衣着特征、疤痕、残疾及随身携带物品的种类、数量、特征,以及发现尸体的时间、地点等情况,并附上死者的整容照片和衣物照片。

查获赃物的通报,应写明简要案情和赃物的名称、种类、数量、商标、新旧程度及具体特征,如果系构造特殊的贵重物品,还应附上该物品的照片,以便识别和查获。

(三)案情通报。对已经发生的重大刑事案件,经过案情分析,判明是流窜惯犯作案,应当将基本案情和犯罪分子的作案手段,犯罪活动的规律、特点,以及在犯罪现场上遗留的痕迹物品和失物特征等,及时通报犯罪分子可能流窜作案地区的公安机关,以便加强防范,协同作战或并案侦查。

(四)敌情通报。主要是指各公安机关之间相互通报刑事犯罪活动新的规律、特点和可能发展蔓延的趋势,以便相互配合,制定相应的侦查对策和防范措施。

通报应由县(市)以上公安机关办理,超越本省的应由省级公安机关办理。通报是公安机关内部文件,不对外发布。

第三节 控制销赃

一、控制销赃的概念

控制销赃是侦查机关为了发现赃物,查获犯罪分子,布置力量秘密监视犯罪分子可能销赃处所的侦查措施。它主要适用于侦破盗窃、抢劫、诈骗等有赃物的案件。

从事盗窃、抢劫、诈骗等犯罪活动的分子,一旦赃物到手,一般都要想方设法尽快将赃物变卖,转化为货币,以便于挥霍享用,并清除自己身边的罪证。因此,控制销赃是侦破盗窃、抢劫、诈骗等类案件时经常采用的一种有效的侦查措施。侦查机关对有赃物可查的案件,应当迅速布置力量,严密控制犯罪分子可能销赃的各种场所。这往往能够及时发现赃物,获取罪证,有时还能当场抓获犯罪分子,做到人赃俱获。

二、控制销赃的范围

控制销赃应根据每个案件赃物的种类和特点,确定适当的控制范围。一般来说,下列一些部门和场所是犯罪分子销赃的主要渠道:

(一)收购部门,包括废品收购站、旧货店、文物及珠宝收购门市部等。

(二)寄卖店、委托行。

(三)各类集市贸易市场。

(四)修理行业,包括电器修理店、钟表修理店,以及自行车、摩托车、汽车修理部门等。

(五)银行、储蓄所、外币兑换处等。

(六)饭店、酒馆、茶馆、冷食店等。

(七)车站、码头、商店、影剧院等人员集中的公共场所。

三、控制销赃的方法

控制销赃应采取依靠有关部门或行业广大职工与专门力量相结合,公开行政管理与秘密工作相结合的方法进行。当盗窃、抢劫、诈骗等类案件发生后,如果判明犯罪分子持有赃物,侦查机关应立即向犯罪分子可能销赃的部门和场所发出失物通知单,或者派专人进行个别布置,请这些部门或行业的党政组织,发动群众,在日常工作中注意发现赃物和犯罪分子。必要时,侦查机关也可以布置侦查人员对有关场所进行秘密控制。对于特种行业,要依靠治安部门的力量,通过正常的治安行政管理工作,控制销赃。对于各种贸易市场,应当依靠工商行政管理部门和维持秩序的人员,通过正常业务工作进行控制。对于那些偏僻街巷、里弄、广场、公园及其他可能销售或倒换赃物的处所,应组织治保会和治安积极分子,实行分片包干,严加控制。

为了便于识别和查获赃物,公安机关在向有关单位发出失物通知单时,要力求写明失物的名称、牌号、数量、体积、价值、新旧程度、出厂日期和性能等具体特征。有关单位若发现有人出售或转移失单中所列之物品时,在一般情况下,不必当场声张,应设法了解其姓名、住址和工作单位,或者以试验商品、商谈价钱为由故意拖延时间,稳住售主,然后设法报告侦查机关或派出所前来审查处理。如果售主不肯告诉姓名、住址或企图逃脱时,应直接将其扭送到派出所。

侦查机关在接到有关单位的报告后,要抓紧对赃物持有人进行审查处理。

在审查中要讲究策略方法,注意发现同伙犯。有些犯罪分子作案后,将赃物加工修理,或化整为零、改头换面,再行变卖。所以,对可疑物品一定要仔细检查,要善于识别变态赃物。必要时,还可以提交失主辨认。同时,还应注意查明出售赃物的是罪犯本人还是受罪犯指使的其他人,以便彻底弄清案情,抓获罪犯。

有些狡猾的犯罪分子,惯于采用场外交易的办法出售赃物。他们作案后,在委托行、百货商店、车站、码头等处徘徊,通过观察攀谈物色好买主以后,另约地点,看货交钱。也有些犯罪分子把城乡集贸市场作为销售和倒换赃物的场所。因此,刑事侦查机关必须注意研究每个时期犯罪分子销赃场所和方法的变化,相应地采取各种有效措施,加强阵地控制,以便发现赃物,查获罪犯,破获案件。

第四节 拘留、逮捕

一、拘留

刑事侦查中的拘留,又称刑事拘留,是指公安机关对现行犯或者重大嫌疑分子,在遇有法定的紧急情况时,暂时剥夺其人身自由的一种强制措施。其目的是为了防止现行犯、重大犯罪嫌疑人逃跑、自杀、毁灭罪证或继续进行犯罪活动,以保证侦查和审讯工作的顺利进行

根据我国《刑事诉讼法》第61条的规定,刑事拘留必须具备的条件是被拘留的人犯必须是现行犯或重大嫌疑分子,如果具有下列情形之一的,可以先行拘留:(一) 正在预备犯罪、实行犯罪或者在犯罪后即时被发觉的;(二) 被害人或者在场亲眼看见的人指认其犯罪的;(三) 在身边或者住处发现有犯罪证据的;(四) 犯罪后企图自杀、逃跑或者在逃的;(五) 有毁灭、伪造证据或者串供可能的;(六) 不讲真实姓名、住址,身份不明的;(七) 有流窜作案、多次作案、结伙作案重大嫌疑的。

根据我国《刑事诉讼法》的规定,只有公安机关才有决定和执行拘留的权力,其他任何机关都无权采用此种强制措施。人民法院和人民检察院在办案过程中认为确有必要采用拘留措施时,应当提请公安机关行使拘留权,并派员协助执行,但不能自行拘留人犯。

公安机关拘留人犯要严格按照法律规定的程序进行:

(一) 在拘留人犯之前,应当由承办人填写《呈请拘留报告书》,经县以上公安机关负责人批准,并签发《拘留证》,由承办单位执行。

(二) 执行拘留的时候,要向被拘留人出示《拘留证》,宣布拘留。被拘留人应在《拘留证》上签名或盖章;拒绝签名或盖章的,应当加以注明。对公安机关依法执行拘留,任何人都不得抗拒和阻拦。对于抗拒合法拘留的,执行拘留人员可

以使用强制方法,必要时可以使用警械和武器。

(三) 执行机关拘留人犯后,除有碍侦查和无法通知的情况外,应当在 24 小时以内,将拘留的原因和羁押的处所通知被拘留人的家属或者他的所在单位。对于没有在 24 小时以内通知的,应当在卷中注明。

(四) 公安机关对被拘留的人,应当在拘留后 24 小时以内进行讯问,在发现不应当拘留的时候,必须立即释放,发给释放证明。对于需要逮捕而证据不充足的,可以取保候审或者监视居住。

(五) 公安机关对被拘留的人,认为需要逮捕的,应当在拘留后的 3 日内,提请人民检察院审查批准。在特殊情况下,提请审查批捕的时间可以延长 1 至 4 日。对于流窜作案、多次作案、结伙作案的重大嫌疑分子,提请审查批准的时间可以延长至 30 日。人民检察院应当在接到公安机关提请批准逮捕书后的 7 日内,作出批准逮捕或者不批准逮捕的决定。公安机关在接到人民检察院的不批准逮捕决定的通知后,应当立即将被拘留人释放,并发给释放证明。这就是说,我国法律规定的人犯拘留后的羁押期限,最多不能超过 34 天。犯罪嫌疑人、被告人及其法定代理人、近亲属或者犯罪嫌疑人、被告人委托的律师及其他辩护人对于人民法院、人民检察院或者公安机关采取强制措施超过法定期限的,有权要求解除强制措施(《刑事诉讼法》第 75 条)。法律之所以这样规定,主要是为了保护公民的合法权益,同时也为了促使公安机关和人民检察院提高办案效率。因此,公安机关和人民检察院在提请和审查批捕时,必须严格遵守法定的拘留羁押期限,不得随意延长。不能搞"以拘代捕"或者"以拘代罚"、"以拘代侦"。

(六) 全国人民代表大会代表如果因为是现行犯被拘留,执行拘留的公安机关应当立即向全国人民代表大会主席团或者全国人民代表大会常务委员会报告(《中华人民共和国全国人民代表大会组织法》第 44 条第 2 款)。"县级以上的地方各级人民代表大会代表,……如果因为是现行犯被拘留,执行拘留的机关必须立即报请该级人民代表大会常务委员会批准"(《中华人民共和国地方各级人民代表大会和各级人民政府组织法》第 19 条)。对享有外交特权或者豁免权的外国人、无国籍人,依法应当实行拘留的,公安机关应当征求省、自治区、直辖市外事办公室和外国人主管部门的意见,根据案情报公安部或者国家安全部审批。

二、逮捕

逮捕是公安机关、人民检察院和人民法院在诉讼过程中,依法剥夺人犯的人身自由,并在法定办案期限内予以羁押的强制措施。它是强制措施中最严厉的一种。目的是为了防止被告人自杀、逃跑、毁灭罪证或继续危害社会,保障侦查和审判的顺利进行。

(一) 逮捕的条件

我国《刑事诉讼法》第60条第1款规定:"对有证据证明有犯罪事实,可能判处徒刑以上刑罚的犯罪嫌疑人、被告人,采取取保候审、监视居住等方法,尚不足以防止发生社会危险性,而有逮捕必要的,应即依法逮捕。"这就表明,逮捕犯罪嫌疑人、被告人必须具备三个条件:

1. 有证据证明有犯罪事实。即在逮捕犯罪嫌疑人、被告人之前,必须做认真的侦查和调查工作,有确凿证据证明确有犯罪事实后,才能依法捕人。这是逮捕犯罪嫌疑人、被告人的首要条件。它既可以保证及时逮捕犯罪嫌疑人、被告人,又不至于发生错捕。

2. 可能判处徒刑以上刑罚。即已查清的主要犯罪事实,按照我国《刑法》的规定,应该判处徒刑以上刑罚的,才能实行逮捕。对那些罪行较轻,尚不够判处徒刑以上刑罚的,则不能逮捕。

3. 采取其他较轻的强制措施不能防止发生社会危险性,而非捕不可的。

上述三个条件必须同时具备,缺少其中任何一个条件,都不能对犯罪嫌疑人、被告人实行逮捕。

(二) 逮捕的法定程序

我国《宪法》第37条规定:"任何公民,非经人民检察院批准或者决定或者人民法院决定,并由公安机关执行,不受逮捕。"《刑事诉讼法》第59条规定:"逮捕犯罪嫌疑人、被告人,必须经过人民检察院批准或者人民法院决定,由公安机关执行。"这说明,在我国,逮捕权依法由公安机关、人民检察院和人民法院分工行使,而且只有公安机关才有权执行逮捕。无论是人民检察院批准或者决定逮捕的犯罪嫌疑人、被告人,还是人民法院决定逮捕的犯罪嫌疑人、被告人,都一律由公安机关执行逮捕。其他任何机关、团体或个人都没有执行逮捕犯罪嫌疑人、被告人的权力。

根据法律规定,公安机关逮捕犯罪嫌疑人、被告人应当按照以下程序进行:

1. 在逮捕犯罪嫌疑人、被告人之前,要由立案机关写出《提请批准逮捕书》,经县级以上公安机关领导人批准后,连同案卷材料、证据,一并移送同级人民检察院审查批准。人民检察院对公安机关提请批准逮捕的案件,应当认真进行审查,并分别作出批准逮捕、不批准逮捕或者补充侦查的决定。

2. 公安机关对被拘留的犯罪嫌疑人、被告人,认为需要逮捕的,应在法定期限内,提请人民检察院审查批准。人民检察院应当在接到公安机关提请批准逮捕书后的7日以内,作出批准逮捕或者不批准逮捕的决定。

3. 公安机关对人民检察院不批准逮捕的决定,认为有错误的时候,可以要求复议,但是必须将被拘留的人立即释放。如果意见不被接受,可以向上一级人民检察院提请复核。上级人民检察院应当立即复核,作出是否变更的决定,通知下级人民检察院和公安机关执行。

4. 公安机关执行逮捕的时候,必须向被逮捕人出示逮捕证。被逮捕人应在逮捕证上签名或盖章,拒绝签名或盖章的,应当加以注明。如果被逮捕人抗拒逮捕,可以采取强制手段,必要时可以使用警械和武器。

5. 公安机关对逮捕的人犯必须在24小时以内进行讯问,发现不应当逮捕时,必须立即释放,发给释放证明,并将释放的理由书面通知原批准决定逮捕的人民检察院。

6. 人犯被逮捕后,除有碍侦查或无法通知的情形以外,应当把逮捕的原因和羁押的处所,在24小时以内通知被逮捕人的家属或者他的所在单位。

7. 全国人民代表大会代表,非经全国人民代表大会会议主席团许可,在全国人民代表大会闭会期间非经全国人民代表大会常务委员会许可,不受逮捕(《中华人民共和国宪法》第74条)。县级以上的地方各级人民代表大会代表,非经本级人民代表大会常务委员会同意,不受逮捕(《中华人民共和国地方各级人民代表大会和地方各级人民政府组织法》第19条)。

(三) 逮捕的方法

逮捕是一项时间性和政策性很强的强制措施。为了保证逮捕的顺利进行,在实施前要做好充分的准备,这主要包括:

1. 要详细了解逮捕对象的情况,即逮捕对象的姓名、别名、化名、性别、年龄、外貌特征、家庭人口、工作单位、详细地址、有无凶器,以及是否受过某种反抗拘捕的职业技能训练,等等。

2. 要了解逮捕对象住处和周围环境情况,如住处的门牌号,有几处通道,有无可供藏身和逃跑的处所等。

3. 要了解逮捕对象上下班时间、生活规律及经常活动的场所等。

4. 制定逮捕方案,主要内容为:执行逮捕的时间、地点、方法、执行人员的组成和分工,以及执行过程中可能出现的问题和相应的对策等。

5. 备好执行逮捕的各种法律文书,如《逮捕证》、《搜查证》、《搜查记录》、《扣押物品清单》等。

6. 备好执行逮捕所需的各种工具、器材,如车辆、相机、通讯器材、搜查工具、武器戒具等。

执行人员在实施逮捕时,必须做到行动迅速,机智勇敢,善于根据逮捕对象的特点及当时所处的具体环境情况采取正确有效的策略方法。在实践中,通常采用以下几种方法:

1. 在人犯住所逮捕。执行人员应首先在其住所的出入口和周围通道布置岗哨,以防止逮捕对象逃跑和无关人员闯入。然后以适当的名义(如查户口、查卫生等)叫开门户,进入室内实施逮捕。

2．在人犯工作单位逮捕。执行人员要事先与逮捕对象所在单位的领导和保卫部门联系，商定逮捕的具体时间、地点和方法。一般的做法是：由单位的领导或保卫部门的工作人员以找逮捕对象谈话为名，将其带到适当地点，由公安人员实施逮捕。

3．在行驶的车船上逮捕。执行人员应与车船上的工作人员和乘警取得联系，在他们的配合下以查票或检查证件的名义确认逮捕对象无误后，即可宣布逮捕。为了不惊扰乘客，也可以将逮捕对象带到车船上的办公室或其他僻静处所，由公安人员宣布逮捕。

4．在室外逮捕。应尽量避免在人多、环境复杂的公共场所进行。事先要准备好押解的交通工具，选择人稀僻静地点，乘其不备之时，实施逮捕。

公安人员在实施逮捕时，应当提高警惕，防止逮捕对象行凶、自杀、逃跑或毁灭证据。为此，要首先命令逮捕对象原地不动、举起双手，然后向其出示逮捕证，当场宣布逮捕，并且立即进行人身搜查。对于其随身携带的武器、凶器、赃物及其他可以用来行凶、自杀的物品等，应予以扣押，并填写《扣押物品清单》。

上述关于执行逮捕的方法对拘留也是适用的。执行人员应将拘捕的人犯迅速押送看守所羁押。

执行逮捕机关，由于逮捕对象已经死亡、逃跑或者其他原因不能执行逮捕或者逮捕未获的，应当迅速书面通知原批准决定逮捕的人民检察院或者人民法院。

第十六章 讯　　问

第一节　讯问的概念和任务

一、讯问的概念

讯问是侦查机关为了查明案情,依法对犯罪嫌疑人进行审问的一种侦查活动。根据我国《刑事诉讼法》第 91 条的规定,讯问犯罪嫌疑人必须由公安机关或者人民检察院的侦查人员负责进行。其他任何机关、团体或个人都无权讯问。

在我国,讯问犯罪嫌疑人,一般是在犯罪嫌疑人被依法逮捕或者拘留之后,由公安机关的预审部门来进行。讯问犯罪嫌疑人是预审部门的一项基本任务。人民检察院负责侦查的案件,由人民检察院的侦查办案人员进行讯问。我国《刑事诉讼法》第 3 条规定:"对刑事案件的侦查、拘留、执行逮捕、预审,由公安机关负责。检察、批准逮捕、检察机关直接受理的案件的侦查、提起公诉,由人民检察院负责。审判由人民法院负责。"我国公安机关办理刑事案件一般是分两个阶段进行的:第一阶段是从发现犯罪,决定立案侦查时开始,通过侦查,查清犯罪嫌疑人的主要罪行,认定犯罪嫌疑人,到依法对犯罪嫌疑人采取强制措施为止;第二阶段是从依法逮捕或者拘留犯罪嫌疑人后开始,通过审讯和调查,进一步收集和审查证据,查清全部案情,直至将犯罪嫌疑人移送人民检察院审查起诉或由公安机关撤销案件做其他处理为止。侦查和预审是相互衔接的两个工作过程。侦查是预审的前提和基础;预审则是侦查的继续和发展。二者在刑事诉讼过程中统称为侦查阶段。由此可见,预审部门对犯罪嫌疑人的讯问是一项重要的侦查活动,它同人民法院对被告人的审讯,在性质上是不同的。

二、讯问的对象

侦查人员讯问的对象主要包括下列四种:

1. 依法被逮捕的犯罪嫌疑人。在一般情况下,犯罪嫌疑人在被捕前其主要犯罪事实业已查清。这是逮捕犯罪嫌疑人的首要条件。但是,在侦查阶段,一般不限制侦查对象的人身自由,侦查人员所采取的各种侦查措施,基本上是秘密进行的,不触动侦查对象。正是由于这种客观条件的限制,往往很难查清案件的全部事实情节,特别是那些只有通过采取面对面的公开的侦查措施才能发现和证实的犯罪事实及线索,在侦查阶段是很难解决的。而预审阶段,通过讯问犯罪嫌疑人和公开调查取证,既可以彻底揭露和证实犯罪嫌疑人全部犯罪事实情节,又可以听取犯罪嫌疑人的申辩,从而做到不错不漏,不枉不纵。

2. 依法被拘留的犯罪嫌疑人。根据我国《刑事诉讼法》的规定,拘留的对象是现行犯和重大犯罪嫌疑分子。侦查机关对于被拘留的犯罪嫌疑人,必须在24小时内进行讯问,如果发现不应当拘留时,必须立即释放;如果认为需要逮捕的,应当在法定的时间内办好逮捕手续,宣布逮捕;如果需要逮捕而又证据不足,或者发现了法定的其他不宜拘留的情况,可以对被拘留人采取取保候审或监视居住的措施。

3. 不需要逮捕、拘留的犯罪嫌疑人。根据我国《刑事诉讼法》第92条的规定,对于不需要逮捕、拘留的犯罪嫌疑人,可以传唤到犯罪嫌疑人所在市、县内的指定地点或者到他的住处进行讯问,但是应当出示人民检察院或者公安机关的证明文件。

4. 被群众扭送的犯罪嫌疑人和投案自首的犯罪人。通过讯问,弄清案件性质,并作出相应的处理。

三、讯问的任务

询问通常是在侦查的基础上进行的,其主要任务是:

(一) 查清犯罪嫌疑人的全部罪行,收集犯罪证据

预审部门受理的案件大部分是经过侦查的案件,也有一部分案件,由于犯罪嫌疑人在实施犯罪行为时被当场抓获,或者由人民群众直接扭送到公安机关,事先未有经过侦查。这些未有经过侦查的案件,当然不可能掌握犯罪嫌疑人的全部罪行和充分的证据材料。而经过侦查的案件,情况也各有不同,其中有的犯罪事实清楚,证据充分、确凿;有的只是主要犯罪事实清楚,证据确凿,一些次要问题和具体情节未搞清。有的案件,各种证据之间,相互矛盾,哪个可靠,哪个虚假,尚未解决;或者同案犯之间,有的罪行查清了,有的还没有查清,凡此种种,都必须通过讯问,彻底搞清。首先要查清犯罪嫌疑人所进行的全部犯罪活动,然后,对每条罪行的作案时间、地点、手段、经过、危害后果和目的、动机等都要搞得清清楚楚,同时还要有充分、确凿的证据来加以证明。

在实践中,有些犯罪分子不是只实施了一次犯罪活动,特别是那些惯犯、流窜犯一般都是多次作案,罪行累累,而查获他则多是通过一起具体案件的侦破,或者是在其犯罪时被当场抓获。因此,在讯问之前,一般是查清了某一具体案件的犯罪事实,而没有掌握犯罪嫌疑人的其他罪行,或者虽有犯罪的线索,但由于工作条件的限制,在侦查阶段,还没有进行查证,未能核实。这就要求在讯问过程中,不仅要查清现案,而且要注意发现疑点,抓住线索,详细追查,深挖侦查阶

段没有掌握的其他罪行,挤净余罪,查破积案。

(二)追查同案犯和发现其他犯罪线索

不少刑事案件,特别是重大刑事案件,往往是多数人结伙作案,有的已经形成有组织有计划的犯罪集团。对于这类案件有些在破案时就已查清,将同案犯全部抓获;但有的在破案时只查获一名或几名罪犯,而不掌握其他同案犯,这就需要通过讯问犯罪嫌疑人,查清全部同案犯,主动配合侦查部门及时查获漏网的犯罪分子,以便清除后患。比如,通过讯问主犯注意挖从犯,或者通过讯问从犯注意挖主犯;通过讯问盗窃犯注意挖销赃、窝赃犯;通过讯问青少年犯注意挖教唆犯,等等。

犯罪分子既要进行犯罪活动,就必然与社会上某些阴暗面发生错综复杂的联系,因而往往会结识其他一些违法犯罪分子或了解许多犯罪线索。通过讯问犯罪嫌疑人,不仅要追清同案犯,而且还要促使犯罪嫌疑人把所知道的其他犯罪人和犯罪线索全部提供出来,以便进一步扩大战果。

应该指出,追查其他犯罪人或犯罪线索,必须实事求是,从案件的客观实际出发,使之严格建立在调查研究和对案情正确分析判断的基础上,绝不是无目的的滥追,更不是无止境的穷追,也不是对所有的案件都要追组织联系和同案犯。同时,对于犯罪嫌疑人所做的交待和揭发,一定要认真进行查证核实,绝不可轻信口供,草率抓人。

(三)保障无罪的人不受刑事追究

刑事案件是错综复杂的,有些犯罪分子为了逃避打击,在作案时故意制造种种假象,转移侦查视线,嫁祸于人,有的人出于某种动机,无中生有,歪曲事实真相,甚至捏造假材料,提供假证据,诬告陷害他人。由于斗争的复杂性和秘密侦查的局限性,即使侦破工作进行得比较周密细致,有时也难免出现这样或那样的疏忽和错误。因此,在已逮捕、拘留的人犯中,必然会有极少数是属于无罪的好人。特别是在被拘留的犯罪嫌疑人中,当然存在着有罪和无罪两种可能性。这就要求侦查人员在讯问过程中,必须认真检验审核侦查材料的真伪,注意发现侦查工作中的疏忽和错误,及时进行补救和纠正。

为了保证既不放纵一个罪犯,又不冤枉一个好人,在讯问中,不但要注意获取能够证明犯罪嫌疑人有罪的材料和口供,而且也要注意收集能够证明犯罪嫌疑人无罪的材料,认真听取犯罪嫌疑人无罪的辩解。经过讯问、查证,凡是发现属于错拘、错捕的,必须依照法律规定,立即予以释放,并做好善后工作。

(四)研究和掌握犯罪动态

研究和掌握犯罪动态,是侦查机关的一项经常性的重要工作。通过对人犯的讯问,可以了解犯罪分子走上犯罪道路的过程和原因,实施犯罪的目的、动机和目标、手段,以及隐匿、销赃的场所和方法,等等,从中可以分析研究犯罪活动的规律特点,掌握犯罪的动态和趋势,发现我们工作中存在的问题和漏洞。这样,就可以有针对性地提出防范和打击措施,提高同犯罪作斗争的能力。

(五)对犯罪分子进行认罪服法、改恶从善教育

我国是人民民主专政的社会主义国家,同犯罪作斗争历来实行惩办与宽大相结合的政策。对犯罪分子根据他们犯罪的事实情节,依法给予不同的刑事处罚。但是,这种惩罚只是一种手段,不是刑罚的目的。我国刑罚的目的是教育改造罪犯,把绝大多数罪犯改造成为新人,化消极因素为积极因素,以预防和减少犯罪。讯问犯罪嫌疑人,是侦查人员同犯罪分子进行面对面的斗争,结合犯罪分子的犯罪事实对他们做耐心细致的政治思想教育和法制教育,使之认罪服法,不仅能够促使犯罪嫌疑人如实交待自己的全部罪行,而且还可以为判刑后投入监狱接受改造,奠定较好的思想基础。因此,侦查人员在讯问过程中,既要揭露犯罪嫌疑人的罪行,又要抓住机会对其进行政治思想教育和法制教育,使其认识到所犯罪行的严重危害性和思想根源,并决心弃旧图新,接受改造。

第二节 讯问前的准备

讯问犯罪嫌疑人是一场尖锐复杂、面对面的攻心斗智的战斗。犯罪嫌疑人被捕以后,时刻都在琢磨对付讯问的办法,力图从讯问人员的态度,一言一行中窥测方向,摸到底细,以便采取相应的对策进行对抗。讯问人员如果事先不做好充分准备,不了解敌情,就盲目上阵,讯问没有计划,东打西敲,政策教育泛泛而谈,没有针对性,不仅不能达到预期的目的,反而会暴露讯问意图,使犯罪嫌疑人摸到底细,给工作造成困难。可见,有无准备,直接关系到讯问的成败。为了使讯问工作顺利进行,必须认真做好讯问前的准备工作。

一、做好人员配备

我国《刑事诉讼法》规定,讯问犯罪嫌疑人,侦查人员不得少于二人。讯问力量的配备,应当根据案件的具体情况决定,在一般情况下,由两个侦查员(一个预审员和一个书记员)进行讯问。对于案情复杂的重大案件,应配备较多的讯问力量,必要时,应有预审部门的领导参加。如果讯问聋哑犯罪嫌疑人,应当有通晓聋哑手势的人参加。讯问不通晓当地语言文字的人,应当配备翻译人员。

二、熟悉案情和研究犯罪嫌疑人的特点

熟悉案情和掌握犯罪嫌疑人的特点,这是决定讯问方法和策略的必要前提。"知己知彼,百战不殆"。案件的情况和讯问对象的经历、性格等各有不同,这些都是客观存在的东西,只有充分了解和掌握这些情况,才能正确确定我们斗争的

策略和方法,以求克敌制胜,达到讯问工作预期的目的。通常应注意熟悉和了解以下内容:

1. 熟悉犯罪嫌疑人犯有哪些罪行以及所犯罪行的时间、地点、方法、手段和危害后果等具体情况。

2. 熟悉侦查部门移交来的各种证据材料。弄清案件中已经有了哪些证据;它们的可靠程度如何;能够证明哪些问题,还有哪些问题缺少证据;哪些证据可以在讯问中使用,哪些证据材料不能在讯问中使用。

3. 研究犯罪嫌疑人的身分。弄清犯罪嫌疑人的姓名、籍贯、社会经历,以及是偶犯还是惯犯,被拘捕之前是否受过打击处理等。有些老奸巨猾的惯犯、流窜犯,常常以改名换姓、伪造历史、假冒身份的手法,隐瞒其罪恶,企图蒙混过关,逃避打击。因此,只有搞清犯罪嫌疑人的身分,才能运用正确的策略方法,有效地揭露犯罪嫌疑人的全部罪行。

4. 研究犯罪嫌疑人的特点。掌握犯罪嫌疑人的心理状态、性格、习性、嗜好及被拘捕前后的思想动态等,以便有针对性地进行讯问。

5. 了解犯罪嫌疑人的家庭社会关系,弄清犯罪嫌疑人是单人作案还是与他人合伙作案。对于集团案件,不仅要了解同伙之间的共同罪行,而且还要弄清同案犯各自在犯罪中所处的地位和所起的作用,分清主犯、从犯、胁从犯、教唆犯,他们相互之间有过哪些矛盾和争斗,以便在讯问中根据不同情况,区别对待。

熟悉和掌握案件情况的基本方法就是仔细地审阅案件材料。讯问人员对卷内所列罪行的全部证据材料都要认真阅读和深入研究。其中包括:证人的证言、被害人的陈述、物证、书证、现场勘查记录、鉴定结论、犯罪嫌疑人的坦白交待材料以及卷内所有的文书报告、法律手续,等等。在审阅过程中,要注意各种证据的真伪,证据与证据之间或证据与口供之间有无矛盾,注意哪些问题供、证俱全,哪些问题有证无供或有供无证,以便在讯问和调查中加以澄清。

在阅卷的同时,讯问人员还应请案件的侦破人员介绍案件有关情况。如果案件涉及科学技术方面的专门知识,必要时应请具有这方面专门知识的人员介绍情况,这也是熟悉案情的一种重要方法。

此外,还应查阅各种通报材料,注意分析犯罪嫌疑人在作案手段、作案时间、作案地区等方面,和那些尚未侦破的案件有无相似之处。了解这一情况,有利于挤清余罪,破销积案。

为了掌握犯罪嫌疑人被拘捕以后的思想动态,讯问人员还应同看守所的监管人员密切配合,及时交流和分析犯罪嫌疑人的思想情况。对于犯罪嫌疑人思想上想些什么,有些什么顾虑,讯问中可能出现些什么情况等,都要做到了如指掌。

三、制定讯问计划

讯问人员在熟悉案件情况和掌握犯罪嫌疑人的特点之后,应当以此为依据,制定切实可行的讯问计划,以保证讯问有目的、有步骤地进行。

讯问计划,是指对某一具体案件进行讯问所要采取的步骤、方法和策略等的安排。重大案件应当制订详细的书面计划,一般案件也要有所考虑和安排。书面讯问计划应包括:简要案情;通过讯问所要查明的主要问题;对被告人思想动态和个性特点的分析;讯问的步骤、方法和策略;如何保护秘密侦查手段和检举人;如何处理讯问过程中可能出现的问题,等等。

在计划执行过程中,讯问人员应根据情况的变化适时补充、修改,灵活掌握。因为犯罪分子对抗讯问的手法很多,讯问进程的变化很快,这在制订计划时是难以完全预料到的。只有根据客观情况的变化,灵活地执行计划,不断修改、补充,才能收到良好效果。

此外,对案件进行讯问只有总的计划安排还是不够的。在每次讯问之前,还应根据总的计划安排,作出具体计划。这主要是明确每次讯问的重点,从什么地方问起,如何提问,犯罪嫌疑人可能怎样回答,进一步怎样问法,是否使用证据材料,以及怎样使用,等等,并应列出简单的讯问提纲,以保证讯问工作有步骤地进行。

第三节 讯问的策略方法

犯罪嫌疑人在讯问前和讯问中的心理活动是很复杂的,这是由他们在案件中所处的特殊地位所决定的。尤其是那些犯有严重罪行的犯罪嫌疑人,一般都存在着畏罪心理,并且由此而派生出恐慌、抵触、绝望、侥幸心理,等等。在这些错综复杂心理的驱使下,他们一般不肯轻易交待自己的罪行。有的在被拘留、逮捕之前已做好了思想准备,策划了一套对付讯问的办法;有些结伙犯罪案件,犯罪分子相互之间还订立攻守同盟,他们相互包庇,竭力隐瞒或歪曲事实真相,拒不招供。

犯罪嫌疑人对抗讯问的手段是多种多样的。他们或者沉默不语,对任何问题不作回答;或者大吵大闹,喊冤叫屈;或者避重就轻,谈小不谈大,谈远不谈近,谈原则不谈具体;或者用暴露的部分掩盖尚未暴露的部分;或者篡改问题的性质,把犯罪谈成是缺点错误或一般违法乱纪行为;或者只承认犯罪事实,不交待真正的作案目的、动机;或者故意编造假口供,企图以假乱真;或者嫁祸于人进行欺骗;或者供了又翻,几供几翻;或者装疯卖傻,扰乱讯问工作的正常进行。也有的在讯问中公然行凶、自杀或进行反革命宣传,等等。由此可见,讯问犯罪嫌疑人是一场十分尖锐复杂的斗争,是针锋相对的战斗。所以讯问人员在讯问中,应当根据案件的具体情况和犯罪嫌疑人的心理特点及认罪态度,采取正确的策略方法。在实践中常用的策略方法主要有以下几种。

一、及时做好初审

初审,就是指讯问人员对犯罪嫌疑人的第一次讯问。根据《刑事诉讼法》的规定,执行逮捕、拘留的机关对被逮捕、拘留的犯罪嫌疑人,必须在逮捕、拘留后的24小时以内进行讯问;在发现不应当逮捕、拘留的时候,必须立即释放,并且发给释放证明。这就要求讯问人员在受理案件后,对于被拘留、逮捕的犯罪嫌疑人必须在法律规定的时间内,抓紧进行讯问,不得拖延,否则就是违法。

法律对初审时间所作的上述规定,不仅对于加强社会主义民主和法制具有重要意义,而且对于迅速澄清案情,搞好讯问工作也有着十分重要的策略上的意义。这主要表现在:

1. 及时进行初审,可以尽快地发现冤错案件,立即释放被错拘、错捕的人,使无罪的人免遭长期囚禁,这有利于保护公民的人身权利和民主权利。

2. 及时进行初审,可以利用犯罪嫌疑人刚被拘捕,思想处于惊慌混乱之中,还来不及考虑如何对抗讯问的有利时机,出其不意,攻其不备,促使犯罪嫌疑人老实交待自己的罪行。在一般情况下,犯罪嫌疑人刚被拘捕,失去了自由,同外界隔绝,受到了严格的监督管理,必然会使他心情恐慌不安,来不及深思熟虑地考虑对付讯问的方法,即使被捕前有了对付讯问的思想准备,也会由于被捕后情况的突然变化,而措手不及,很难按照他事先准备的一套来应付讯问。所以在此种情况下,抓紧讯问,往往能够迅速突开缺口,促使犯罪嫌疑人在主要问题上作出交待,为最后查清全部案情打下良好基础。

3. 搞好初审,有利于我们及时获取新的犯罪证据和犯罪线索,经过查证核实,迅速采取措施查缉同案犯,扩大战果。一些集团犯罪,同案中一旦有人被拘捕,其他同案犯发觉后就会潜逃、匿藏、销毁赃证或进行其他破坏活动。因此,抓紧时间进行讯问,当犯罪嫌疑人供出同案犯以后,立即采取查缉措施,就可以将同案犯一网打尽。

初审,是讯问人员同犯罪嫌疑人交锋的第一个回合。一些狡猾的犯罪分子往往利用这个机会观察讯问人员的举止态度和问话语气,察言观色,试图摸底。所以对第一次讯问要特别慎重,力争首战告捷。实践证明,第一次讯问搞得好,有力地揭露了犯罪嫌疑人对抗讯问的手法,动摇了他们的反动立场和侥幸心理,就会迫使他们低头认罪,不敢轻易施展阴谋诡计,这就有利于以后顺利进行讯问。如果初审没有搞好,犯罪嫌疑人自以为得计,觉得讯问人员无能,好对付,或者认为我们没有掌握过硬的证据,其气焰便会更加嚣张,增加以后讯问的困难。

因此，应当严肃对待初审，认真做好准备工作，尤其要根据案件的具体情况和犯罪嫌疑人的特点，注意选择好突破口，以便攻得策略，斗得艺术，争取初审接战的最大成效。

初审的一般方法，首先从犯罪嫌疑人的基本情况问起，要问清犯罪嫌疑人的姓名、别名、绰号、年龄、籍贯、住址、工作单位、职务、民族、文化程度、家庭成员、主要社会关系、社会经历以及有无前科犯罪，等等。然后讯问他是否有犯罪行为，并使其陈述有罪的情节或者无罪的辩解。接着即应按照既定的讯问计划或讯问提纲向他提出问题。要抓住第一次讯问这个有利时机，把问题和材料准备好，重点突破，使犯罪嫌疑人能够在主要问题上做出交待。如果犯罪嫌疑人承认自己有罪并做出交待以后，讯问人员要进一步提出具体问题，指令犯罪嫌疑人做详细交待，力求把主要罪行和犯罪活动的重要情节问出来，以加速案件讯问的进度。同时，还要结合已掌握的证据材料，认真研究犯罪嫌疑人坦白交待的思想动机，判明口供的真伪，以免被假象所迷惑。

在初审中，对犯罪嫌疑人的无罪辩解，应特别注意。如果他讲的有理有据，讯问人员应立即查证核实，一旦发现错拘、错捕，要依照法律规定，及时加以纠正，决不能一听到犯罪嫌疑人申辩无罪或推翻原来的交待，就指责其态度不老实。即使犯罪嫌疑人的辩解全是谎言，也要让他把话说完，然后选择时机，有理有据地进行批驳。

总之，在初审过程中，讯问人员不但要认真听取犯罪嫌疑人有罪的供述，也要耐心听取犯罪嫌疑人无罪的辩解，只有这样才能做到不错不漏，不枉不纵。第一次讯问也是一次面对面的调查。讯问人员要通过初审，进一步熟悉案件情况，了解犯罪嫌疑人的社会经历、智力条件、心理状况、个性特点，摸清犯罪嫌疑人的思想动态，以及对其罪行所抱的态度，以便适时地修改、补充讯问计划，使所确定的讯问策略和方法更有利于迅速查清全部案情。

二、政策、法律教育

讯问中的政策、法律教育，主要是指讯问人员根据犯罪嫌疑人的思想情况和心理状态，有的放矢地宣讲惩办与宽大相结合政策及其他有关刑事政策和法律，晓以利害，指明前途，促使犯罪嫌疑人彻底坦白交待犯罪事实的一种讯问方法。政策、法律教育贯穿于讯问过程的始终，是讯问犯罪嫌疑人经常运用的一项行之有效的基本策略。即通常所说的"政策攻心"。

政策攻心必须攻在心上，击中要害，才能发挥作用。这就是说，宣讲政策，必须结合犯罪嫌疑人的思想，有针对性地进行，不能泛泛而谈。在讯问中，犯罪嫌疑人的思想活动是各种各样的。诸如：有的思想反动，敌视人民民主专政和社会主义制度，被拘捕以后，对抗讯问，气焰嚣张，决心继续同我们较量；有的存在侥幸心理，认为自己作案的手段"高明"，行动诡秘，攻守同盟牢固可靠，公安机关抓不到证据，无法定案；有的畏罪思想严重，害怕受到惩罚，尤其是一些罪行严重或曾经受过打击处理的罪犯，更害怕受到从严惩处；有的顾虑判刑入监后，家属无法生活，爱人离婚，或担心连累家属子女；有的害怕交待了，遭到同伙报复，等等。总之，由于犯罪嫌疑人的社会经历、心理状态、性格特点、罪行轻重以及走上犯罪道路的原因各不相同，他们在讯问中的思想情况是十分复杂的，而且在讯问过程的不同阶段中，不断发展变化。这就要求讯问人员必须随时注意分析和掌握犯罪嫌疑人的思想动态，以便有的放矢地进行政策教育。

"惩办与宽大相结合"的政策包括宽、严两个方面。即有宽有严，严中有宽，宽中有严，宽严相济。我国《刑法》针对犯罪分子的不同情况，作了一系列区别对待的规定。其中包括：从犯从宽，主犯从严；自首立功从宽，抗拒从严；未成年犯从宽，累犯、惯犯从严，等等。讯问人员向犯罪嫌疑人宣传政策时，一定要讲得全面，并且要注意分寸，不能言过其实，违背政策精神，脱离刑法规定的量刑幅度。要留有余地，不要给犯罪嫌疑人"许愿"、"打保票"，不准利用"坦白从宽，抗拒从严"的政策去搞诱供、骗供和逼供。比如，论其罪行不够判死刑，而说什么"不交待就枪毙！"这是虚声恫吓，不会发生作用，只能使犯罪嫌疑人觉得讯问人员无能。论其罪行不能释放的，而说什么"只要坦白了就没事，可以立即释放回家。"实际上办不到，就形成诱供。这样容易造成假案，即使犯罪嫌疑人真正坦白交待了，也不利于对他们的教育改造。

此外，要把政策教育同法制教育、形势前途教育紧密结合起来。还可以从已经处理的案件中，选择一些切合犯罪嫌疑人实际情况的从宽从严的典型案例，有针对性地进行宣传教育，给犯罪嫌疑人指明出路。

应该指出，进行政策教育时，必须正确区分抗拒和正当辩护的界限。对于犯罪嫌疑人有理有据地提出反证，申辩自己无罪或罪轻，讯问人员应耐心听取，不能不分青红皂白，一概视为"抗拒"而横加指责。

三、发现矛盾，利用矛盾

发现矛盾，利用矛盾，就是利用犯罪嫌疑人口供中的矛盾，结合我们所掌握的材料，适时地予以揭露和批驳，以动摇和瓦解其反动思想和顽固态度，迫使其不得不如实供认罪行。这是讯问中经常采用的一种策略方法。

罪犯掩盖罪行，推卸罪责，抗拒讯问，一般惯用的手段就是虚构情况，编造谎言以假乱真。他们或者无中生有，完全胡说一气，或者既讲一些真的，又讲一些假的，真假混杂。但是，谎言不是事实，无论怎样精心编造，说得天花乱坠，不可避免地要露出破绽，它与案件事实之间，与各种证据材料之间，必然会存在着矛盾，无法解决，而且在口供本身的前后供述之间，也会出现漏洞，发生矛盾。认真分析口供,发现其中的矛盾,"以子之矛攻子之盾",正确地加以利用,就能有力地揭露罪犯的反动立场和态度,迫使其低头认罪。罪犯本来要用谎言筑成一道对抗讯问的防线,结果会同其愿望相反,搬起石头打自己的脚,成了套在自己脖子上的一条绳索。实践证明,我们善于抓住这条绳索,好好加以利用,就会争取斗争的主动地位,使罪犯陷入困境。

罪犯编造谎言,说得越多,越容易出漏洞,矛盾就暴露得越多,更有利于我们利用。所以在讯问中要让犯罪嫌疑人多讲。有时明知他说的是谎言,也要让他把话说完。如果发现口供中的某些矛盾可供利用,但暴露的尚不够明显,还应有策略地发问,使他重复谎言,明确起来,以便作茧自缚。在这种情况下,一般不宜过早地批驳,以免引起罪犯嫌疑人警觉,另编谎言,影响矛盾的暴露。

使用这种讯问方法,要注意把矛盾抓准。这就要求讯问人员在讯问过程中,必须认真、细致地分析研究案件材料和犯罪嫌疑人各次口供。在讯问时要边听边分析,要弄清供述中哪些情况不合情理,哪些情况与证据材料有出入,哪些情况在前后的供述中不一致。对于发现的矛盾,必须探究原因,为什么出现了这些矛盾,是犯罪嫌疑人编造虚假情况产生的,还是由于别的什么原因造成的。犯罪嫌疑人说谎话产生了矛盾,是出于什么思想顾虑,为了掩盖什么具体问题。只有认真分析研究,调查核实,才能把矛盾的问题搞准确,找出能够击中犯罪嫌疑人要害的矛盾。

掌握了矛盾以后,还要善于利用这些矛盾去揭露罪犯。要求讯问人员具有坚强的毅力和决心,掌握机动灵活的战略战术,事先做好充分的准备。在什么时机利用矛盾进行揭露,运用哪些矛盾进行揭露,是抓住犯罪嫌疑人供述中的一系列矛盾由小及大,由浅入深,一个接一个连续揭露,步步紧逼,深追细问,使他不能自圆其说,还是选准要害问题,给以突如其来的袭击,使其立即面临绝境,这都要从案件和犯罪嫌疑人的具体情况出发,慎重研究决定。同时,每一次发问,还要估计到犯罪嫌疑人可能做出怎样回答,以及我们如何进一步发问。必要时还可以适时地使用一点证据,把犯罪嫌疑人的狡辩彻底驳倒。

当犯罪嫌疑人经过揭露和批驳,已经理屈词穷,无法辩解,发生动摇时,要适时进行政策教育,指明出路。一方面,要狠批其反动立场和顽固态度,严肃指出说假话,搞欺骗,这是抗拒的表现,是决不能得逞的,如果执迷不悟,必将受到严厉惩罚,使其受到强大思想压力。另一方面,又要向他指出现在悔悟,转变态度,仍然可以得到宽大处理,促其迅速交待罪行。

对于集团案件,我们还可以利用同案犯之间的利害冲突和相互不信任,进行分化瓦解,重点突破。如果同案犯之间有攻守同盟,则应在分别讯问的情况下,抓住相互之间口供的矛盾和漏洞,适时予以揭露,各个击破。

四、迂回包抄和重点突破

迂回包抄和重点突破,是两种常用的讯问方式。对犯罪嫌疑人的讯问,究竟采用哪种方式,这要取决于案件的复杂程度和我们掌握的证据材料的多寡。有的案件情况复杂而我们所掌握的证据材料又比较少,在这种情况下,一般可采取迂回包抄的方式进行讯问。在讯问时,有意识地绕过主要问题,而从具体问题入手,由远而近,由浅入深地向犯罪嫌疑人提出一些与案件关系较小的问题,借以麻痹犯罪嫌疑人,使他很容易回答,精神不致过分紧张,也摸不到讯问人员的意图,从而无意中谈出对案件有重要价值的情况,或者暴露一些可供利用的破绽,这就为最后追问主要问题创造条件。

运用迂回包抄的方法,事先一定要做好准备。要有计划有目的地进行提问。既要避免暴露讯问意图,又要使罪犯嫌疑人的供述不离开问题的中心。发问要具体,逻辑性要强,使犯罪嫌疑人只能做正面回答,而没有更多思考的余地。当把与主要问题有关连的一些具体问题逐个问清楚之后,再选择适当时机集中力量攻主要问题,就会使犯罪嫌疑人陷入既无法回缩,又推脱不了的困境,只好束手就擒,老实交待罪行。

有些案件或案件中的某些问题,如果我们已经掌握了确凿有力的证据材料,也可以采用单刀直入,重点突破的方法。在讯问中,直接点出主要问题,令犯罪嫌疑人做出交待。这样,出其不意,攻其不备,往往置犯罪嫌疑人于措手不及的境地,使其不得不如实交待。采用这种方法,要求讯问人员,事前一定要摸清犯罪嫌疑人的思想动态,并且要把问题和材料都组织好,同时还要同政策攻心相结合。

五、正确地使用证据

正确地使用证据,是揭露犯罪嫌疑人的顽固态度,瓦解其侥幸心理,迫使其老实交待的一种有效方法。

在讯问中,有些犯罪嫌疑人自以为作案手段"高明",行动诡秘,侦查机关搞不到证据;或者迷信与同伙订立的攻守同盟牢固可靠,犯罪情况不会泄露出去,因而态度顽固,拒不供认。在这种情况下,正确地使用某些证据,去揭穿犯罪嫌疑人的谎言和假供,瓦解其侥幸心理,往往能够起到攻破一点,打开局面,攻下全案的作用。

在预审阶段,案件的证据情况是各不相同的。有些案件掌握的证据多,有些案件掌握的证据少;有些案件仅掌握了罪犯某一罪行的证据,不掌握罪犯其他罪行的证据;有些案件只有间接证据,而无直接证据;有的案件已掌握的证据,只能说明犯罪嫌疑人有犯罪的重大嫌疑,缺乏证实犯罪嫌疑人有罪的有力证据。因此,如何使用证据,使用哪些证据,在什么情况下使用证据,事先都必须认真研究,注意斗争策略,讲究斗争艺术。千万不能让犯罪嫌疑人摸到掌握证据的底细。因此,必须注意以下问题:

1. 对准备出示的证据材料,必须认真查证,仔细鉴别,慎重选择。只有查证核实、确凿可靠的证据,才能使用。如果使用的证据不可靠,不仅达不到使用证据的目的,反而使犯罪嫌疑人觉得没有掌握他的真凭实据,更加助长侥幸心理,给以后的工作造成困难。

2. 必须注意选择时机,讲究方式方法。一般说来,以下几种情况使用证据效果比较好。

(1) 犯罪嫌疑人存在严重侥幸心理,因而态度顽抗,气焰嚣张,拒不供认的时候,乘其思想毫无准备之际,出其不意地出示证据材料,使之陷入被动,迫使他在铁证面前,不得不老实交待罪行。

(2) 经过政策攻心,犯罪嫌疑人的思想开始动摇,但还在犹豫不决的时候,及时出示证据,可以打掉他的幻想,加速其动摇转化过程,决心走坦白交待的道路。

(3) 当犯罪嫌疑人已开始交待罪行,但由于畏罪思想严重又准备往后缩的时候,适时出示证据,向他表明,我们早已掌握了全部罪证,不交待是滑不过去的。这就有利于促使犯罪嫌疑人下决心彻底坦白交待,而不会因为交待了部分问题又感到后悔翻供。

使用证据要根据犯罪嫌疑人的不同情况,采取不同的方法,或者开门见山,或者暗中点破,或者直指要害,或者由小及大,连续使用,一追到底。

3. 必须注意留有余地。要力争以较少的证据,获得比较大的战果。在讯问中,只能向犯罪嫌疑人出示个别的证据或证据的某一部分,不能把案件中的各种证据,全盘端出来。同时,对证据材料中的具体细节也不能全部暴露,某些带有关键性的情节,应予以保留,以便据此检验犯罪嫌疑人的供述是否真实可靠,态度是否老实。

六、制作讯问笔录

讯问人员在讯问犯罪嫌疑人时,必须制作讯问笔录,将讯问人员的提问和犯罪嫌疑人的回答如实地记录下来。讯问笔录是以文字记录为主,但在讯问重大案件犯罪嫌疑人时,可以辅之以声像记录。讯问笔录是讯问犯罪嫌疑人全过程的文字记载和客观反映,它对于了解讯问的过程和内容,检查办案质量,分析判断犯罪嫌疑人供述的真伪都具有十分重要的意义。

制作讯问笔录应注意以下事项:

1. 讯问时,讯问人员不得少于二人,要有专人负责作记录,不准许一个讯问人员自审自记。这不仅对于保证讯问质量和记录质量是必要的,而且也是保障讯问人员人身安全的一项重要措施。

2．记录员事前必须全面熟悉案件情况,包括主要犯罪事实情节和与案件有关的人名、地名、单位、专用名词、术语等;此外还要熟悉整个讯问计划和每次讯问的重点、意图,以便与讯问人员密切配合,协同作战。

3．必须如实反映讯问情况。对讯问人员的提问和犯罪嫌疑人的陈述,应采用一问一答的方式,不失原意地记录下来。同时,又要注意抓住重点。对于涉及案件的重要事实情节,要一字不差地记录原话。特别是当犯罪嫌疑人供述犯罪事实时,要把他供述的作案时间、地点、手段、方法、过程、后果、动机、目的以及与犯罪有关的事和人等记录得清清楚楚。如果犯罪嫌疑人讲得太快,记不下来,讯问人员要让犯罪嫌疑人讲得慢一些,在关键的地方可以让他再重复一遍。此外,对于犯罪嫌疑人在讯问过程中的心理活动和外部表情,如哭笑、吵闹、低头不语、冒汗、发抖等,也要在讯问笔录上如实地加以反映。

4．笔录要做到语句通顺、字迹清晰。要防止影响原意的错别字和不应有的省略。对犯罪嫌疑人供词中的方言土语和事物名称的简称,要加以注明。

5．每次讯问结束后,要令犯罪嫌疑人阅读讯问笔录,没有阅读能力的,要向其宣读。然后在笔录的最后一页写明"以上给我看(或念)过,记录正确无误",让犯罪嫌疑人签名或捺手印,并写上日期。拒绝签名(盖章)或捺印的,应当在笔录上注明。

如果记录有遗漏或者有差错,应当允许犯罪嫌疑人补充或者更正,并令其在补充或涂改的地方捺手印。如果不是记录有误,而是犯罪嫌疑人要借机更改口供,或统一前后供词的矛盾,则不予修改,可令犯罪嫌疑人在笔录的末页上加以说明。

讯问人员、记录人员以及翻译人员要分别在讯问笔录上签名。

犯罪嫌疑人请求自行书写供述的,应当准许;必要时,讯问人员也可以要犯罪嫌疑人亲笔书写供词。

第四节 讯问应当注意的问题

为了保证讯问工作顺利进行,侦查人员在讯问犯罪嫌疑人时应当注意以下问题。

一、保障犯罪嫌疑人依法享有的诉讼权利

根据我国《刑事诉讼法》的规定,犯罪嫌疑人在接受讯问时享有下列诉讼权利:

1．有对自己的行为进行辩解的权利。讯问人员对于犯罪嫌疑人的辩解,应当耐心听取,认真研究。对犯罪嫌疑人提供的反证,要认真查对,辨明真伪。决不能把犯罪嫌疑人的辩解一律视为狡辩抵赖或抗拒讯问,轻率地予以指责或批驳。

2．对侦查人员提出的与案件无关的问题,有拒绝回答的权利。法律赋予犯罪嫌疑人这项权利的目的,主要是为了保证侦查人员集中精力查清案情,及时准确地揭露犯罪和证实犯罪,防止侦查人员讯问与案件无关的国家机密、个人阴私等问题,以维护国家利益和犯罪嫌疑人的合法权益。但是,法律规定,犯罪嫌疑人对自己所犯的罪行,无权拒绝侦查人员的提问,应当如实回答,不得作虚伪陈述。侦查人员在讯问中提出的问题虽与本案无关,但与其他犯罪案件有关,犯罪嫌疑人也应如实回答。

3．有要求阅读或向其宣读讯问笔录的权利;如果认为笔录的记载有错误或遗漏,有要求改正或者补充的权利。

4．有用本民族的语言文字回答侦查人员讯问的权利。

5．对非法讯问及刑讯逼供行为有提出控告的权利。对犯罪嫌疑人所享有的上述权利,讯问人员不得予以限制或剥夺。

二、正确对待犯罪嫌疑人的供述和辩解

犯罪嫌疑人的口供,包括犯罪嫌疑人的供述(即承认自己犯有某种罪行所做的交待)和辩解(即否认自己犯有某种罪行和反驳指控等所做的申辩和解释)两个方面。根据刑事诉讼法的规定,犯罪嫌疑人的供述和辩解,经过查证属实后,也是一种证据。

讯问犯罪嫌疑人是一种重要的调查研究工作,是要犯罪嫌疑人自己供述有关案件的事实情况。因为犯罪嫌疑人对自己是否实施了某种犯罪活动,以及如何进行犯罪,最为清楚。他的口供无论是供述自己的罪行,还是辩解,总要直接或间接地涉及与案件有关的事实,经过查证核实,就可以据此了解案件事实,因而能够成为认定案件事实的一种根据。特别是,在强奸、诈骗、扒窃等类案件中,口供对查明案情更具有重要意义。同时,通过口供可以对其他证据进行鉴别和印证,并且还可以发现新的证据和线索,有利于追清新的罪行,揭发新的犯罪分子。另外,通过口供还能够具体衡量和评断罪犯坦白认罪态度,有利于正确贯彻"惩办与宽大相结合"的政策。即使是犯罪嫌疑人狡辩抵赖或胡编乱造、以假乱真的口供,我们也可以从中发现疑点和矛盾,加以利用,进行揭露。所以,在讯问过程中,应当采取正确的策略方法,进行艰苦细致的工作,尽量取得犯罪嫌疑人的口供,如果犯罪嫌疑人什么都不讲,则势必会给定案处理增加困难。

犯罪嫌疑人是受审查的对象,与案件的结局有着直接的利害关系,这种特殊

的诉讼地位,便决定了犯罪嫌疑人口供的复杂性。有的为了掩盖自己的罪行,逃避惩罚,而故意编造谎言,捏造事实,避重就轻,狡辩抵赖,嫁祸于人,很难轻易据实供述。有的由于感到自己的罪行已经败露,推脱不了,或者经过政策教育后有了悔悟,愿意争取得到从宽处理,而供述自己犯罪活动的真实情况。有的本来未有进行犯罪,但基于某种原因而承认不是自己所干的犯罪活动。因此,对于犯罪嫌疑人的口供,无论是辩解,或是承认罪行,或是检举揭发别人,都必须持十分慎重的态度,决不能盲目轻信,更不能作为查明案件事实的惟一根据。

实践证明,在办案中轻信犯罪嫌疑人的口供,往往会造成严重的后果,如果轻信犯罪嫌疑人否认犯罪的辩解,就容易放纵犯罪分子,如果轻信犯罪嫌疑人承认自己犯罪或检举他人犯罪的供述,就容易造成冤、假、错案,伤害无辜。而且轻信口供,不适当地夸大口供的作用,必然会导致忽视全面收取和认真分析研究其他证据,而只在口供上花精力下功夫,就容易犯诱供、逼供的错误。一旦有了口供,又往往忽视必要的查证核实工作,不审慎地搞清其是否符合案件的客观实际,就轻率地把它当做认定案件事实的依据。与之相反,在没有口供的情况下,虽然已经取得了充分、确凿的证据,案件事实已经很清楚,又会认为无口供而不能定案。显然,这对于准确、及时地打击敌人,惩罚犯罪,保护人民,是十分有害的。

应该指出,我们说,不轻信口供,并不是说对口供完全不能相信,更不是说不要口供。经过查证符合客观实际的口供,当然应当相信,可以用作认定案件事实的一种根据。总之,口供可以信,但决不可轻信。口供能不能信,取决于是否符合客观存在的事实。所以,我们在讯问过程中,既要积极采用有效措施获取犯罪嫌疑人的真实口供材料,又要特别重视对口供以外的各种证据材料的收集和运用,并使口供和各种证据紧密配合,相互印证,以保证准确地查明案件的事实真相。

三、严禁刑讯逼供

刑讯逼供,是历代反动统治阶级司法活动的一个重要特点,是奴隶主阶级、封建地主阶级和一切法西斯主义者用来镇压广大人民群众的一种最野蛮、最残暴的手段。它同我国人民民主专政的政权性质是根本不相容的,是我们党历来所坚决反对的。早在1940年,毛泽东就在《论政策》一文中强调指出:"对任何犯人,应坚决废止肉刑,重证据而不轻信口供。"[①] 建国以后,毛泽东又多次指出:"共产党不能搞车轮战,逼、供、信,要让人家睡好觉再审讯"。周恩来也曾严肃指出,审理案件不能单纯凭口供,要有证据,有物证、人证、旁证,不能用逼供信的办法,也不能指供诱供,这样都会犯错误,冤枉人。

---

① 《毛泽东选集》(一卷本),人民出版社1964年版,第725页。

实践一再证明,刑讯逼供这种主观唯心主义的讯问方式对于党的事业危害极大。它不仅不能帮助我们查清案情,正确处理案件,相反,它常常会把一些案件搞得真假难分,更加复杂化,甚至发生扩大化的错误,造成错关、错判、错杀的严重后果。

我国刑事诉讼法和刑法总结了长期以来司法实践正反两个方面的经验和教训,明确规定:"严禁刑讯逼供和以威胁、引诱、欺骗以及其他非法的方法收集证据。"(《刑事诉讼法》第43条)"司法工作人员对犯罪嫌疑人、被告人实行刑讯逼供或者使用暴力逼取证人证言的,处三年以下有期徒刑或者拘役。致人伤残、死亡的,依照本法第234条、第232条的规定定罪从重处罚。"(《刑法》第247条)由此可见,搞刑讯逼供是党纪国法所不容的。我们必须进一步提高思想认识,并决心采取有效措施,彻底杜绝刑讯逼供这种违法犯罪行为。

四、对犯罪嫌疑人的供述和辩解要认真审查判断

犯罪嫌疑人口供与其他证据相比,有着更大的虚假性,这是由犯罪嫌疑人在诉讼中所处的特殊地位决定的。所以,对犯罪嫌疑人的供述和辩解必须认真细致地进行审查判断,以确定其是否真实可靠,与案件事实有无联系。审查判断犯罪嫌疑人口供主要应采取以下方法:

1. 审查犯罪嫌疑人口供是否符合客观事物发生、发展的一般规律。对犯罪嫌疑人供述的犯罪事实,从犯罪时间、地点、动机、目的、手段和后果等各个方面进行综合分析研究,判断在当时的具体条件下,犯罪嫌疑人是否可能实施某种犯罪行为,是否合情理。如果发现矛盾,则应进一步调查、核对。对于犯罪嫌疑人的辩解,同样也要审查是否具有合理性,是否符合客观事实。

2. 审查犯罪嫌疑人供述或辩解的动机

实践表明,犯罪嫌疑人供述或辩解的动机是复杂多样的。由于动机不同,供述或辩解的真实程度也就明显不同。所以,查清被告人提供口供的动机,是甄别犯罪嫌疑人口供真伪的一个重要方法。

3. 审查犯罪嫌疑人是在什么条件下作出供述或辩解的。即查清犯罪嫌疑人是否受到讯问人员的刑讯逼供或诱供、骗供,是否受到同案犯的威胁、引诱,以及外界的其他不良影响。这对于正确判断供述和辩解的真实性,具有重要意义。

4. 审查犯罪嫌疑人的口供与案件中其他证据是否一致。首先要审查犯罪嫌疑人前后多次口供以及与同案犯罪嫌疑人之间的口供有无矛盾,如有矛盾,则应分析研究存在矛盾的原因;如果同案犯之间口供完全一致,还应查清他们之间是否订立攻守同盟或者相互串供。然后,将犯罪嫌疑人的口供同案件中的其他证据联系起来,进行综合分析判断,使之相互印证,看它们彼此之间是否协调一致,鉴别其真伪。

第十七章 杀人案件的侦查

第一节 杀人案件的特点

一、杀人案件的概念

刑事侦查学所研究的杀人案件,主要是指故意非法剥夺他人生命的犯罪案件,即我国《刑法》第232条规定的故意杀人罪。本罪的主要特征是:(1)侵犯的客体是他人的生命权利。只要是有生命的人,都可以成为杀人罪所侵害的对象。(2)在客观方面,行为人必须具有非法剥夺他人生命的行为。这种行为一般表现为作为,如刀砍、枪击、棒打、手掐、绳勒、投毒、触电,等等,个别的表现为不作为,如母亲不给婴儿喂奶,将婴儿饿死。(3)在主观方面,必须具有杀人的故意,即行为人预见到自己的非法行为会发生使他人死亡的结果,并且希望或者放任此种结果的发生。

故意杀人罪,是侵犯公民人身权利罪中最严重的犯罪,对社会秩序和人民生命安全危害极大。为了维护社会秩序,保障人民的生命安全,充分发挥广大人民群众在社会主义现代化建设中的积极性和创造性,必须切实加强杀人案件的侦查工作,积极侦查,迅速破案,严厉打击杀人凶犯。

二、杀人案件的特点

杀人案件种类繁多,情况复杂多样,一般来说,具有下列特点。

(一) 多有预谋准备过程

杀人是一种严重犯罪行为,一旦被揭露,就要被处以重刑。而被害人在遇到非法侵害时也会殊死搏斗。所以,犯罪分子为了达到杀人的目的,逃避国家法律的惩罚,在实施杀人之前一般都要进行周密策划,充分准备。包括杀人凶器的准备,杀人时间和地点的选择,杀人方法和手段的确定,接近被害人方式的策划,等等。尤其是合谋杀人的案件,凶手相互之间事先必然要秘密串通,明确分工,并订立攻守同盟。这些预谋准备活动往往会在客观外界留下痕迹物证,在群众中有所暴露,从而为揭露和证实犯罪提供有利的条件。

(二) 有尸体或伤残者存在

杀人案件,一般都有被害尸体或伤残者存在。通过对尸体和伤痕检验,可以判明事件的性质,杀人的时间、地点、方法、手段、凶器种类,杀人的动机、目的及作案过程,等等,这是侦查杀人案件的有利条件。

(三) 现场上遗留的痕迹物证较多

杀人案件的作案过程大都比较复杂,凶犯在现场上活动的时间比较长,往往与被害人之间有过搏斗,有的杀人现场,犯罪分子除了杀人之外,还实施了盗窃、抢劫、强奸、放火等多种犯罪行为,因此在现场上留有较多的痕迹物证,这就为确定侦查方向,证实犯罪提供了重要依据。

(四) 犯罪人与被害人之间往往存在较深的矛盾冲突

杀人的动机是多种多样的,有的为图财而杀人;有的为了奸情而杀人;有的基于流氓动机而杀人;有的为了摆脱经济负担而杀死亲属;有的对批评人、检举人心怀不满而报复杀人;有的犯罪后为灭口或拒捕而杀人;有的受侮辱、迫害,出于激愤而杀人,等等,这些不同的杀人动机反映了犯罪人与被害人之间存在某种矛盾冲突。杀人行为的实施则是此种矛盾发展和激化的结果。所以犯罪人与被害人之间的某种矛盾冲突与死亡结果之间存在比较明显的因果联系是杀人案件的一个重要特点。这种因果联系对于侦查人员正确判断案情,确定侦查范围,查获犯罪分子,有着十分重要的意义。

第二节 杀人案件的现场勘查和案情分析

一、杀人案件的现场勘查

杀人案件的侦查通常是从现场勘查开始的。实践证明,搞好现场勘查是侦破杀人案件的关键。勘查杀人现场应抓住以下重点:

(一) 认真勘验尸体现场

勘验尸体现场,是侦破杀人案件的首要环节。一般做法是,以尸体所在地点为中心,对现场的每个部位和物体,以及现场的周围环境和凶犯进出现场的路线等进行全面仔细地勘验。在勘验过程中,应细心地发现和提取与犯罪活动有关的各种痕迹、物品,并认真地进行分析,特别要注意寻找和研究以下痕迹、物品:

1. 凶犯的手印、脚印、破坏工具痕迹、交通工具痕迹,以及抵抗搏斗痕迹等。

2. 杀人凶器。凶犯杀人后,常把凶器(如刀、斧、匕首、枪支、绳索、棍棒等)丢弃在现场上或现场附近的河沟、水洼、草丛、厕所等处。在勘验中要仔细寻找,发现后,不要随便触摸,以防破坏凶器上的手印和附着物。

在勘验使用枪支射击杀人现场时,必须设法寻找射击弹头、弹壳。这主要应从发射地点和弹着点附近去找。要注意检查地面、草丛、墙壁、家具、天棚、树木等物体。有条件的地方,可以使用探雷器寻找。弹头有时也可能留在尸体内,解剖尸体时应注意发现。

3. 血迹。在多数尸体现场上都遗留被害人或凶犯的血迹。这些血迹不仅可以作为揭露和证实犯罪的重要证据，而且也是分析案情、确定侦查方向的客观依据。侦查人员依据现场血迹分布的部位、形状、数量、大小、距离尸体的远近及所呈现的各种形状，可以推断凶犯行凶的过程，死者与凶手当时所处的位置、动作，凶犯有无受伤和移尸等情况。因此，必须特别注意发现和研究现场血迹。

血迹通常是红色或深红色，经过一段时间，会逐渐变成褐色、棕色、灰色。遗留在深色物体上的血迹，往往不很明显，用肉眼观察不易发现。在寻找时，可利用阳光、蜡烛和手电筒等照明工具进行斜光检查，有亮光的地方可能是血迹。也可以利用紫外线检查，如果发生土棕色的荧光反应，可能是血迹。此外，将联苯胺冰醋酸溶液点在可疑斑点上，如果呈蓝色反应，可能是血迹。

在室内寻找和发现血迹，应仔细检查地面、墙壁、门窗、床铺、被褥、毛巾、家具、凶器等与案件有关的物品。如果估计凶犯可能将物体表面的血迹擦去或洗掉时，可将有关物体（如地板、砖缝、家具及带有把柄的凶器等）拆开检查；检查衣着时，要特别注意衣缝、衣袋、袖口、裤脚、钮扣孔及衣服的皱折等处。衣服表面上的血迹有时会被洗掉，但是衣服缝隙和布纹里的血迹往往反映得很清楚，所以必须仔细检查，必要时，可以将衣服拆开。

勘验室外现场时，应注意检查尸体旁边的石头、砖块、木棒、草叶和树叶等物体上面是否附有血迹。对当场抓获的现行犯和拘留的重大犯罪嫌疑分子，应对其衣服、鞋袜、头发和指甲缝等处进行细致检查。

对已发现的血迹应妥善地加以提取。有条件的可以提取带有血迹的原物，如凶器、衣物等。对附着在墙上、窗上、地板等物体上的血迹，可用小刀把血迹刮下来，用洁净的纸包好；对微量血迹，可取干净的棉纤维或纱布一条，用清洁水浸湿，放在血迹上吸附，晾干后，用干净纸包好。但应注意，棉纤维和纱布条不宜过大，以防止血迹分散，失去检验条件。

4. 凶犯的衣着和用品。凶犯在作案过程中，有时会把衣服、帽子、鞋袜、手套等遗留在现场上。根据这些物品的式样、剪裁方法、材料质量、磨损程度和附着物等具体特征，往往能够判明凶犯的身高、体态、居住地区、经济情况、职业、爱好及生理方面的特点等。此外，在现场上还可能发现凶犯遗留的其他物品，如烟头、火柴、瓶子、报纸、钮扣、绳索、麻袋、钥匙、钢笔、手电筒以及毛发、唾液、鼻涕、粪、尿、精斑，等等。这些东西对于分析案情和认定犯罪也会起一定作用。其中有的可供化验血型；有的可以帮助分析凶犯的生活习惯和职业；有的可能留下凶犯的手印，提供痕迹检验；有的可供查找商标号码、销售地区和使用对象等。实践表明，有些现场遗留物，乍看起来似乎是零散的，甚至是微不足道的，但是，如果把它同整个案件材料联系起来，进行深入调查和综合分析，往往能够为侦查破案提供重要的线索和证据。所以,在现场勘验中,对一切与案件有关的物品都应该仔细加以发现和提取,一丝一发和片纸只字也不要遗漏。

5. 尸体附着物。在死者的身上和衣着物品上,往往沾附着泥土、灰渣、树叶、油漆、面粉、杂草等物质,由于这些物质各具有一定的特殊性,可用以判断案情和确定侦查方向。

为了发现尸体附着物,除了认真检查死者的衣着和用品以外,还应仔细检查死者的头发、腋下、阴部及口、鼻、耳腔等隐蔽部位有无异物,并注意死者手中和指甲缝里有无毛发、皮肤、衣布片以及泥土、杂草等物。

(二)细致地检验尸体

尸体检验是侦破杀人案件的一项重要措施,通常应由法医来进行。尸体检验分为尸体外表检验和内部解剖检验两种,其主要目的是:确定死亡的原因;推断死亡的时间;判断致死的手段、方法、过程和致伤凶器的种类;判明事件的性质。

尸体外表检验:

1. 衣着检验:逐件详细检查死者所穿衣着状况,注意衣着是否整齐,有无凌乱、撕扯现象,钮扣有无解开或脱落;每件衣着的质料、颜色、式样、新旧程度,有无特殊标记;衣着上面有无泥垢、血迹、粪便、精斑等附着物,附着物的形状和分布位置;衣兜内有无证件、图章、笔记本、书信、遗书、财物和票证等,并应做详细记录;对于损伤尸体还应检查衣着物有无破损,并注意破损处与损伤的部位和形状是否相符。对于无名尸体,应将其有特征的衣着和证件提取保存,以备用来查证死者的身分。然后,将死者的衣着脱掉,对尸体外表进行检验。

2. 尸表的一般检验:测量尸体的身长、体重,检查体格发育和营养状况;有无畸形、伤疤;全身皮肤的颜色,有无特殊的印记、斑痕、针眼及皮肤病等。

3. 检验尸体现象:测量尸体的温度;检查尸斑出现的部位、颜色和浓度,指压后是否褪色;尸僵出现的部位、强度,破坏尸僵后能否再形成;有无局部干燥的现象;是否发生腐败及腐败的程度等。

4. 尸体各部检验:

头部:头发的颜色、长度和发型;沿着毛根仔细检查头皮有无损伤、皮下出血和隆起现象,有无异物嵌入颅内;扣击头部各处,注意有无明显的骨折;若有伤口时,应将伤口周围的头发剪掉检查。

颜面部:面部的颜色,有无肿胀发绀现象;上下眼睑有无皮下出血或肿胀现象,瞳孔的大小,左右是否对称;外耳道是否出血,有无损伤或异物;口鼻腔内是否有血液或其他液体流出,有无异物或特殊气味;舌尖是否伸出两齿列间,有无咬伤;口唇粘膜的颜色,有无皮下出血或破损;牙齿的数目、排列情况,有无假牙和外伤性缺损等。

颈项部：有无表皮剥脱、皮下出血或创伤；有无索沟、掐痕、指甲痕及皮肤变色等现象。

胸腹部：胸腹部是否平坦，左右是否对称，有无表皮剥脱、皮下出血、创伤、骨折或其他异常现象。若系女尸，还应检验有无妊娠特征。

外生殖器官：有无肿胀、外伤和出血等现象，是否附着尿液、精斑及其他异物；对于青少年女尸，还应检验处女膜有无破裂。

四肢：上下肢的姿态，有无外伤或骨折；两手有无抵抗伤，指甲缝内有无血迹、毛发等异物。

背部：有无外伤；脊柱有无脱位或骨折。

肛门：有无外伤或粪便、尿液等。

当上述检验完毕后，须捺取死者十指指纹和掌纹，以供比对之用。

尸体解剖检验：

我国《刑事诉讼法》第104条规定："对于死因不明的尸体，公安机关有权决定解剖，并且通知死者家属到场。"经过尸体外表检验后，如果尚不能准确地判明死亡原因时，须按规定进行尸体解剖检验。

解剖检验的一般做法：首先由尸体的下颌下缘正中部位开始至耻骨联合处，沿人体正中线作直线形切口，打开胸腔、腹腔，观察各脏器的位置是否正常，有无出血、粘连、损伤、溃烂及其他异常现象。然后，取出心脏、咽喉、气管及食道、肺脏、肝脏、脾脏、胰脏、胃、大肠、小肠、肾、肾上腺、膀胱等脏器，逐个检查其重量、性状、表面和切面的情况，有无损伤或病变，有无积液、出血或异物等。必要时，应将颅腔打开，检验有无颅内血肿，脑实质有无出血。要仔细观察大脑、小脑、桥脑、延脑等有无异常变化。对有中毒征象的尸体，应提取足够数量的检材，供毒物化验用。

(三) 深入开展调查访问

侦查人员在勘验现场和检验尸体的同时，还要抓紧时间访问报案人、发现尸体的人、死者家属、现场周围群众和知情人。在访问过程中，应重点了解以下情况：

1. 发现案件的具体时间、地点和条件；当时现场的情况怎样，后来现场是否发生变动，以及变动的情况和原因；发案后，有哪些人到过现场，他们的言行表现如何。

2. 死者的姓名、年龄、职业、住址、政治态度、经济情况、家庭成员和社会关系，与人是否有私仇或者婚姻、恋爱纠纷，家庭成员之间是否和睦，死者的性格特点和思想作风，有无奸情关系和自杀因素，以及平时生活起居规律等。

3. 死者在发案前的活动情况，当时的行动去向，是否有人搭伴，携带何种财物，有无反常表现。尤其应查明有谁最后一次见到死者，相遇的时间、地点，死者的衣着打扮、行动表现,同死者在一起的还有什么人,等等。

4. 在发案时间内,是否有人听到厮打、呼救的声音或看到有人进出过现场,发现什么可疑情况。

5. 对于谋财杀人的案件,应详细了解损失财物的名称、种类、数量、体积、重量、价值、新旧程度、特征,以及这些财物原来的存放、保管情况等。

6. 死者家属、亲友和周围群众有关案情的分析议论,诸如是自杀还是他杀或病死,哪些人有行凶杀人的嫌疑及其根据。

7. 如果被害者受重伤,应立即进行抢救,并设法询问其姓名、住址,遇害经过,凶犯的姓名、住址、面貌特征,使用什么交通工具,以及在搏斗过程中凶犯是否受伤,等等。

8. 弄清凶器和其他现场遗留物的用途及来源,即查询这些东西是属于死者本人的还是他人的,是现场上原来就有的,还是凶犯作案时带到现场上的,还应进一步查明该凶器或遗留物生产制作的地区、单位和销售使用的范围。

9. 若系无名尸体,应组织现场周围和有关地区的群众对尸体进行辨认,及时查明死者身分。

二、分析案情,确定侦查范围

杀人案件的案情分析,应以辩证唯物主义为指导,对现场勘验、尸体或伤痕检验、调查访问所获得的材料进行综合分析判断,主要包括以下几个方面的内容。

(一) 判明致死的原因

犯罪分子行凶杀人后,为了掩盖罪行,逃避惩罚,往往伪造现场,制造假象。他们常用的手段就是把他杀伪装成自杀、病故或灾害事件。在实际工作中,有时会遇到有的人基于某种个人目的,故意自伤身体,而谎报被歹徒杀伤;有的死者家属和亲友故意将自杀或暴病死亡说成是他杀,借以诬陷他人。所以,侦破凶杀案件,首先必须查明死亡原因,判明案件性质。

对伤害致死的尸体,要结合现场情况,仔细检验伤痕,特别要注意从以下几个方面来鉴别死者是自杀还是他杀或意外事故:

1. 从现场情况来看,自杀者现场一般比较整齐,无抵抗搏斗痕迹,若在室内自杀,往往将门窗反插。尸体附近常遗留有凶器、剩余毒物及遗书等。

他杀者现场一般比较紊乱,多有抵抗搏斗的痕迹;死者衣着不整齐;室内或死者身上携带的财物往往下落不明,有时在尸体附近可发现来历不明的遗留物。

2. 从损伤的部位来看,自杀者损伤的位置分布比较集中,而且是死者自己双手所能达到的部位;损伤排列整齐,方向一致;四肢无抵抗搏斗伤。

他杀者损伤的位置分布不规整,方向不一,在尸体的前后左右均可发生,而且有些损伤可发生在死者本人无法形成的部位上；四肢常有抵抗伤；有时会发现死者受伤后不可能完成的动作，如系裤带、戴帽子、盖被子等。

3. 从损伤的程度看，自杀者轻伤较多，重伤较少，特别是立即致命伤通常只有一处。

他杀者伤势一般较重，如果在尸体上发现有两处以上立即致命伤时，则可推断为他杀或意外事故。

4. 从凶器来看，自杀者多用较轻便的凶器，如小刀、剃刀、保险刀片、剪刀等；他杀者往往用一些较笨重的凶器，如棍棒、铁锹、斧头、砖头等。

5. 从血迹及其他痕迹的遗留情况来看，自杀者现场上血迹的分布与损伤的部位和自杀时的姿势相一致，凶器上常留下死者自己的手印；他杀者血迹分布较紊乱，现场上可发现其他人的手印、脚印或其他痕迹。

对于窒息死的尸体，如缢死、勒死、扼死、溺死等，要注意是否具有窒息的一般特征；尸体上有无典型的暴力痕迹；索沟是呈马蹄状还是呈环状，有无生活反应；尸体周围有无挣扎搏斗痕迹。对水中发现的尸体，除窒息的一般特征以外，还要注意是生前落水还是死后落水，尸体上有无致命损伤及被扼、勒或毒害的征象。

为了判明致死原因，还应认真分析研究死者家属、现场周围群众和知情人提供的情况，要特别注意了解死者在发案前有无反常表现和自杀因素，有无突然病死的可能或被害的可疑迹象等。

(二) 推断作案时间

杀人案件的作案时间，主要包括凶手行凶杀人的时间、被害人死亡的时间和杀人后凶犯在现场上逗留的时间等。有的犯罪分子在行凶杀人以前在现场上实施盗窃、抢劫或强奸等犯罪行为，实施这些犯罪行为的时间，也应包括在作案时间之内。关于推断作案时间的一般方法，在现场勘查一章内已经作了系统介绍，这里着重讲如何判断死亡时间。

1. 根据尸冷、尸斑、尸僵和腐败等尸体现象的发生和变化规律来推断。例如，人死后 1—2 小时，手、脚及颜面部发凉，环境温度若为 17℃—18℃ 时，尸温平均每小时下降 1℃ 左右，再冷则下降的快，再热则下降的慢，如果环境温度超过体温时，则尸温可能停止下降。人死后 1—2 小时，尸僵开始出现，6—7 小时后，全身僵直，48 小时以后开始缓解。人死后一小时左右出现尸斑，在死后 10 小时内，用手指压迫尸斑处的皮肤，则尸斑褪色，手指离开后尸斑又重新出现。人死后通常在第二昼夜之末尸体的皮肤开始变成污绿色，然后继续发展则逐渐出现腐败水泡和腐败静脉网，最后，全身皮肉溃烂，露出骨骼，呈白骨化。上述尸体变化现象都可以作为判断死亡时间的依据。但是，尸体的变化是受很多因素影响的，比如死者的年龄、身体发育和健康状况，衣着薄厚和环境温度等条件，都与尸体现象发展的快慢有着很大的关系。所以，依据尸体现象来推断死亡时间时，必须将各种材料综合起来进行分析研究，并充分考虑到影响尸体现象发展变化的各种因素。切忌仅仅根据某一现象就草率地做出分析结论。

2. 根据胃内容的消化程度来推断。各类饮食物在胃肠内停留的时间是不相同的。在一般情况下，茶水之类液体在胃内停留的时间大约 20 分钟；汤类约 1 小时左右；普通饭菜约 3—4 小时；肉类约 4—5 小时。解剖尸体时如果发现胃内充盈，说明是在饭后不久死亡的；如果胃内空虚，食物已进入十二指肠，说明是在饭后 5 小时以后死亡的。另外，膀胱内贮尿量的多少也可以作为推断死亡时间的参考。如果膀胱内充盈，说明死者很可能是在后半夜死亡的。

但是，食物在胃肠内消化的快慢与每个人的体质、睡眠、劳动强度等具体情况的不同而有所差异，因此在根据胃内容消化程度推断死亡时间的时候，应考虑到各种有关因素。

3. 根据现场和尸体上遗留血迹、精斑、粪便、尿液等物质的干湿程度，结合发案前后的气候变化情况来判断死亡时间。

4. 根据蝇蛆的产生和变化情况来判断。在通常情况下，蝇蛆出现最早的时间是在死后 10 小时左右；蝇蛆蛹化约 8—14 天；蝇蛹脱壳约 3 周左右。

5. 根据室内生活用品的使用和陈设状况来推断。例如，电灯是否亮着，床上的被子是否铺开，厨房里所剩饭菜的情况，尿盆里盛尿量的多少，等等。

6. 根据现场上能够表明时间的物品来推断。如钟表、日历、报纸、发货票、车票、影戏票等所指向的时间，对推断死亡时间有着重要价值。

7. 根据死者家属、邻居和现场周围群众最后一次见到死者或听到从现场处发出呼救声的时间来推断。

8. 根据群众提供的，看到可疑人员进出尸体现场的时间来推断。

(三) 确定杀人地点

犯罪分子杀人后，为了逃脱罪责，常常采用移尸、匿尸或毁尸灭迹等手法，伪造现场，掩人耳目。有的将尸体拖入铁轨或沉入江河，伪装成卧轨自杀或失足落水；有的抛尸深谷或悬尸树上，伪装成失足坠亡或自缢，也有的分尸后将尸块伪装成行李、包裹托运或邮寄到外地，等等。凡是经过移尸伪装的凶杀案件，凶犯同被害人之间一般都有较密切的关系。因此，在勘验尸体现场时，不仅要判明是他杀、自杀或意外事故，而且还要切实搞清发现尸体的地点是否就是杀人地点。如果发现有移尸迹象时，则应想尽一切办法找寻行凶杀人的第一现场。实践表明，只有正确地确定杀人地点，才能顺利地发现犯罪痕迹物证，进而对犯罪分子作案的方法、手段和活动情况等作出正确的推断，而且有时还可能直接找到作案分子。

要想判明发现尸体的地点是否就是杀人地点，在勘验时应注意：

1．尸体躺卧的位置、姿势及其与周围物体的关系。

2．尸体上损伤的形状、严重程度与现场上血迹的形状、数量和分布情况是否相吻合。

3．现场上遗留脚印的数量和种类，尤其要注意有无搏斗和拖拉的痕迹。

4．尸体上是否有从其他地点带来的附着物，如泥土、草叶、草籽、油漆、煤灰等。

经过勘验如果断定属于移尸现场，则应根据现场上的拖拉痕迹、脚印、交通工具痕迹，以及血滴线和尸体附着物的来源等，推断移尸的方法、工具和路线，查找杀人地点。对于江河湖海中发现的尸体，还应结合水的深度、流速及当时风向、风速和潮汐等因素进行分析判断。

（四）判断杀人的方法和凶器

杀人的方法和凶器，主要是指行凶杀人时所采用的手段、工具和作案过程，同时还包括凶犯对杀人地点和时机的选择，进出杀人地点的方法，以及凶犯与被害人当时所处的位置、距离和相互关系等。实践表明，搞清凶犯用什么方法和凶器杀人，对于杀人案件的侦破具有重要的意义。不仅能据以推断凶犯的性别、年龄、职业、爱好、生活习惯、生理特点，而且还能从中分析凶犯与被害人之间的关系，杀人动机和在现场上的活动情况。同时，也有助于查找和认定杀人凶器。

判断杀人的方法和凶器，主要是研究尸体的姿态，损伤的部位、形状、数量、大小、深浅及严重程度；现场血迹、脚印、交通工具痕迹以及其他痕迹物品的分布情况。尸体上如果有多处损伤时，要注意研究是几种凶器形成的，各处损伤形成的先后顺序，有无生活反应，有几处是致命伤。在现场上如果发现凶器，要弄清该凶器(如刀、斧、棍棒、绳子等)是死者家中的，还是凶犯带来的，并注意观察所发现的凶器与尸体上损伤的形状是否相符合。对于枪击致死的现场，还要注意寻找弹头、弹壳及其他射击痕迹，以确定枪支的种类和型号。

（五）判断凶犯与被害者之间的关系

判断凶犯与被害者之间的关系，主要是研究凶犯是否熟人，与被害人之间是否具有奸情、私仇及其他特殊关系。据此，可以确定侦查方向和范围。

为了解决上述问题，应仔细研究尸体现场所在的位置、尸体的姿势、伤痕的形状、血迹的分布，以及与案件有关的各种物体、痕迹的陈设和遗留情况等。例如尸体躺卧在室内，则应着重研究凶犯进入现场的方法，联系现场上家具用品的陈设使用状况和被害人平时的生活规律，推断凶犯是否与被害人熟悉，以及熟悉的程度；杀人现场如果在野外、河边、山洞及其他偏僻场所，应联系死亡的时间，研究死者自己有无可能到此处，如果查明死者自己不可能来此处，而周围又无移尸迹象，说明很可能是被熟人骗到现场，或者是在暴力威逼之下来到现场的。

（六）判断杀人的动机

杀人的动机，是指凶犯实施杀人行为的内心起因。犯罪分子总是在某种动机的驱使下而行凶杀人。杀人的动机是各色各样的，在大多数杀人案件中都有较明显的反映。通过现场勘验和尸体检验就可以对杀人的动机作出初步的判断。根据杀人动机，不仅可以判明案件性质，确定侦查方向和范围，而且从杀人的因果关系着手，往往能够迅速排出犯罪嫌疑人。

分析杀人动机，主要应注意以下问题：

1．了解现场是否有被盗窃、抢劫的现象，进而分析判断是否图财害命。

2．被害人如果是女性，应注意其是否有被奸迹象，是否怀孕，以判明是否奸情杀人。

3．对尸体所在的地点，躺卧的姿势，致死的方法，损伤的部位及现场痕迹物品的分布状况等，进行综合分析判断。

4．了解死者生前的生活作风，思想品质，经济情况，是否与别人有矛盾冲突，以分析判断有无仇杀和情杀的可能。

5．了解死者生前的政治态度、工作情况，分析判断有无反革命谋杀的可能。

（七）推断凶犯的人数

大多数的杀人案件是单人作案，但也有数人或多人合伙作案的情形。所以，在勘查杀人案件现场时，还要注意推断凶犯的人数，以便确定侦查范围。作案人数通常是根据杀人的手段和尸体上有几种凶器所造成的伤痕，以及移尸的路线和距离，现场上遗留的痕迹物证的数量和种类，被抢或被盗走财物的数量、体积、重量等情况来判断。

通过对上述七个方面情况的分析研究，在一般情况下，可以判明什么人具有作案的条件和因素，以及犯罪分子的人数、性别、年龄、职业、体貌特征、衣着打扮及持有何种凶器，等等，从而能够正确地确定侦查方向和范围。

第三节　侦查杀人案件的一般方法

杀人案件的侦破工作通常是在现场勘验和分析研究案情的基础上进行的，常用的侦查方法是：

一、调查摸底，排查犯罪嫌疑人

侦查范围一经确定，就要在所确定的范围内，深入发动群众，开展摸底排队，广泛地发现和搜集嫌疑线索。对嫌疑线索，必须采取各种有效措施，认真进行审查，以便从中发现和确定犯罪嫌疑人。主要应查明以下问题：

1．有无杀人动机。有的杀人案件，凶手与被害人之间积怨较深，准备杀人，蓄谋已久,有的甚至早就扬言杀人,比较暴露;有的杀人案件,凶犯事前并无杀人动机,而是在作案过程中,临时起意杀人;也还有的凶犯在行凶杀人后,为了转移侦查视线,故意制造假象,掩盖真正的杀人动机。例如,有的强奸杀人后又盗窃、抢劫财物;有的谋财杀人后又奸尸,伪装奸情杀人,等等。因此,在分析杀人动机时,必须充分考虑到各种复杂情况。要调查了解嫌疑人的政治态度、思想品质、生活作风、家庭经济情况及其与被害人之间的关系,从中分析其是否具有杀人的远因和近因。尤其应该注意的是,有的仇恨杀人案件,凶手不是直接杀害他所仇恨的对象,而是故意杀死他所仇恨的对象的亲属(如爱人、子女),借以达到复仇的目的。近几年来,我国还发现凶犯雇用或收买他人实施杀人的案例。在分析杀人动机时,也应予以注意。

2. 有没有作案时间。这是肯定或否定杀人嫌疑的重要因素。在侦破过程中,要切实查清,在发案的当时,嫌疑人在什么地方,干什么事情,何人证明,有无作案的可能。应该注意的是,有的凶犯可能在作案时间上制造种种假象,如乘同宿舍的人睡熟之际,偷偷跑出去作案,或者乘外出旅行之机,中途返回作案。凶犯的家属、亲友有的也可能故意提供假情况,帮助凶犯隐瞒作案时间。另外,周围群众和知情人也可能将时间记错。这就要求侦查人员在调查时,必须深入细致,反复印证,防止错漏。

3. 是否持有凶器和其他现场遗留物。凶犯在作案过程中,往往把凶器和其他物品遗留在犯罪现场上,这些都可以作为揭露和证实犯罪的重要证据之一。在侦查过程中,要依靠群众,切实查明嫌疑人家中或单位有无此类工具和物品,以及嫌疑人有无搞到此类工具和物品的条件。对现场勘查中所发现的凶器和其他犯罪遗留物,都要查明其来源,某些对侦查破案具有重要意义的物证,不仅要查明其生产、销售和使用的地区或单位,有条件的,还应采取措施,查明每件产品的具体下落,以便从中发现犯罪嫌疑人。在实际工作中,常常会遇到,凶犯杀人后,急忙购买或制造同种类的工具或物品来顶替自己在作案过程中已失落的工具或物品,借以掩人耳目。因此在调查中必须善于识别真伪,以免上当。

4. 身上是否带有伤痕、血迹和其他物证。犯罪分子在与被害人搏斗过程中,往往会被咬伤或抓伤,凶犯的头发、指甲缝里及衣着上有时留有血迹、毛发、泥土,等等。图财杀人案件,凶手常常持有某种赃物。在侦查中,必须及时了解和掌握这些重要线索。必要时,可报请领导批准,依法对嫌疑人的人身和住宅进行搜查。

5. 有无反常行动。凶犯在杀人后,为了湮灭罪证,往往要拆洗衣服、被褥或打扫房间、粉刷墙壁等,有的到处试探摸底,惶恐不安,有的故意找人制造假证明,等等。这些反常表现是侦查破案的重要线索,应及时发现和掌握,并且实事求是地进行调查核实,取得旁证。

二、搜集证据，证实犯罪

犯罪嫌疑人被确定以后，还要全面地获取证据，进一步证实该嫌疑人是否就是杀人凶犯。

证据是认定犯罪的依据。全面获取证据，尤其是查获杀人凶器，这是保证破案质量的关键。为了全面获取证据，必须从每个案件的实际情况出发，积极主动、机动灵活地运用各种侦查手段。例如，秘密获取嫌疑人在发案时间内穿的衣服和鞋袜，检验其上面是否沾有血迹；组织群众和被害人辨认凶器和其他现场遗留物；依法对嫌疑人的人身和住宅进行搜查；提取嫌疑人的鞋子、指印、鞋印等，同犯罪现场上遗留的痕迹进行比较检验，等等。

三、采取措施，查缉犯罪嫌疑人

对于已发现的凶犯和犯罪嫌疑分子，应立即采取有效措施严加控制，防止其毁灭罪证、行凶、逃跑和自杀，确保侦查工作顺利进行。

经过侦查，如果犯罪事实已经查清，并有足够证据证明嫌疑人即是杀人凶犯时，即应依法采取各种侦缉措施，及时将犯罪嫌疑人拘捕归案。

第四节 几种杀人案件的侦查方法

一、无名尸体案件的侦查方法

无名尸体，是指经过现场勘查后，对死者的身分仍然不明的尸体。侦破无名尸体案件的关键是迅速查明死者是谁。在一般情况下，只有查明了死者的身分，才能够正确地分析案情性质，确定因果关系和嫌疑人的范围。有的案件死者的身分一经查明，很快就会发现犯罪嫌疑人。调查被害人的身分通常采取以下方法：

1．从死者随身携带的各种证件、发票、车票、信件、印章等物品中发现线索，进行调查核实。

2．组织现场周围群众和有关人员辨认尸体。

3．通报有关地区公安保卫机关协助查找。对于高度腐败或面容被毁坏的尸体，通报上应详细记明其生理特征和病理特征，以及从牙齿、骨骼、伤残情况、疤痕、瘢痣、纹身、毛发及衣服碎片上所分析的死者性别、年龄和特征。

4．从报告失踪的人中查对。如果推断死者系外地人时，可以通过旅馆、澡堂等服务行业查对与死者体貌特征相似的人员。

5．捺印死者指纹、掌纹，进行查档或与体貌特征相似的失踪人的指纹、掌纹进行比对。

二、碎尸案件的侦查方法

碎尸案件的显著特点是：凶手与被害人之间一般都有较密切的联系；凶手在实施杀人碎尸行为时需要具备合适的场所，常见的是凶手居住的房屋或负责管理的宿舍、厨房、仓库等；尸体的残肢被分散隐藏在各处。因此，在侦查过程中，必须切实查明死者是谁，同时还应注意以下几点：

1. 组织力量迅速搜寻被隐藏在各处的尸块。碎尸案件的侦破工作往往是从发现某一段或某几段尸体残肢开始的。侦查人员在到达现场以后，首先必须采取措施，搜寻尸块，要尽量把各部分残肢全部找到。然后，对各处留有尸块的现场认真进行勘查，及时全面地发现和搜集各种与犯罪活动有关的痕迹物证。特别要注意通过对各个抛尸地点之间相互关系和包裹尸体物品及附着物等的综合研究，推断抛尸的路线和杀人碎尸的处所。在此基础上，还要采取各种有效措施查找凶手杀人碎尸的地点，即杀人碎尸第一现场。

2. 对已发现的尸体残肢，要迅速进行法医检验。主要应判明，各部分残肢是否属于同一个人的尸体；被害人的性别、年龄、身高及生理特征；致死的原因及手段。尤其应注意研究凶手杀人分尸的方法、过程和所使用的工具，以及凶手是否具有某种职业特点等。

3. 仔细检验包裹尸体的物品。在勘验碎尸案件现场的过程中，往往会发现凶手包裹和搬运尸体时用的麻袋、床单、塑料袋、被套、绳子、棉花、报纸、手提包等物品。这是揭露和证实犯罪的重要证据。必须妥善地加以提取，并认真地进行研究，以便从中发现侦查线索和犯罪分子。

三、无尸案的侦查方法

有些凶手杀人后，采用极其狡猾的手段进行匿尸灭迹，有的将尸体深埋地下或沉入江河湖海，使人不易发现。也有的把尸体抛到深山野外，很快被野兽吃光，因而形成无尸案件。

无尸案件的侦破工作一般是从接到被害人失踪报告开始的。此时，侦查人员虽然取得了失踪人被害的某些证据，但因为未见到失踪人的尸体，被害事实是否存在尚不能证实。侦破无尸案件主要抓以下环节：

1. 详细询问报案人。主要了解失踪人的姓名、年龄、职业及体貌和衣着特征；失踪的时间、地点及经过情况；随身携带的物品，以及失踪前的行动表现和接触的人员，等等。

2. 将失踪人的情况通报有关地区公安保卫机关，协助查找。

3. 对失踪人的书信、电报、汇票、包裹等应仔细进行检查。在实际工作中，会遇到有的凶手将被害人骗到外地杀害后,又冒充死者的身分往家中寄信或汇款,制造被害人未死的假象。所以,通过扣押和检验失踪人的书信和邮件,有时可以发现凶犯。

4. 根据失踪人的具体情况,研究可能被害的因果关系和可能作案的人员,制定侦查方案。

5. 搜寻尸体和杀人地点,这是侦破无尸案件的关键。一般的做法是,把失踪人可能去的地区和有人最后一次见到失踪人的地区,作为搜索的重点,在有关地区,发动群众,对一切可能隐藏尸体的处所认真进行搜索。必要时,可报请领导批准,对重大嫌疑对象的住宅和有关场所进行秘密搜查。对搜寻中发现的尸体、尸块和可疑衣物等,应仔细进行勘验,并可提交失踪人的亲属及有关人员进行辨认,以便对案情进一步做出分析判断,发现线索,深入调查,取得证据,查获凶犯。

有的无尸案件首先发现的是血迹、毛发、碎骨及可疑衣着物品等。在这种情况下,应通过现场勘查,认定是否发生了杀人案件,然后,再决定是否立案侦查。在侦查中,要对现场和周围环境仔细地进行勘验和搜索,全面发现与犯罪有关的痕迹物证。在此基础上,对死者的性别、年龄、致死原因、方法和过程,以及可能被害的因果关系等作出判断。同时还应将可疑的衣着物品提交现场周围群众或失踪人亲属辨认,尽快查明死者的身分,进一步开展侦查活动。

第十八章 投毒案件的侦查

第一节 投毒案件的特点

一、投毒案件的概念

投毒案件,是指故意投放毒物,毒害人、畜生命的犯罪案件。我国《刑法》规定的投毒罪有的属于故意杀人罪,有的是属于危害公共安全罪。如果行为人采用投毒手段杀害特定的人,则属于故意杀人罪;如果行为人投放毒物已经造成或有可能造成不特定的多人死伤或者大量财产的损失,则属于危害公共安全罪。由此可见,二者所采用的手段都是投放毒物,但是行为人的主观目的和所侵犯的客体是不同的。

投毒案件虽然在整个刑事案件中所占比例不大,但危害严重,常常导致多人死伤和大量财物的损失。因此,对于投毒案件必须抓紧侦破,依法严惩犯罪分子。

二、投毒案件的特点

投毒案件情况比较复杂,主要有以下特点:

(一)犯罪人与被害人之间有某种矛盾冲突

投毒案件多数是由私仇、奸情及恋爱、婚姻纠纷、家庭或邻里纠纷等原因引起的,是犯罪人与被害人之间某种利害冲突激化的结果。此种矛盾不可能是一天形成的,而有一个产生、发展的演变过程,不可避免地会被他们的左邻右舍和亲朋好友所知晓,这就为从调查因果关系入手,排查犯罪分子提供有利条件。

(二)被害人有中毒症状,现场有较多物证

投毒案件现场,一般都有中毒死亡的尸体或中毒未死的被害人。在中毒尸体上大多有明显的中毒征象,如砷化物中毒死亡的尸体,由于严重脱水,颜面瘦削,眼球下陷,口唇干燥,皮肤皱缩,尸僵明显。尸体解剖,可见胃肠道粘膜充血、水肿,有出血点或溃疡和糜烂,小肠有稀便,呈米泔水样。强酸中毒死亡的尸体,在口唇及其周围皮肤和口腔有严重的腐蚀现象。尸体解剖,可见食道、胃部有严重腐蚀现象。有机磷农药中毒死亡的尸体,尸斑显著并呈暗红色,尸僵强度大,皮肤潮湿,瞳孔缩小,口角和鼻腔有白色泡沫状粘液。尸体解剖可见,血液呈暗红色,流动不凝固;胃粘膜充血,有出血点。氰化物中毒死亡的尸体,尸斑、口唇呈鲜红色,尸体解剖,可见血液呈鲜红色流动状,胃内容可闻到苦杏仁味。中毒未死的被害人也会出现不同的中毒症状。投毒现场上常常遗留有被害人的呕吐物、排泄物或剩余的食物、盛毒器皿或包装物以及其他的痕迹物品。通过法医检验和司法化验,就可以判明毒物的种类、剂量及投毒的方法和过程等重要情况,为揭露和证实犯罪提供重要证据。

(三)犯罪人有使用毒物的知识和获取毒物的条件

毒物的种类繁多,侦查实践中常见的毒物有:强酸、强碱、砷化物、汞化物、氰化物、有机磷农药、灭鼠药、盐卤、安眠药,还有利用有毒植物(如乌头、钩吻)和动物(如毒蛇、海豚)杀人的,等等。由于这些毒物的性能和使用方法各不相同,并且许多毒物还有着严格的管理制度,一般不容易获得。所以,犯罪分子要想投毒就必须懂得该种毒物的性能和使用方法,并具备直接或者间接获取毒物的条件。正是由于这些客观因素的限制,犯罪分子在投毒之前往往要进行预谋准备活动,如了解和掌握有关毒物的性能和用法;索取、购买、积存或配制毒物;准备犯罪器具,选择投毒时机和投毒方法,等等。这就为确定侦查范围,摸排犯罪分子,搜集犯罪证据提供了有利条件。

(四)投毒手段诡秘,不易被察觉

犯罪分子投毒的手段是诡秘多样的,被害人事先很难察觉,如有的犯罪分子将毒物渗入饮料、食物、药物之中,使被害人在没有防备的情况下吞入胃中;有的将煤气及其他有毒气体放入被害人的住室,使被害人不知不觉地吸入体内;有的以治病为名,将毒药注射到被害人的体内;有的利用治病、性交的机会,将毒物塞入被害人的肛门、阴道;有的施放放射性同位素,使被害人慢性中毒;有的用毒蛇将被害人毒死,等等。因此,在侦破投毒案时,应当认真检验中毒尸体,正确判断犯罪分子投毒的方法和手段,进而分析判断犯罪分子的职业特点,确定侦查范围。

第二节 侦查投毒案件的一般方法

侦查投毒案件除了适用前述侦破杀人案件一般方法外,还应从投毒案件的特点出发,注意抓好以下几个环节。

一、深入调查访问

中毒的发生往往比较突然,多发生于饮食后,经过时间短,死亡较迅速。常见一人或几人中毒,个别的也有几十人甚至上百人中毒。中毒的原因也是多方面的,有服毒自杀的,有投毒暗害的,也有误食或灾害事故。而且有些中毒与一般疾病的症状难以区别。因此，侦查人员在接到报案后，必须对中毒患者、死者家属和周围群众进行深入调查访问，注意查明以下问题：

1. 中毒者发生中毒的时间、地点，同时中毒的是否还有其他人。
2. 中毒者中毒前的饮食情况，尤其应注意查清中毒前一、二餐饭的饮食物来源及加工情况；饮食物中有无异物、异味及其他反常情况；是否服用过药物。
3. 中毒后的症状，即食后多久发生中毒，有何反应，有无典型的中毒症状，如有无头晕、肚痛、呕吐、腹泻、大量出汗、流涎、四肢麻木、痉挛等症状，以及这些症状出现的时间与死亡过程。
4. 中毒者中毒前的工作、生活、健康及精神状况，有无自杀的迹象，如是否留有遗书、遗言等。
5. 中毒者的政治态度、生活作风和来往关系，与他人有无重大利害冲突和仇恨。
6. 当地及中毒者家中经常使用哪些农药和毒品，以及对这些毒物的保管、使用情况，有无误食或意外中毒的可能。
7. 多人集体中毒时，应调查在什么时间，哪一顿饭，哪几种食物引起中毒，中毒发作的时间，中毒者共同症状，以及中毒症状的轻重与食物种类和进食数量的关系。同时，要对厨房、食堂进行重点检查。查清食物品种，制作过程，卫生情况及保存条件等。

二、认真勘验中毒现场

投毒案件现场一般比较复杂。罪犯投毒与被害人服毒和中毒发作往往不是在同一个场所，遗留在现场上的与案件有关的痕迹、物品容易遭到变动或破坏。勘验中一般应注意以下问题：

1. 呕吐物、腹泻物及其他排泄物分布的位置、性质、数量，有无特殊气味。
2. 仔细观察和妥善提取未吃完的饭菜、粮食、药物及其他食物和盛装食物用的锅、碗、瓢、勺、茶杯、药罐、药瓶等。
3. 对现场进行全面搜索，注意发现和提取被隐藏起来的药瓶、药包及可疑的纸片、碎布和其他器皿，仔细观察其上面是否有毒物残渣附着。
4. 怀疑煤气中毒时，应注意查明煤气的来源，如煤炉有无漏气的地方，并注意邻居的煤气有无可能从墙缝中漏进来。

三、仔细检验中毒尸体

检验中毒致死的尸体对于判明毒物种类和案件性质具有重要意义。检验中应注意以下问题：

1. 尸体的位置和姿势。在检验前，首先应查明尸体有无变动，死亡当时的所在位置,即是在室外还是在室内,是在床上还是在地上;尸体的姿势是正常的,还是呈痉挛状态等。

2. 衣着情况。注意死者衣服前胸部、两肩部及衣领附近有无毒物流痕或呕吐物及泡沫粘液附着;衣兜内有无药瓶、药包或剩余的药品等。

3. 尸斑的颜色。有些中毒致死的尸体,尸斑常呈现特殊的颜色。如一氧化碳和氰化物中毒时,尸斑呈樱桃红色;亚硝酸盐中毒时,尸斑呈灰褐色。

4. 瞳孔扩大或缩小。这对判断毒物种类有一定作用。如有机磷农药(1605、1059、敌敌畏)中毒时瞳孔极度缩小,盐卤中毒时瞳孔散大。

5. 口腔周围有无白色泡沫或褐色、黑色、鲜红色粘液;口唇粘膜有无腐蚀或烧伤现象,牙缝里有无可疑药物残渣或颗粒存在。

6. 尸体上有无暴力外伤和机械性窒息死亡征象。

7. 压迫尸体腹部或翻动尸体时,有无特殊气味溢出。如氰化物中毒时,可闻到苦杏仁味,有机磷农药中毒时,可闻到大蒜味。

8. 现场尸体检验完毕后,必要时,应进行尸体解剖,查明死因,并采取部分内脏组织,供毒物化验。

四、全面分析案情

在现场勘查、调查访问、尸体检验和毒物化验的基础上,应对案情进行全面的分析研究,弄清以下基本问题:

(一) 判明事件性质

侦破投毒案件首先必须判明事件性质,即查明是他人投毒暗害,还是服毒自杀、误食中毒或灾害事故。这是决定是否立案侦查的重要依据。

在一般情况下,服毒自杀者事前都有促使自杀的因素,并且本人暴露过自杀的念头和迹象。如换上新衣裤、新鞋袜,写好亲笔遗书;本人有接触此类毒物的方便条件;现场多留有盛装毒物的容器和剩余的毒物。反之,如果查明死者本人无自杀因素,家中没有此类毒物,也没有接触此类毒物的条件,并可排除误食或灾害事故的可能,就要考虑是否他人投毒暗害。

犯罪分子投毒暗害的手法往往是十分隐蔽狡猾的,有的投毒前看过有关医药书籍,懂得毒物的性能和中毒后的症状,投毒后伪造现场,制造假象。这就要求侦查人员必须提高警惕,注意发现各种反常情况,及时识破罪犯的各种伪装手法。

(二) 查明毒物的种类和进入体内的途径

毒物的种类是多种多样的。在城市常见的有氰化物(如氰化钾、氰化钠)、汞、硫酸、硝酸、苛性钾、苛性钠等;在农村常见的有剧毒农药(如 1605、1059、敌敌畏、磷化锌)、砒霜、盐卤,等等。此外,近年来,也曾不断发现利用煤气、化工原料、中草药或同位素等投毒杀人的。侦破投毒案件,不仅要确定有中毒事实存在,而且还必须确定毒物的种类和含量。这样更便于认定案件性质、确定侦查范围和揭露与证实犯罪。

为了查明毒物种类,在现场勘验和尸体检验过程中,必须注意妥善地提取毒物检材。其中主要包括:怀疑有毒的实物(如剩余食物、药物、药瓶、药碗、药包、呕吐物等);胃内容物(包括肠内容和尿液等);部分的脏器组织等。对所提取的检材,应及时送刑事技术部门进行化验。

在毒物的种类确定以后,还应根据毒物的性能和中毒症状等,进一步分析研究毒物是怎样进入人体的。毒物进入人体的主要途径是口腔,即口服。此外,通过呼吸道、阴道、注射、皮肤接触等途径,也可能引起中毒,由于毒物进入体内的途径不同,中毒发作的速度也不同。一般来说,以静脉注射及呼吸道吸入作用最快,阴道粘膜吸收也能较快地引起中毒。蛇毒、箭毒,注射皮下可立即引起中毒,但如果口服却无毒性作用。

通过分析,若怀疑是经呼吸道或阴道、注射、皮肤接触中毒时,应取死者的血液、肺及接触毒物的皮肤,进行毒物化验。

(三) 查明投毒的地点及方法

查明投毒地点是侦破投毒案件的关键。因为只有找到了投毒地点,才便于发现犯罪的痕迹物证,并可能找到知情人和犯罪嫌疑人。要想确定投毒地点,必须详细了解中毒者发生中毒前的活动情况,如到过哪些地方,接触过哪些人员,用过何种饮食物,等等,特别要注意中毒前一、二餐饭的食物来源,从中分析毒物可能投在何处。比如分析可能投毒于粮食中,就应进一步查明是在收购过程中投入的,还是在加工制作或食用过程中投入的,并注意提取怀疑有毒的实物,进行毒物化验,以确定罪犯投毒的准确地点和方法。

(四) 推断投毒的时间

投毒时间是证实或否定嫌疑人犯罪的根据之一。同时,判明投毒的具体时间,也有助于对嫌疑人的范围作出正确的判断。通常的做法是根据中毒者发生中毒或死亡的时间,并结合毒物的种类、投毒的地点和方法来进行判断。例如,毒物是投放在粥锅里,可根据煮饭、进餐和中毒发作的时间,并结合毒物的种类、性能和剂量来判断投毒的时间。但应注意有的犯罪分子可能在犯罪时间上故意布设疑阵。例如,在外出旅行的前夕,将外面裹有胶囊的毒物投入药瓶的深层,交给被害人服用,以致时隔许久才发生中毒。

(五) 判明投毒的动机

判明投毒动机,可以找出犯罪分子与被害人之间的因果关系,从而能够缩小侦查范围。

投毒案件的犯罪动机与杀人案件基本相同。在实际办案中较常见的有因奸情、私仇报复和婚姻家庭纠纷等,此外,基于反革命目的而投毒暗害的也时有发生。在侦查过程中,应通过深入调查研究,详细了解被害人的政治身份、生活作风、社会关系,以及与他人有无冤仇等有关情况,并结合投毒的时间、地点、方法手段及危害后果等,对投毒的目的动机作出正确的判断。

五、审查嫌疑对象,揭露和证实犯罪

经过上述案情分析,一般可以对侦查破案的方向和范围作出判断。在此基础上,应部署侦查力量,积极开展侦查。首先要在重点地区和方面,深入发动群众,开展调查摸底,发现嫌疑对象。然后,应采取各种有效措施,对已发现的嫌疑对象逐个进行审查。重点查明以下问题:

1. 有无投毒的思想动机。了解嫌疑人同被害人是否有奸情、私仇和其他利害冲突,是否流露过投毒杀人的意图。

2. 有无毒源。要彻底查清嫌疑人有无接触此类毒物的条件。比如其家中是否保管或使用过此类毒物,最近有无向他人索取或购买过此类毒物。

3. 有无投毒时间。查明在案件发生时,嫌疑人的具体活动,分析其有无作案的可能。

4. 发案前,是否到过投毒地点或有无接近投毒地点的条件。

为了揭露和证实犯罪,还要发现和搜集与投毒活动有关的各种痕迹物证。必要时,可以依法对重点嫌疑对象的人身和住宅进行搜查。在搜查中,要注意嫌疑人的衣袋、指甲缝里是否遗留有毒物残渣,家中有无包装毒物用的纸张、布片、器皿及其他可疑物品。对于重点嫌疑对象要加强监视和控制,防止其服毒自杀、毁灭罪证、逃跑或进行其他破坏活动。

第十九章 放火案件的侦查

第一节 放火案件的特点

一、放火案件的概念

放火案件,是指故意放火烧毁公私财物,危害公共安全的犯罪案件。我国《刑法》规定的放火罪是属于危害公共安全罪的一种。本罪的主要特征是:侵犯的客体是公共安全,即危害不特定多人的人身和重大公私财产的安全;在主观上出自故意,即行为人明知自己的放火行为会危及公共安全,并且希望或者放任这种结果发生。如果行为人以放火为手段杀害特定的人,不危及多人,则属于故意杀人罪。如果行为人是以反革命为目的实施放火行为,则属于反革命罪。

放火是一种严重的犯罪行为,它不仅会烧毁大量公私财产,而且直接危及人民生命和社会公共安全,对社会治安危害极大。因此,刑事侦查部门对放火案件,应当列为重大案件,积极侦查,及时破案,依法严厉打击放火的犯罪分子。

二、放火案件的特点

放火案件的特点主要有:

(一) 放火前多有预谋、准备过程

犯罪分子为了达到犯罪的目的,逃避国家法律的惩罚,在放火前一般都要进行周密的策划和充分的准备。包括:选择放火的目标;熟悉现场环境;确定进入现场的路线和放火的部位;准备引火物和助燃物,等等。这些准备活动,往往会在群众中有所暴露,成为侦查破案的重要的线索和证据来源。

(二) 犯罪的因果关系比较明显

放火案件的犯罪人与被害人或事主之间往往有较明显的矛盾冲突。犯罪人的犯罪动机是多种多样的:有的是为了私仇报复;有的是为了湮灭罪证;有的是为了嫁祸于人;有的是为了其他个人目的(如为了当"救火"英雄,为了取得保险金),等等。这有利于从因果关系入手发现嫌疑线索,查获犯罪分子。

(三) 犯罪现场多遭破坏

火案发生后,由于燃烧或救火,现场变动比较大,现场上遗留的犯罪痕迹物证,容易遭到破坏。这就为现场勘查工作带来很大困难。

第二节　侦查放火案件的一般方法

根据放火案件的上述特点,侦破工作应着重抓好如下几个环节。

一、现场访问及其重点

(一)询问最先发现起火人。询问的重点内容:即要其详细讲述发现起火的详细经过,如发现起火的时间,地点;火势发展的详细情况;火势的大小,蔓延的方向,火烟和火焰的颜色以及嗅到的气味等。

(二)询问事主。询问的重点内容:即要其详细讲述发现起火的时间、地点;发现起火时其所在的具体地点、位置;看见哪些人参加救火抢险;谁是最早进入火场的;经过救火抢险后,火场有哪些变动,怎样变动的;在起火时听到或看到哪些可疑声音和可疑情况。

起火前,现场上存放哪些可燃物质或物品;煤气管道是否有漏气的现象;电线有无短路。烟筒是否有向外喷火的现象。

起火后,财物被烧的情况;这些财物属于何人所有,损失如何;这些财物由谁负责保管或使用;防火设施是否完好。

(三)询问知情群众。询问的重点内容:了解事主或被害人的政治态度,社会关系,生活作风,过去与他人有无利害冲突;群众对该起事件有哪些议论和有哪些可疑问题。起火后有无各种封建迷信或流言蜚语的传播。

二、起火现场的勘验重点

(一)查明起火原因

查明起火原因,是决定是否立案的依据。起火的原因,不外乎放火、不慎失火、自燃起火以及雷击起火等几种。只有确实查明为故意放火才是立案侦查的根据。其他原因酿成火灾的都不属刑事侦查部门的职掌范围。除故意放火外,其他起火事件通常交由治安部门会同有关单位公开调查处理。

为了正确判明起火原因,勘验时应尽力寻找起火点。起火点也称火源。判明最先起火的地方,对研究起火原因,认定事件的性质是有着重要意义的。同时,起火点处也是放火人遗留各种犯罪痕迹物证较集中的地方。寻找起火点的主要方法是:

(1)根据最先发现起火人员指认的具体地点进行勘验,判明起火点。

(2)根据起火时物质燃所发出的火烟的颜色和气味的不同来判明起火点。如木材燃烧时,其烟色为淡灰色,能嗅到树脂臭,稍带有酸味;如果是煤油、石油或是焦油,其烟色为黑色,还能嗅到酸味。

(3) 根据火场物质的燃烧程度(熏烧、碳化和灰化)来判明起火点：

① 火场上带有熏烧痕迹(未达到碳化)物质所在地常为起火点。形成这种现象的物理机制和形成的过程是，在起火的初级阶段，通常是由小火种引起可燃物质而逐渐扩大成灾的。但在这些开始被燃烧的物质中，其燃点有的高有的低。对于燃点低的物质首先得迅速燃烧，由碳化甚至于达到灰化，然而对于燃点高的物质来说，达到碳化到灰化的程度较之燃点低的物质要慢些，必须要有一定的持续时间，和一定火势才有碳化和灰化的可能。但火势是顺风蔓延的，由于火头的位移，其火尾的火势则逐渐减弱以至于自然泯灭，致使开始着火阶段的燃点高的物质仅是得到熏烧而已，借此判明带有熏烧痕迹的物质所在处为起火源地。

值得指出的是，在利用火场上物体燃烧程度判断起火点时，必须紧密结合被燃烧各种物质在火灾前存在情况和起火时的风向和风力的具体情况综合加分析判断。否则容易发生本末倒置的判断。例如，起火的初级阶段，处于上风的所引燃的物质是大量的燃点低的物质，呈现出明显的碳化或灰化程度，但是处于下风的燃烧物质却是燃点极高的物质，尽管呈现明显的熏燃痕迹，则不应判为起火点。反之，燃烧物质碳化或灰化的处所则应判为起火源地。

② 根据火场上被烧的木材的裂纹粗细和深度判断起火点。

被烧木材表面裂纹的形成机制，是由物理的、化学的多种原因造成的。当木材燃烧时，由于热的分解作用，在其内部产生可燃气体，和木材内部所含水分的高度蒸发气体一并骤然迸出，致使木材表面形成燃烧裂纹，燃烧的强度越高，其所形成的裂纹越粗而深。在起火的初级阶段，火势热能相对是较小弱，此阶段所形成木材表面裂纹细而浅。就这种规律，结合起火时的风向，来判明起火点和火势的蔓延方向。

③ 根据木材燃烧后在其表面碳化程度由浅而深的趋势，结合起火时的风向来判明起火点和火势蔓延路线。

④ 结合放火者借风放火的特点。沿着起火时的风向逆行寻找起火点。也是常用的方法之一。

⑤ 结合人们日常生活习惯和生活规律寻找起火点。如在早、午和晚上用火烧饭时间，在厨房，或其他从事烧茶、烤食物等处所寻找起火点。

正确判明起火点，是查明起火原因的重要保证。在判明起火点后，勘验工作的重点应放在发现和搜集放火、失火或自燃起火的物质材料和痕迹物证方面。

(二) 寻找引火物

起火点的周围是寻找引火物的重要场所。应先尽所能采取有效措施进行细致地勘验。从灰烬中层层挖掘，逐一过筛的办法寻找引火物。如，汽油瓶，浇有各种油脂的木材，布片以及烧剩的纸张，等等。在起火点的周围有关物体上查找可能遗留下来的各种犯罪痕迹。诸如门窗上的手印、工具痕迹，地面上的脚印以及各种遗留物品。对现场上的档案柜、保险柜、办公桌等可能为犯罪分子侵犯的各种客体要详细查看,有无被翻动,或丢失的迹象。

(三)认真勘验火场上的尸体判明死因

检验火场上的尸体应注意以下问题:

1. 尸体在火场上的位置,呈现的姿势,有无逃险的动作样式。根据尸体所在位置,判明起火后能否逃出火场。

2. 尸体烧伤的部位和程度,尸体接触的地面的衣物和皮肤是否有烧灼的痕迹。

3. 尸体上有无其他暴力损伤。伤势严重的程度和所在部位。尸体附近处有无血迹、凶器等。验明是生前伤,还是死后伤。是自杀伤,还是他杀伤,或是逃险时造成摔伤,撞碰伤,等等。

4. 检验尸体的口、鼻、咽喉以及气管等呼吸系统有无烟灰、碳末等附着物。

通过上述检验,对死者致死的原因和致死的手段作出判断。目的在于判明是他杀还是自杀,或者是灾害事故。必要时可进行现场尸体解剖检验。

三、分析案情,确定侦查方向

在火场勘验和现场访问结束后,侦查人员和有关技术人员,应以火场勘验所获全部材料和访问所得情况为基础,对案情进行全面地分析研究。判明事件的性质,推断起火时间,放火的动机目的,以及放火人的人身特点等情况,正确确定侦查方向和范围。

(一)起火事件的性质

在实际生活中引起火灾的原因是多样的。在确有实据能排除不慎失火,自燃起火和雷击、电线短路起火的前提下,才可能认定为放火案件。为了正确的确定事件的性质,应反复核实以下几点:

1. 火场内是否发现引火物。这些引燃物品是现场原有的,还是被他人带到现场上的。

2. 现场发现几处起火点,几处之间的引火物是否相同,引火的手段是否相同。

3. 现场上消防设备,防火器具,通讯设施事先是否被破坏。

4. 现场上原有的门窗在起火时是否被打开,其上面是否留有被破坏的各种痕迹。

5. 该地区是否连续发生过火案。其引火手段以及引火物是否相似。

6. 火灾发生前是否有人流露出放火的意图;或是否有迷信的谣传。

7. 起火时是否看到与现场无关的人员从现场上逃出。

为了解决一些专门性的问题,可以请消防部门和其他有关专家共同分析研

(二) 推断放火时间

正确确定放火时间，对确定和审查放火嫌疑人具有至关重要的意义。为了正确确定放火时间，通常采用的方法是：(1) 根据火场上被燃烧各种物质燃点的高低及所形成的熏烧、碳化和灰化程度所需时间进行推算。必要时，可进行侦查模拟实验，以验证之；(2) 根据查明的引火物、放火工具和放火的具体手法，经过侦查模拟实验，观察用小火种逐渐引起火势所需的具体时间，推算出较精确的放火时间。(3) 根据现场周围附近平时人员流动和警卫换班的具体情况，放火人可能利用的时间段，以起火时间为基准进行逆时推算，推出放火时间。

(三) 分析犯罪人放火的动机目的

正确地判明犯罪人放火的动机目的，是发现侦查线索，缩小侦查范围的客观依据，对侦破放火案件具有十分重要的意义。

对于放火动机的判断，必须以现场勘验和调查访问所获得的证据材料为依据，充分估计到各种可能性，切忌主观片面。实践中总结出关于放火案件的特点和规律，是放火案件中存在的普遍规律。但是由于事物范围的极其广大和发展的无限性，往往在一定场合是普遍性，很可能在另外的一定场合是特殊性的。反之，在一定场合是特殊性的，而在另外的特定场合则成为普遍性的了。例如，政治性放火，或是私仇报复放火，在其侵犯对象上具有明显的选择性，其所要达到的客观效果与放火人的动机目的是带有一致性的。然而有的放火案却有例外。例如有的放火分子为了骗取领导和群众的信任，窃取"英雄"称号，而用放火手段焚烧国家、集体或私人财产，并佯作不惜牺牲的精神去救火。在此种情况下，放火人与事主或被害人之间的因果联系就必然成为一种虚假现象。所以在分析研究犯罪动机时，必须全面细致地分析研究已获取的所有材料，进行多种判断。从各个角度估计它的各种可能性。

(四) 分析放火者的有关情况，确定侦查范围

根据现场勘查所得材料和表明放火人人身特点的痕迹物证，刻画出放火嫌疑人应具备的条件，深入群众，开展调查，发现嫌疑人，这是侦破放火案件经常采用的方法。放火嫌疑人一般应具备以下条件：1. 具备放火作案时间；2. 有出入或接近现场的条件；3. 有放火的思想动机，即与事主或被害人之间有重大的利害冲突；4. 有实施放火的准备行动；5. 存有与火场上相似的引火物质和引火工具；6. 持有与火场上遗留物相同物品；7. 发案后，有反常行动表现。

四、收集证据，认定犯罪嫌疑人

对已确定的重点嫌疑对象，须要进一步采取有效侦查措施，收集证据，证实犯罪或否定其犯罪嫌疑。比如，组织有关人员辨认现场遗留物；秘取嫌疑人的手

印、脚印样本与现场提取的痕迹进行比对;通过询问证人证实嫌疑人在发案时间内的活动。

由于犯罪分子在实施放火以前,一般都有一定的准备过程,放火后在其身上或家中往往留有放火的痕迹和物品。所以,为了获取犯罪证据,必要时,可以依法对嫌疑人进行搜查。在搜查时,应注意嫌疑人的衣着上面是否沾附汽油或煤油的痕迹,衣袋内有无引火物残渣;头发、眉毛及衣着有无被火烧燎的现象;家中有无引火物的剩余部分或放火工具;对于与钱财有关的放火案件,还应注意搜寻赃物;对于杀人后放火焚尸灭迹的案件,应注意搜寻血迹、凶器和被害人的衣物等。

第二十章　抢劫案件的侦查

第一节　抢劫案件的特点

一、抢劫案件的概念

抢劫案件,是指以非法占有为目的,当场对他人的人身实施暴力、胁迫或者其他方法劫取公私财物的犯罪案件。我国《刑法》所规定的抢劫罪是侵犯财产罪的一种。本罪的基本特征是:

(1) 侵犯的是双重客体,即不仅侵犯了公私财产所有权,同时也侵犯了被害人的人身权利。抢劫罪的被害人可能是财产的所有人,也可能是保管人或者是当场的其他有关的人。

(2) 客观方面,表现为当场使用暴力、胁迫或者其他方法强行劫取财物。所谓"暴力",是指当场对被害人身体实行强制或者打击,使被害人不能抗拒或者不敢抗拒,从而将财物劫走;所谓"胁迫",是指对被害人实行精神上的强制,以当场实施暴力相威胁或恐吓,迫使被害人不敢反抗,以达到劫走财物的目的;所谓"其他方法",是指除暴力、胁迫以外的,对被害人身体施加某种影响,使之丧失反抗能力的各种方法。如用药物将人麻醉或用酒将人灌醉后,将财物劫走。

(3) 主观方面,具有非法占有公私财物的目的。如果行为人主观上不是以非法占有公私财物为目的,只是想收回自己被骗去或者赌输的财物,不构成抢劫罪。

抢劫是一种严重危害社会治安的犯罪行为,比较其他侵犯财产罪具有更严重的社会危害性。它不仅侵犯公私财产,而且还直接危害公民的人身安全,特别是一些流窜犯、惯犯,他们心狠手毒,胆大妄为,往往既抢劫又强奸,甚至行凶杀人,对社会危害极大。因此,抢劫罪是刑法打击的重点。

二、抢劫案件的种类和特点

抢劫案件可以根据不同的标准分成若干类。比如,从作案人数来看,可分为单人行抢和结伙抢劫或有组织的抢劫集团等几种形式;从作案场所来看,可分为拦路抢劫和入室行抢两种;从作案对象来看,可分为有特定对象的预谋抢劫与临时选择对象行抢两种。但是,不论哪种形式抢劫,一般都具有以下共同特点:

1.犯罪分子系公开作案,在大多数情况下,被害人同犯罪分子有一定时间的正面接触,能够比较准确地提供犯罪分子的性别、年龄、身高、体貌、衣着、口音等特征,以及被抢经过和犯罪分子逃跑的方向等情况。这就为侦查破案工作提供极为有利的条件。

2.犯罪分子一般都持有凶器和工具,尤其是抢劫惯犯,习惯使用某种特制的凶器或工具,这就为确定侦查范围,摸排犯罪嫌疑人提供了重要依据。

3.犯罪分子往往会在现场上留下脚印、手印、工具、衣帽、鞋袜等痕迹、物品,如果遭到被害人的反抗,身上还会带有伤痕、血迹及其他搏斗痕迹。这些是揭露和证实犯罪的重要证据。

4.犯罪分子一般都持有被抢去的赃款、赃物,通过控制销赃和通缉通报等侦查措施,可以查获犯罪分子。

5.犯罪分子常连续作案,其作案时间、地点、对象、手段往往带有某种规律性,据此可以采取相应的侦查防范措施,抓获犯罪分子。

第二节 侦查抢劫案件的一般方法

一、详细询问被害人和知情人

侦查人员接到报案后,应立即赶赴现场,抓紧时机详细询问被害人和知情人,着重查明以下情况:

1.案件发生的时间、地点,当时现场附近的人员来往情况,发案前有无异常情况发生;

2.犯罪分子进入、逃离现场的方向和路线,有无交通工具;

3.犯罪分子的人数、性别、年龄及体貌、衣着、口音等特征和习惯动作;

4.犯罪分子作案的手段和过程,怎样实施的暴力、胁迫行为,是否兼施其他犯罪行为;

5.犯罪分子持有或使用何种凶器、工具,是其随身携带的,还是就地取材;

6.犯罪分子抢走财物的名称、数量、价值、特征和原存放地点;

7.犯罪分子抢劫目标是否明确,有无选择性,是否指名索要某种财物;

8.被害人是否进行了抵抗,在罪犯的身上和衣服上是否留下伤痕、斑迹;

9.发案前有无可疑人员在现场或附近一带活动;发案后有无行迹可疑人员离开现场,随身携带何物,往何方向行走。

二、认真勘验抢劫现场

抢劫案件通常分为拦路抢劫和入室行抢两种。由于案件发生的场所不同,现场勘验的重点也就有所不同。

(一)拦路抢劫现场勘验的重点

拦路抢劫案件多发生在行人稀少的偏僻场所,现场范围比较大,遗留的痕迹、物品一般不够明显,而且容易遭到破坏。有时事主自己也指不出被抢的具体地点。因此,勘验拦路抢劫现场,首先必须切实搞清实施抢劫行为的地点,然后要在抢劫地点上仔细寻找罪犯遗留的脚印、搏斗痕迹和其他物品,如钮扣、毛发、碎布片、衣服、帽子、手套、口罩、烟头等,并注意从现场遗留物上发现指纹。

此外,对行抢地点的周围环境和罪犯的来去路线,也应认真进行勘验,注意发现和提取罪犯遗留的脚印、交通工具痕迹、徘徊坐卧痕迹,以及抛弃的赃物、工具和食物残渣,等等。如果发现隐藏赃物的处所,估计罪犯会来提取时,应部署力量秘密守候,以便当场抓获罪犯。

(二)入室行抢现场勘验重点

入室行抢现场与盗窃现场相类似。在勘验时,应根据罪犯进出现场的方法和作案的手段、过程,重点勘验罪犯出入口和接触、翻动过的部位。注意发现罪犯遗留的手印、脚印、破坏工具痕迹及其他痕迹、物品。如果事主受伤,则应仔细检验损伤的部位、数量、性状及严重程度,并应详细记载血迹的数量、形状和分布位置。罪犯如果对事主实施堵嘴或捆绑时,应仔细勘验堵嘴物和绳索,注意这些物品的种类、形状、特征,并查明其来源,是罪犯随身带来的,还是从现场上就地取材,特别应注意绳扣的位置和结扎的方法。

三、分析案情,确定侦查方向

在调查访问和现场勘验的基础上,要对案情进行全面的分析研究。主要应查明以下问题:

(一)判明案件性质

在实际办案中,往往会遇到有的人为了达到某种个人目的,如为了向领导申请补助,或者为了掩盖本人贪污、盗窃罪行,而捏造情节,制造假象,谎报被抢。这就要求办案人员必须根据所获得的材料,对案件性质作出正确的判断,以便查明是否真的发生了抢劫案件和是否需要立案侦查。

首先,要仔细分析事主关于发案经过所作的陈述,注意在时间、地点、手法、作案过程等具体细节上,前后几次说法有无矛盾;与现场情况是否吻合;与知情群众提供的情况是否相一致。

其次,要研究现场上发现的与抢劫活动有关的痕迹、物品是他人所留,还是事主一人所留;事主身上沾附的泥土、灰尘、血迹等物质,是否与发案当时的现场实际情况相符合;事主身上的伤痕和被捆绑的情况,本人是否有可能形成,如果衣服上有破裂痕迹时,还应分析是一次形成的,还是多次形成的,与身上的伤痕是否相吻合。

(二)判明犯罪分子的个人特点

为了判明犯罪分子的个人特点,除了详细询问事主和目睹人以外,还应认真研究犯罪分子作案时遗留在现场上的各种痕迹、物品。例如,根据脚印可以分析犯罪分子的性别、身高、体态、走路姿势、腿脚有无残疾;根据遗留的工具、衣服、帽子、绳索等物品的特征,可以分析犯罪分子的籍贯、职业、爱好和经济状况等。

四、抓住战机,查缉犯罪嫌疑人

抢劫案件,由于罪犯的个人特征、作案手段、逃跑方向等比较暴露,而且往往具有连续作案和持有赃物等特点,这就为查缉罪犯提供了有利条件。因此,在通过分析案情,确定侦查范围以后,就应抓住战机,迅速部署力量,查缉犯罪嫌疑人。通常的做法是:

1. 根据事主和知情群众提供的犯罪分子特征、逃跑方向和路线,立即组织力量进行追捕缉拿,或者在车站、码头、交通要道口设卡堵截。有条件的可以使用警犬追踪和步法追踪。如果事主对犯罪分子的体貌特征记得清楚,也可以让其参加追缉或堵截犯罪分子。

2. 根据被抢走财物的具体特征,及时印发失单,通报有关地区、部门控制销赃,并通过查获赃物,抓获犯罪分子。

3. 对于同一地区连续发生的相类似的抢劫案件,应并案侦查。如果判断系流窜犯作案时,应及时将案情和犯罪分子的特征通报有关地区,协助查缉或组织联合侦破。

4. 根据犯罪分子活动的规律特点,在其可能再次作案的重点地区和场所,布置力量巡逻守候,以便当场抓获犯罪分子。

5. 若判断是本地人作案时,应从案件的具体情况出发,在一定范围内公布案情,发动群众检举揭发,提供嫌疑线索。

五、搜集证据,认定犯罪嫌疑人

对已发现的嫌疑对象,必须进一步采取侦查措施,全面搜集证据,以证实其是否为本案的罪犯。应着重从以下几个方面进行审查:

1. 审查嫌疑对象的历史罪行、现实表现、经济收支和社会关系,从中分析其有无作案因素、作案时间及反常表现。

2. 组织事主和目睹群众,对嫌疑对象进行秘密辨认。

3. 嫌疑对象是否具有犯罪现场提取的凶器、行抢工具和其他物证,或者有无接触这些物品的条件。

4. 密取嫌疑对象的脚印、手印或交通工具痕迹,与犯罪现场提取的痕迹进行比对鉴定。

5. 通过控制销赃或秘密搜查,查明嫌疑对象是否持有被抢走的赃款、赃物。

6. 对于重大嫌疑对象,还可布置力量,秘密监视和控制其行动,以便及时掌握动态,获取罪证。

第二十一章 强奸案件的侦查

第一节 强奸案件的特点

一、强奸案件的概念

强奸案件,是指违背妇女意志,使用暴力、胁迫或其他手段,强行与妇女发生性交的犯罪案件。我国《刑法》所规定的强奸妇女罪(简称强奸罪),是属于侵犯公民人身权利、民主权利罪一种。本罪的主要特征是:

(1) 侵犯的客体,是妇女性的不可侵犯的权利。强奸罪所侵害的对象是年满14岁的少女和成年妇女。与不满14岁的幼女发生性的行为,以强奸论,从重处罚。

(2) 在客观方面,行为人必须具有以暴力、胁迫或者其他手段,强行与妇女性交的行为。违背妇女意志强行性交,是强奸的根本特征。强行与妇女发生性行为的手段通常有暴力、胁迫或其他手段。"暴力手段",是指对妇女实行人身强制,如殴打、捆绑、掐脖、堵嘴等。"胁迫手段",是指对妇女实行精神上的强制,如以实行殴打、伤害、杀害、揭发隐私等相威胁,使其不敢抗拒而忍辱从奸。"其他手段",是指暴力、胁迫以外的,其他各种足以在违背妇女意志条件下达到强奸目的手段。如利用妇女患重病或熟睡之机进行奸淫;利用酒或药物使妇女处于昏迷状态进行奸淫;假冒医生为妇女治病进行奸淫,等等。

(3) 在主观方面,是直接故意,并且具有强行奸淫的目的。

(4) 强奸罪的主体,是达到法定刑事责任年龄,具有刑事责任能力的男子。妇女教唆或者帮助男子强奸其他妇女的,以强奸罪的共犯论处。两个或两个以上男子,在同一时间,对同一妇女或幼女轮流强行奸淫的,称为轮奸。我国《刑法》第236条第3款规定,二人以上轮奸的,属处十年以上有期徒刑、无期徒刑或者死刑的情形之一。

强奸是一种严重侵犯妇女人身权利,摧残妇女身心健康的犯罪行为,往往造成被害人重伤或死亡的悲惨后果,严重危害社会治安,破坏社会主义现代化建设。因此,对强奸案件必须积极侦查,及时破案。

二、强奸案件的类型和特点

强奸案件,可以根据不同标准分为若干类型:根据犯罪人数的不同,分为单人强奸和结伙强奸;根据侵害的对象不同,分为强奸妇女和奸淫幼女;根据犯罪的场所不同,分为入室强奸和拦路强奸。其主要特点是:被害人与犯罪人之间有过一段时间的正面接触,了解罪犯的人数、体貌特征、口音、衣着、动作习惯及生理上的某些特点,知道其作案手段和来去路线;在现场上往往留有挣扎搏斗痕迹和精斑、血迹、毛发、钢笔、钮扣、钥匙、衣服碎片、证件等痕迹、物品;犯罪分子的身上往往带有伤痕、血迹,衣服有被撕裂的痕迹或留有从强奸地点粘附的泥土、灰尘、草籽、树叶等微量物质;有些流氓惯犯,常连续作案,在作案时间、地点和手段上往往带有一定习惯性。

第二节 侦查强奸案件的一般方法

一、及时询问被害人

强奸案件的侦破一般是从接到被害人报案开始的。及时询问被害人是侦破强奸案件的首要环节。在询问中主要了解以下基本问题:

1. 在什么时间、地点和犯罪分子相遇,是尾随同行,还是预伏作案,罪犯来去的路线和方向。
2. 罪犯的人数、年龄、身高、体态、衣着、面貌特征,作案过程中的动作特点,说话的口音及详细内容。
3. 罪犯使用何种凶器和作案工具,随身携带什么物品及其特征。
4. 罪犯实施强奸的手段和过程,是否使用暴力,使用何种暴力,损伤的部位和严重程度。
5. 被害人是否进行抵抗搏斗,罪犯身体有无被咬伤、抓伤,衣服是否被撕破,等等。
6. 被抢走哪些物品,有些什么特征和记号。
7. 被害人对罪犯是否熟悉,过去曾否见过面,出事前是否发现过有人尾随、等候、调戏等可疑现象。

询问强奸案件的被害人,要由女同志进行。首先要安定其情绪,并进行耐心的启发教育,以解除其思想顾虑,如实地陈述案件情况。

二、认真勘验强奸现场

强奸案件现场上遗留的痕迹物证有时不很明显,而且容易遭到破坏。侦查人员接到报案后,必须立即赶赴现场,及时进行勘验。在勘验时,一般应以实施强奸的地点和罪犯来去的路线为重点,仔细找寻罪犯作案时留下的各种痕迹、物品。

1. 脚印、手印及其他痕迹。勘验露天强奸现场时,要检查地面泥土上是否留有脚印、自行车轮带印、身体压痕及搏斗痕迹等,并且注意野草或农作物有无被压倒或折断的现象。勘验室内强奸现场,要研究罪犯进出现场的方法,注意从罪犯出入道口和触摸过的物品上发现手印。

2. 精斑、血迹、毛发。这是判断案情性质和认定犯罪的重要根据之一。在室内现场,应仔细勘验被褥、床单、衣服、毛巾、席垫及其他有关物品;在露天现场,应重点检验罪犯丢弃的纸张、手帕、布片及其他临时铺垫物等。

3. 凶器、作案工具及其他现场遗留物。如帽子、手套、口罩、钮扣、烟头以及被扯下的衣服碎片、裤带、表带等。

现场勘验过程中所发现的各种痕迹、物品,都要详细地记录、妥善提取,并及时送交刑事技术部门进行鉴定。

对于强奸杀人案件,要通过尸体检验,判明罪犯作案的过程、手段、被害人致死的原因和凶器种类。要检验死者的衣着是否整齐,现场上有无抵抗搏斗痕迹;同时还应提取死者的阴道分泌物,化验有无精虫。如果判断死者是未婚青少年妇女,还要检验其处女膜是否破裂。

三、深入调查访问

侦破强奸案件,除了详细询问被害人以外,还应对知情人和周围群众进行深入细致的调查访问。着重了解以下问题:

1. 案件发生时,是否听到或看到什么可疑情况,比如是否看到可疑人到过现场或从现场经过,是否听到呼救或异常的声音。

2. 被害人的思想品德、生活作风如何,是否与他人有不正当男女关系或婚姻恋爱纠纷。

3. 当地的社会治安情况和人员来往情况。事前有无发现某种可疑迹象,如是否有人暗中窥视或探听过被害人的生活起居和行动规律。

4. 谁有作案的嫌疑,有何根据。

四、正确认定案情性质

侦破强奸案件,首先必须判明案情性质,主要是弄清是强奸还是通奸。强奸与通奸是有着原则区别的。强奸是使用暴力、胁迫或者其他手段,违背妇女意志而强行奸淫的行为。通奸是指双方或一方有配偶的男女,自愿发生不正当的性行为。在实际生活中,情况是错综复杂的,强奸与通奸往往混淆不清,不易区分。例如,有的本来是通奸,被人发觉后,女方为保全名誉或防止夫妻关系破裂,谎报强奸;有的因乱搞男女关系怀孕,女方谎报强奸加以掩饰;也有的捏造情节,伪造强奸现场,以达到某种个人目的。这就要求侦查人员对于报案人的陈述,既要认真听取,又要耐心细致地进行询问,注意所陈述的具体情节与现场当时的实际情况是否相吻合,前后几次的说法是否一致,与知情群众提供的情况是否相符,如果发现矛盾,要抓紧查证,弄清真相。同时,还要查明报案人是在什么情况下,出于什么动机目的向公安机关报案的,以及其平时一贯表现和生活作风如何。这样,就能够透过现象弄清本质,正确地认定案情性质,并分别情况,作出不同的处理。

五、积极开展侦查,及时查获犯罪嫌疑人

通过调查访问和现场勘验,确定了案件性质和侦查范围以后,就要迅速部署力量,采取有效措施,积极开展侦查,及时查获犯罪嫌疑人。这主要是:

1. 根据被害人和知情群众提供的情况,如果判明犯罪分子逃走的时间不长,逃离现场不远时,要迅速组织力量,顺着犯罪分子逃跑的方向和路线进行追捕,或者在犯罪分子可能经过的场所守候堵卡。有条件的,可以使用警犬追踪和步法追踪。

2. 如果判明是流窜犯作案,应将其体貌特征、作案手段和所携带的赃物等,及时通报有关地区,协助查缉。

3. 如果判明是本地人作案,并且有可资识别的明显特征时,应组织力量(可吸收被害人参加),在犯罪分子可能出现的市区、影剧院、公园、商店以及其他公共场所进行辨认和查找罪犯。

4. 如果判明是流氓惯犯作案,应根据其活动的规律、特点,在其可能重新作案的地区和场所,部署力量,秘密巡查守候,以便当场捕捉。

5. 如果罪犯在强奸的同时又抢走财物,应及时通知有关单位控制销赃。

6. 在同一地区内连续发生多起强奸案件,应从犯罪分子的面貌特征、作案手段、时间、地点,以及作案对象的选择等方面进行分析比较,如果认为是同一个或同一伙犯罪分子所为时,则应并案侦查。

7. 对于驾驶车辆进行强奸的案件,根据被害人和目睹群众提供的车辆型号、颜色、牌照号码及其他显著标志,在交通管理部门的配合下,积极查找作案用的车辆,进而查获犯罪嫌疑人。如果犯罪分子所用车辆是偷来的,则应从窃车、扔车地点、行驶路线、耗油量和车身上沾附的泥土等,判断侦查方向。同时,要认真勘验作案用的车辆,仔细找寻犯罪分子遗留的手印、脚印、毛发、精斑、血迹、烟头等痕迹物证。

8. 如果查明犯罪分子身上带有伤痕,应及时布置医院、门诊所和机关单位的卫生所,从前去治病的可疑患者中,发现线索,查获罪犯。必要时,可以依法对重点嫌疑对象进行人身检查。

第二十二章　盗窃案件的侦查

第一节　盗窃案件的特点

一、盗窃案件的概念

盗窃案件,是指以非法占有为目的,秘密窃取数额较大的公私财物的犯罪案件。这类案件在整个刑事案件中占有很大比例。它不仅直接侵犯国家、集体和公民个人财产,而且扰乱社会秩序,影响人民生活,危害社会主义现代化建设。因此,侦破盗窃案件,进行反盗窃斗争,是我国刑事侦查部门一项十分重要的任务。

二、盗窃案件的类型和特点

盗窃案件的种类很多,根据犯罪分子作案手段的不同,可分为一般盗窃、扒窃(绺窃),等等;根据作案场所的不同,可分为入室盗窃、室外盗窃、车船上盗窃,等等;根据作案成员的不同,可分为内部盗窃、外部盗窃、内外勾结盗窃、监守自盗等;根据作案对象的不同,可分为偷盗车辆案件,偷盗生产建筑器材案件,偷盗牲畜案件,偷盗枪支弹药案件,等等。

上述每类案件都有各自的特点,就一般盗窃案件来说,主要有以下特点:

1. 犯罪分子作案前一般都有预谋准备过程,如选择作案目标,窥测进入和逃离犯罪现场的路线,了解被盗财物存放的地点和门卫警戒情况,准备作案工具,确定作案时机,等等。

2. 犯罪分子在作案过程中,因越过或破坏障碍等活动,不可避免地会在现场上留下手印、脚印、破坏工具痕迹及其他痕迹、物品。

3. 犯罪分子一般都持有赃物,并且在使用、变卖、兑换、转移、藏匿过程中容易被发现。

4. 盗窃惯犯作案手法常带有习惯性。如有的专门溜门撬锁;有的习惯以踹门的方法潜入室内行窃;有的专门盗窃某类财物,等等。

第二节 侦破入室盗窃案件的一般方法

侦破入室偷盗案件的主要方法是:

一、全面、细致地勘验盗窃现场

入室偷盗案件的侦破工作,一般都是从现场勘查开始的。全面、细致地勘验现场,并且对现场情况认真地进行分析研究,这是侦查破案的基础。勘验入室偷盗案件现场,通常是以犯罪分子进出口、被破坏和被盗的处所为重点,同时还要注意对现场周围环境的勘验。

1. 勘验犯罪分子进出口和破坏处所

罪犯为了窃取财物,总是要通过一定的孔道进入存放财物的处所,并且通过一定孔道逃离犯罪现场。犯罪分子潜入室内的方法是各式各样的,归纳起来不外乎以下三种:一是破坏障碍物潜入(如撬锁、破坏门窗、挖开墙壁等);二是攀登潜入(如攀墙越入,钻天窗等);三是事先隐蔽在室内,乘事主离开或睡熟时行窃,或者乘门窗关闭不严,溜进室内行窃。犯罪分子的进口和出口在多数情况下是属于同一个孔道,即原道进原道出,也有的犯罪分子作案后,另选出口逃离现场。

进出口是犯罪分子作案必经之路,它不仅是遗留犯罪痕迹物证较多的地方,而且对于判断案情性质和确定侦查方向也有着重要作用。因此,在现场勘验过程中,必须判明犯罪分子是从什么地方进入现场,从什么地方离开现场的。然后,对进出现场的地点,特别是入口处,要认真地进行勘验。要根据进出口的不同情况,仔细寻找犯罪分子留下的脚印、手印、破坏工具和运输工具痕迹以及其他痕迹物证。

如果是撬门拧锁或破坏门窗进入的,应当认真勘验在门窗或锁上留下的破坏工具痕迹,判断使用的是何种工具,有无职业特点。

如果是攀登越入的,就应从被登踏的物体上寻找脚印,并注意越过地点上的灰尘是否被蹭掉,蜘蛛网是否被碰破,附近是否留有手印。

如果是使用钥匙打开门锁进入的,则应通过勘验门锁被破坏的痕迹,判断是用原配钥匙,还是用选配钥匙或万能钥匙打开的。谁掌握原配钥匙,是否遗失过,什么人有接触原配钥匙的条件。注意门锁是否早已失灵,上面是否留有罪犯的手印。

如果是挖开墙洞、地洞进入的,则应研究是使用何种工具,选择的部位是否准确,方法是否熟练,洞口的方向和形状如何,是否里大外小,呈喇叭口形,被挖掉的泥土和砖块堆放的位置,并注意其上面有无脚印、手印和爬过的痕迹等。

如果是事先潜入室内隐藏的,应当查明罪犯在什么时间有机会进入,隐藏在什么处所,作案后怎样离开现场的。要注意从隐藏和出口处寻找罪犯遗留的痕迹、物品。

在勘验罪犯进出口时,还应注意观察和测量进出口所在的位置、形状、大小、距地面的高度以及与周围物体的关系,并做详细的记录,以便从中分析判断罪犯的性别、年龄、身高、体态、生理特点、职业爱好和是否熟悉现场环境等。

2. 勘验被盗财物的保管处所

被盗财物的保管处所,是罪犯实施犯罪行为的中心部位,是现场勘验的重点。要查明被盗财物在被盗前存放的具体位置和保管情况。如果是存放在抽屉、箱柜里的,则要仔细检查抽屉箱柜是否牢固,有无破损或漏洞,是否加锁,由谁负责保管,钥匙存放在何处。同时,还要查明被盗财物是在什么时间放进保管处所的,哪些人了解情况;财物保管处所邻近的其他箱柜、办公桌的抽屉等是否被打开,里面的东西是否被翻动,以便从中分析犯罪分子是否熟悉现场内部情况和熟悉的程度。

犯罪分子常常会在财物保管处所留下痕迹、物品,这对于揭露和证实犯罪有着重要的价值,必须认真地进行发现和提取。尤其要注意从罪犯破坏和翻动过的物体上发现手印和破坏工具痕迹。

3. 勘验现场周围环境

现场周围环境,主要是指现场周围的道路、院墙、篱笆、沟渠、森林、水田、旱地,等等。这些地点往往同犯罪活动有一定的联系,应当认真地进行观察和搜索。要注意观察和了解现场周围交通和人员的来往情况,院墙的高低和门岗警卫情况,犯罪现场与左邻右舍之间的相互关系等,从中判断罪犯来去可能经由的道路,作案前可能逗留或隐伏的地点,什么人具有作案的方便条件,并注意发现罪犯遗留的痕迹和抛弃、隐藏的赃物等。

应该指出,盗窃案件现场,往往由于人为和自然的原因而遭到破坏或变动,对于已经遭到破坏或变动的现场更应仔细地进行勘验。首先要详细询问事主和发现人,弄清变动情况,并尽可能把某些经过变动的物体恢复原状,然后再进行细致勘验。尤其应注意从那些不容易被事主和发现人员所触及的物体和部位上去找寻犯罪分子留下的痕迹。

对于从犯罪现场上,特别是从已经变动的现场上采取的痕迹,要注意鉴别哪些是盗窃分子留下的,哪些是事主和与犯罪活动无关人员留下的,以免发生错误。

二、详细询问事主和知情群众

事主和知情群众的陈述是分析案情和确定侦查方向的重要依据。通过询问应重点查明以下问题:

1. 发现被盗的时间、地点和经过情况。

2. 被盗物品的名称、数量、价值、用途、体积、重量和特征。对于被盗现金,要详细了解数量、票面额,如果是新钞票,还要查明钞票的号码。

3. 被盗物品在平时及被盗前放置的地点,门窗是否关好,箱柜是否加锁,钥匙由谁保管,有哪些人了解这些情况。

4. 发现被盗时的现场情况,后来有哪些人进入过现场,移动和触摸过哪些物体。

5. 发案前后发现过哪些可疑情况,如是否看见有可疑人员在现场附近窥视、张望,是否有人探听有关被盗物品的情况,夜间是否听到异常的声音。事主及周围群众怀疑谁有可能作案,根据什么?

6. 如果盗窃的是国家和集体财产,则应通过访问被盗单位的负责人员,了解该单位对被盗财物的保管制度和保管方法,以及平时对保管制度的执行情况,并且还要了解被盗财物保管人员思想品德、工作态度和来往关系等。

三、判明案情性质,确定侦查范围

判明案情性质,主要是研究和判断是内部人员作案,还是外部人员作案,还是事主故意谎报假案。这是一个十分重要的问题。因为只有搞清了案情性质,才能决定是否需要立案侦查和在什么范围内开展侦查,从而保证侦查工作顺利进行。

在一般情况下,内盗由于犯罪分子熟悉内情,所以作案目标比较准确;行动比较迅速,遗留的痕迹、物品比较集中;作案时间选择的比较恰当,如正当该单位存有大量现金或者全体工作人员外出开会,室内无人的时间,有的内盗分子事先做了某种准备,如把现场的门窗打开或将门锁调换,尤其是内外勾结的案件,事先往往经过较充分的密谋策划。与之相反,外盗作案,目标一般不够准确,有的一连撬开好多抽屉、箱柜,甚至撬开许多房间;到处乱翻,见到什么拿什么,在现场上停留的时间比较长,遗留的痕迹、物品比较分散。

但是应该注意,有些内盗分子为了转移侦查视线,常常故意把犯罪现场伪装成外盗的模样,特别是一些"监守自盗"案件,犯罪分子借职务之便,暗中将自己负责保管的国家或集体财物盗走,然后又布设疑阵,伪造外盗现场,嫁祸于人。另外,有些外盗分子,特别是一些惯窃分子在作案前常常经过踩点,了解被盗处所的内部情况,作案手段比较狡猾,很少留下痕迹物证,而且目标准确,动作迅速。如果不注意,很容易被误认为内盗作案。在实践中,有些盗窃案件,内部与外部相互交错,很难严格区分。例如,有的原是内部人员,但已被开除、清洗、退职、调离,成为外部人员;相反,有的本来是外部人员,但由于临时借调或帮助过工作,了解内部情况;也还有内外勾结,进行偷盗的情况。这就要求侦查人员必须以现场勘验和调查访问中所获得的全部材料为依据,对案情性质进行客观全

面的分析判断,特别要注意研究以下情况:

1. 根据现场的周围环境和罪犯作案时间,研究具备哪些条件的人才有可能接近或进入现场。

2. 根据盗窃分子所选用的进出口的具体位置,以及进入现场后的活动情况,研究犯罪分子对于贮藏财物的地点和现场内部情况的熟悉程度,并进一步分析哪些人具备此种条件。

3. 根据现场内未被盗走的财物的种类、价值、用途及保管情况等,研究盗窃分子盗窃的目标是否准确,是有选择地进行偷盗,还是见到什么拿什么,并注意分析什么人对被盗财物感兴趣。

4. 根据被盗财物的保管、使用情况,研究哪些人有可能直接或间接地了解这一情况。

5. 现场上发现的与犯罪活动有关的痕迹、物品,是否内部人员所留。

6. 现场有无伪装,若系伪装现场,则应研究伪装的手法和目的,什么人有可能进行此种伪装。

如果推断事主本人可能伪造现场,谎报假案时,可将事主所陈述的有关被盗的具体细节同现场的实际情况相对照,从中发现矛盾,暴露真相。比如,各种痕迹物证的所在位置和分布情况是否符合犯罪分子实施盗窃活动的一般规律。犯罪分子潜入现场的洞口,是从外面向里面挖开的,还是从里面向外面挖开的,洞口的大小与被盗财物的体积是否相符,等等。如果被盗的是国家和集体财产,要查明被盗单位有关物资、现金的周转情况,必要时可通过清点物资和清查账目,弄清被盗财物在发案前是否确实存在,这有助于揭穿伪装,查明事实真相。

经过对上述情况的全面研究,一般能够对案情做出某种分析判断,如是内盗,还是外盗,或监守自盗,谎报假案等。但是,有的盗窃案件由于案情比较复杂,一时难以立即判明是内盗还是外盗。遇到此种情况,就应从多方面来考虑,应把一切有可能进行偷盗或隐匿被盗财物的人,以及可能被盗窃分子用作藏身的地区、场所等,都列入侦查范围,也就是说,要把侦查网撒得宽一些,口张得大一些,防止盗窃分子漏网。在重点嫌疑对象尚未暴露之前,应当对所作的几种判断同时进行工作,然后逐渐缩小侦查范围,直到最后把盗窃分子暴露出来。决不能片面地强调某一种可能性,而忽视其他可能性的存在,或者只是在被认为可能性较大的范围内进行调查摸底,而置被认为可能性较小的方面于不顾。比如,认为内盗的可能性比较大,就集中全部力量在内部人员中进行调查摸底,而完全不考虑外盗的可能性,也不同时对这方面进行必要的调查。这样,往往会失掉战机,使侦查工作走弯路,甚至还会造成误伤好人,放纵罪犯的严重后果。

为了准确地确定侦查方向和范围,除了要判明案件性质以外,还应通过现场勘验和调查访问所获得的第一手材料,认真地分析研究盗窃分子作案的时间、工具、手段、过程，参加作案的人数以及每个人的个人特征，如性别、年龄、身高、体态、生理特点、籍贯、职业爱好及衣着打扮等。同时，还要研究盗窃分子是惯犯，还是偶犯，是外来的流窜犯，还是本地人作案。

四、控制赃物，查缉盗窃分子

盗窃案件时间性比较强，特别是那些惯窃犯和流窜犯，行动诡秘，流动性大，逃窜快，常常习惯于甲地作案，乙地销赃，丙地藏身。这就要求侦查工作必须迅速及时，不给盗窃分子以喘息之机。通常的做法是：在现场勘查结束之后，或者在现场勘查的同时，就不失时机地采取某些必要的侦查措施，控制赃物，发现和查缉盗窃分子。一般的做法是：

1. 控制赃物的去路

盗窃分子在弄到赃物之后，往往急于销售或转移，以便于挥霍享受，并消除自己身边的罪证。针对这一特点，应及时印发失物单，通知旧货寄卖行业、银行、邮局、工商行政管理部门、旅馆、饭店、农村集市以及其他容易为盗窃分子用作销赃、挥霍和落脚的场所，通过公开管理与秘密控制相结合的办法，控制销赃，发现赃物。如果估计罪犯可能去外地销赃时，应及时向有关地区发通报，协助查找，并抓获罪犯。

在失物单中，应详细地描述赃物的具体特征，并说明案件发生的时间，以便于识别和查寻。例如，被盗的是手表，应写明：牌名、式样、表壳、表面、字体（如罗马字、钢凸字、平金字）、表针、表占、表带、暗记号（如表壳号码、机器号码、修配零件），以及磨损痕迹等。被盗的是照相机，应写明：牌名、式样、新旧程度、镜头号码、机身号码、暗记号以及其他特殊标志。

在查找过程中，要注意识别变态的赃物。有的盗窃分子在销赃的时候，往往采取改头换面，化整为零的办法，如把整匹布剪成一段一段的零布，把浅色衣服染成深色的，把手表换上另一种牌号的表壳等。因此，必须仔细检查物品的个别特征，以便识破盗窃分子的诡计。

2. 组织力量追缉堵截

在现场勘查时，估计盗窃分子可能未及远逃，并且得知罪犯的体貌、衣着特征，或者发现罪犯逃跑的踪迹时，应迅速组织力量，进行跟踪追缉，或设卡堵截。在有条件使用警犬的情况下，可以使用警犬追踪。

3. 布置巡逻守候

根据盗窃分子活动的规律特点，估计其有可能在有关场所再次作案时，应迅速布置力量，在盗窃分子可能作案的地区或**场所**，进行守候或巡逻，以便当场抓捕罪犯。

4. 通过指纹档案，查对现场指纹

盗窃分子有相当一部分是惯窃分子,其中有些人曾经受到过司法机关的打击处理,公安机关存有他们的指纹。在现场勘查中,如果提取了盗窃分子遗留的指纹,应及时送交刑事技术部门进行比对,通过查对指纹档案来发现盗窃分子。

侦查人员在向刑事技术部门送交现场指纹时,应说明指纹的来源,以及每个指纹在现场上的分布位置、方向和相互关系,并说明可能是哪个手指所留。必要时,可将带有手印的物体一并送去,供鉴定人员进行分析研究。

5. 有领导、有控制地向群众公布案情

通过案情分析,如果认为是本地人或内部人员作案时,应在一定范围内公布案情,让群众知道什么时间、什么地点,发生了一起什么样的盗窃案件,动员群众检举揭发,提供线索。这是侦破盗窃案件经常采取的一项重要措施。但是,向群众公布案情,必须是有领导、有控制地进行。什么内容公布,什么内容不公布,以及在什么样的范围内、采用什么样的形式公布,事先都必须经过慎重考虑,决不能盲目从事,以免暴露侦查秘密和造成不良影响。

6. 并案侦查和联合侦破

对于本地区和邻近地区连续发生的作案手段或现场遗留痕迹物证相同的盗窃案件,判断是同一伙或同一个盗窃分子所为时,应充分利用数案的有利条件,实行并案侦查。同时,还应主动与有关地区取得联系,组织联合侦破。

7. 控制罪犯落脚、藏身的场所

控制罪犯落脚、藏身的场所,这是同流窜犯作斗争经常采用的一项有效措施。因为流窜犯行无定向,住无定所,作案后,往往在旅馆、浴池、车站、码头、影剧院等场所暂时藏身。所以组织力量把罪犯可能落脚、藏身的场所严密控制起来,张网以待,往往能够及时查获罪犯。

有些经常在某一地区作案的流窜犯,可能在附近有窝主或落脚点,应通过深挖窝赃和销赃犯,从中发现线索。

以上是侦破盗窃案件经常采用的一些基本侦查措施,但是就某一具体案件来说,究竟采用哪些措施,以及如何采用,应根据案件的实际情况来决定,而且要把各种措施有机结合起来,灵活使用,切忌单打一或盲目滥用。一旦发现重点嫌疑对象,就应进一步采取相应的侦查手段,以便查清犯罪事实,获取犯罪证据,及时准确地破获案件。

五、发现犯罪嫌疑人

侦查范围确定后,就应迅速布置力量,在既定的范围内开展调查摸底,发现犯罪嫌疑人。为了使调查摸底工作有目标、有重点地进行,首先应仔细研究犯罪嫌疑人必须具备的条件。由于每个案件的具体情况不同,犯罪嫌疑人应具备的条件也就不可能完全一样。一般来说,在确定盗窃案件的犯罪嫌疑人时,应考虑以下情况：

1. 历史上有过偷盗或其他不良行为，在案件发生前后行动表现反常或在发案时间内行踪不明。

2. 平时熟悉被盗财物存放保管情况，在发案前曾到过被盗地点或探问过被盗财物情况。

3. 熟知被盗物品性能、用途，并急需该项物品。

4. 经济来源不明，在发案后突然暴富，经济开支明显超过正常收入。

5. 有类似现场遗留物或持有能够形成现场痕迹的工具和物品。

6. 持有类似被盗的赃物和赃款。

7. 案件发生后突然离开本地，去向不明。

上述情况，应视为嫌疑线索，仅仅根据这些情况还不能确定为盗窃嫌疑人。为了发现盗窃嫌疑人，除了深入群众调查访问以外，还应积极采用各种秘密侦查措施，以发现更多的嫌疑根据。

六、获取证据，确定犯罪嫌疑人

对已发现的犯罪嫌疑人，还必须认真进行审查。采取各种侦查手段，搜集足以证实或否定嫌疑人犯罪的证据，从而客观地认定嫌疑人。对盗窃案件的犯罪嫌疑人进行审查时，应着重查明以下问题：

1. 有无作案的时间和进入犯罪现场的条件。

2. 是否持有被盗的赃款、赃物和作案工具。

3. 现场上提取的与犯罪活动有关的痕迹、物品是否嫌疑人所留。如秘取嫌疑人的手印、脚印送交刑事技术部门进行比对鉴定，组织知情群众辨认现场遗留物，等等。

4. 是否有人看见嫌疑人在发案时间内，曾经到过犯罪现场，或者目睹嫌疑人实施偷盗行为或出售、使用被窃赃物等。

第三节 侦破扒窃案件的一般方法

扒窃案件，也称绺窃案件。它具有与一般盗窃案件不同的特点。这主要表现在：扒窃案件多发生在车站、码头、商店、影剧院、闹市区、集市贸易地点，以及其他人群聚集的公共场所和公共电(汽)车、火车、轮船上；多是单人作案，也有成帮结伙，流窜行窃的；作案手法一般有"掏包"与"割包"两种，单人作案的扒窃犯，往往用报纸杂志或衣帽等物品遮住事主的视线，然后动手窃取财物，而结伙行窃的扒窃犯，往往在行窃前故意在人群中造成拥挤或者用高声谈笑、打闹等方法分散人们的注意力，然后由一人动手窃取财物，其余的人负责做掩护和"接赃"；作案时间短,动作迅速,不容易留下明显痕迹,当事主发觉被盗时,罪犯可能已经逃脱;被盗的财物,大多是现金、票证,缺乏明显特征,难于控制和识别赃物。

因此,侦破扒窃案件,应针对上述特点采取相应的措施。

一、详细询问被盗事主

询问被盗事主,是侦破扒窃案件的一项基本措施。在受理事主报案时,要详细了解以下情况:

1. 当天经过的路线,发觉被窃的时间、地点和经过情况。
2. 被窃财物的名称、数量、特征及存放的具体地点。
3. 发案时有什么人在场,是否发生过拥挤和争吵等现象,其中哪些人行迹可疑,以及可疑对象的性别、年龄、口音、体貌和衣着特征等。
4. 被窃财物是属于事主自己的,还是属于国家、集体或他人的,有谁了解这一情况。
5. 有哪些在场群众能够提供有关被窃情况。

在实际办案中,有时会遇到这样情况,即有的人为了侵吞公款或者骗取困难补助,而伪造被窃,或者故意夸大被窃财物的数额。因此,在受理事主报案时,尤其是在受理大量公款被窃案件时,要特别注意观察和分析报案人的态度是否慌张,言词有无矛盾,所述被窃经过是否合乎情理。必要时,可亲自到出事地点进行勘查和调查访问,以判明案件的真伪。有的还应通过访问事主所在单位及知情群众核实有关情况,查明事主在外出时,是否确实携带某种财物。

侦查机关在受理群众报案时,要进行详细的登记,并注明事主的工作单位、住址和电话号码,以便从中发现侦查线索,或者通过对照犯罪分子口供,结销案件,发还赃物。

二、认真勘验出事地点及有关场所

对于重大扒窃案件,在询问事主以后,还应组织力量,对出事地点及其周围有关场所,如厕所、胡同、树林等,进行实地勘验和搜索,仔细找寻扒窃分子在作案过程中留下的钱包、工作证、文件、烟头、纸张和脚印等痕迹、物品,研究扒窃分子逃走的方向和路线,推测其可能隐藏的地区,并注意从现场遗留物上发现手印。

如果是采用割包的方法行窃的,应仔细勘验被破坏的衣物,研究扒窃分子使用的工具和手法,并注意其技术是否熟练,有何种习惯特点。对于同一地区连续发生的手段相同的扒窃案件,可考虑并案侦查。

三、深入调查摸底,发现嫌疑线索

扒窃分子多有连续作案的特点,有些人是曾经受过司法机关多次打击处理的惯窃犯。因此,侦破扒窃案件的一条重要措施,就是要从历史上曾经有过扒窃罪行的人员中开展调查摸底。摸清这些人在经济上、行动上有无反常表现,是否经常在出事地点活动,其作案手法是否与已发生的案件相一致,以及经常接近哪些人员,有无可疑迹象等。如果发现嫌疑对象,则应采用秘密辨认,跟踪监视等侦查手段对其进行重点调查控制和侦查,以查获累犯、惯犯和集团犯。

四、发现赃物,查获犯罪嫌疑人

在被扒窃的财物中,如果有储蓄存折、外币、火车票、影戏票、餐券以及其他有价证券,要迅速通知有关部门进行控制,以便在罪犯前来取款、兑换和退票时,当场抓获。

五、严密控制扒窃犯经常活动的场所

商场、影剧院、餐厅、公园、车站、码头等往来人员众多的场所,是扒窃分子经常活动的地方。根据扒窃分子活动的规律特点,组织力量做好对这些场所的控制工作,是防范和发现扒窃分子犯罪活动的有力措施。

控制工作主要是依靠这些场所的职工群众来进行,如商店的营业员,车站、码头的服务员,公共电、汽车上的售票员、驾驶员等,是反扒窃斗争的重要力量。侦查人员应当利用他们职务上的方便条件,充分发挥他们反扒窃斗争的积极性。同时,还应经常向他们介绍扒窃分子活动的规律特点和识别、抓获扒窃分子的方法,以提高他们的斗争本领。

对于扒窃分子活动比较猖獗的场所,应抽调一定力量,组成反扒窃斗争的专门队伍,在群众治安积极分子的协助下,采取公开与秘密相结合的方法,进行巡查守候,加强阵地控制。

六、抓紧搜查和讯问,进一步扩大战果

扒窃分子一般都是多次作案,而且有不少人是结伙作案,但是,当它们被抓获后,只承认现案,而不交待其他罪行;只供认单人作案,而不交待同伙。因此,对已抓获的扒窃惯犯和集团犯,必须抓紧进行搜查和讯问,力争挤清余罪,深挖罪犯,扩大战果。在讯问中,要按照党的政策,开展政策攻心,促其彻底坦白交待。同时,还要通过追查其经济开支和赃款去向,注意发现教唆犯和犯罪集团首犯。

对于已抓获的扒窃惯犯,还要逐人建档建卡。在档案中,要详细记明其姓名、外号、性别、年龄、籍贯、住址、工作单位以及经常进行扒窃活动的地段、场所,作案的手法和特点等,并且捺印十指指纹,切实搞好监督控制工作。

第二十三章 诈骗案件的侦查

第一节 诈骗案件的特点

一、诈骗案件的概念

诈骗案件,是指以非法占有为目的,用虚构事实或隐瞒真相的方法,骗取数额较大公私财物的犯罪案件。在我国,诈骗罪为侵犯财产罪之一种。本罪的主要特征是:

(1)侵犯的客体是公私财物所有权。使用某种欺骗手段骗取其他非法利益,而不是公私财物所有权,则不能定为诈骗罪,而应根据其侵犯的客体定罪。例如以营利为目的,拐卖妇女、儿童的,属于侵犯人身权利罪;伪造国家机关公文、证件,组织、运送他人偷越国(边)境而从中取利的,属于妨害社会管理秩序罪。

(2)在客观方面,实施了以欺骗方法骗取公私财物的行为,即采用虚构事实、隐瞒真相等欺骗方法,使财物所有人或管理人产生错觉,信以为真,而"自愿"将财物交给行为人。

(3)在主观方面,本罪由直接故意构成,并且具有非法占有公私财物的目的。

诈骗的方法是多种多样的,实践中常见的有:编造谎言,假冒身份,骗取钱物;伪造、涂改单据或者公文、凭证冒领或者骗取款物;以恋爱、结婚、介绍工作为名,骗取财物;以代购紧俏商品或推销产品为名,骗取现金或货物,等等。近几年来,犯罪分子利用改革搞活之机,进行诈骗活动,诈骗手段不断翻新,趋向多样化,如利用支票、信用卡等进行诈骗;以签订经济合同为名,骗取对方的预付款、定金等;以合伙办企业、经商为诱饵,诱骗他人或企业、事业单位入股,骗取款物,等等。从作案成员来看,由一人、几人诈骗,发展到多人共同诈骗、集团诈骗;由主要是社会上的犯罪分子诈骗,发展到以单位名义诈骗,内外勾结进行诈骗。从社会危害性来看,诈骗的数额越来越大,对公私财产和社会治安所造成的危害更为严重。有些犯罪分子冒充国家工作人员、公安干警进行招摇撞骗,既侵犯了公私财产权利,又损害了国家机关的威信和正常活动;有些犯罪分子专门诈骗外国人、港澳台同胞、华侨的财物,造成恶劣的政治影响。因此,积极侦破诈骗案件,打击诈骗活动,是刑事侦查部门的一项重要任务。

二、诈骗案件的特点

诈骗案件的一般特点是:

1. 诈骗犯多为惯犯,作案手段有一定的规律性,常常使用同一手段连续流窜作案。

2. 诈骗犯作案前,往往经过周密的预谋准备,如对诈骗对象的确定;各种证件、公函、单据等的伪造或变造;作案时机的选择,等等。

3. 诈骗犯与被害人之间有较长时间的接触。被害人对诈骗犯的体貌特征、口音、行为举止、衣着打扮和职业爱好等均有较深刻的印象。

4. 诈骗犯在行骗过程中,往往会留下证件、公函、书信、票证及其他痕迹、物证。

5. 诈骗犯一般持有被骗走的赃款、赃物,会在销售、使用和兑换过程中暴露。

第二节 侦查诈骗案件的一般方法

根据诈骗案件的上述特点,主要应采用以下侦查方法:

一、详细询问被害人和知情人

诈骗案件一般没有犯罪现场可供勘查,所以侦查工作大多从询问被害人和知情人开始。询问的主要内容是:

1. 被骗经过。包括被害人在什么时间、地点与犯罪分子相遇,怎样认识的,有无中间人引见;相处的时间多长,相互接触的次数,交谈的内容,到过何处,做过何事,办过何种手续,签订过何种合同,等等。

2. 犯罪分子的年龄、性别、体貌特征、语言特征、嗜好习惯等。假冒什么身份,持有何种证件、公函,反映出何种职业技术特点,等等。

3. 被骗走财物的种类、数量、型号、特征、记号、价值、用途,以及罪犯使用何种交通工具、携带何种物品,有何特征。

4. 犯罪分子所接触的人员、活动地区、经常落脚的地点等。

5. 犯罪分子在行骗过程中留下何种证件和字据、物品。

6. 犯罪分子逃窜的方向,即从何地来,向何处去,可能逃往的地区或单位。

7. 被害人的思想品质、生活作风、经济状况、社会交往以及其他有关情况。

二、采取侦缉措施,缉拿犯罪嫌疑人

侦查人员在询问被害人和知情人之后,应对案情进行综合分析研究,如果判明诈骗犯罪确实存在,要及时采取侦缉措施,缉拿犯罪嫌疑人,这主要是:(1) 将诈骗犯特征、诈骗手段及被骗走财物的名称、数量、型号和细微特征等情况,及时通报有关地区协助查找;(2) 对已查证核实的诈骗犯,应当按照规定及时发出通缉令,请求有关地区协助缉拿;(3) 对正在逃窜中的犯罪嫌疑人,一旦发现线索,应立即组织力量进行追缉堵截。

三、组织被害人寻找辨认

对诈骗犯可能出现的地区或者藏身落脚的场所要进行严密控制,必要时可组织被害人、知情人进行寻找辨认,查获犯罪分子。对已发现或拘捕的重大诈骗嫌疑人和赃款、赃物等,也可组织被害人、知情人进行辨认,以揭露和证实犯罪。

四、控制赃物

犯罪分子如果持有赃物,应向有关地区的公安机关发出通报,组织力量严密控制可能匿赃、销赃的场所,注意发现被骗财物和窝藏、销售赃物的犯罪分子,查获诈骗犯。

五、进行司法鉴定

犯罪分子在行骗过程中如果留下书信、公函、字据、合同及其他痕迹、物品,应当聘请司法鉴定人员进行笔迹鉴定、指纹鉴定和文书、物证检验,为认定犯罪提供证据。

第二十四章 贪污案件的侦查

第一节 贪污案件的特点

一、贪污案件的概念

贪污案件,是指国家工作人员利用职务上的便利,侵吞、窃取、骗取或者以其他手段非法占有公共财物的犯罪案件。我国《刑法》第 382 条所规定的贪污罪,是属于贪污贿赂罪的一种。本罪的主要特征是:

(1) 犯罪的主体是国家工作人员,这是特殊主体。与国家工作人员相勾结,伙同进行贪污的,可以成为本罪的共犯。

(2) 侵犯的客体是公共财产的所有权。所谓公共财产,除了直接归全民所有或集体所有的财产外,还包括在国家、集体、合营企业和人民团体管理使用或者运输途中的私人财产。

(3) 客观方面,表现为行为人利用职务上的便利,侵吞、盗窃、骗取或者以其他手段非法占有公共财产的行为。所谓利用职务上的便利,是指利用自己职务范围内的权力和地位所形成的有利条件,即管钱管物的职权之便,而不是指与职权无关仅因工作关系熟悉作案环境、凭工作人员身份便于进出某些单位、较易接近作案目标等方便条件。

(4) 主观方面,是以非法占有公共财物为目的。

贪污是破坏社会主义经济基础的严重犯罪行为。它不仅在经济上给国家、集体造成严重损失,而且在政治上严重败坏了党和政府的威信,污染社会风气,在思想上腐蚀了干部队伍,具有很大的社会危害性。所以,打击贪污犯罪,不仅是一场经济斗争,而且是一场关系到我们党和国家盛衰兴亡的政治斗争。为了促进廉政建设,保护社会主义财产关系,巩固人民民主专政,保障改革开放和社会主义现代化建设的顺利进行,必须大力加强贪污案件的侦查工作,坚决打击贪污犯罪活动。

二、贪污案件的特点

贪污案件有以下主要特点:

(一) 作案成员的特殊性

贪污案件的作案成员是国家工作人员或者依法从事公务的人员。一般都具有较高的文化水平和专业知识,手中掌握一定的财权、物权或人权,活动能量大、社会联系广泛,并且以合法的身份作掩护,有作案的充裕时间和方便条件。

(二) 犯罪手段的多样性和隐蔽性

贪污罪的手段是多种多样的,而且由于行为人职务的性质不同,所采用的手段也不同。除了侵吞、盗窃、骗取之外,还包括其他手段。

贪污罪中的侵吞,是指行为人利用职务上的便利,将自己合法管理、使用的公共财物,非法据为己有的行为。侵吞的方式一般有三种:将自己合法管理、使用的公共财物加以扣留、隐匿不交,应支付的不支付或者收款不入账,转为己有;将自己合法管理、使用的公共财物,非法转卖或者擅自赠送他人;将应追缴的赃款赃物和罚没款物,非法占有或者私自用掉。

贪污罪中的盗窃,是指行为人利用职务上的便利,采取秘密窃取的方法,将自己合法管理、使用的公共财物,非法占有的行为。即通常所说的监守自盗。如仓库管理人员秘密地将自己管理的公物非法占有;售货员窃取自己经销的货款,等等。

贪污罪的骗取,是指行为人利用职务上的便利,使用欺骗方法,非法占有公共财物的行为。如采购人员伪造单据,多报运费;工程负责人多报出工人数和劳动时数,冒领工资而非法占有,等等。

贪污罪中的其他手段,是指除了侵吞、盗窃、骗取以外,利用职权,采用其他方法,贪污公共财物的行为。如利用职权,巧立名目,私分大量公款、公物。冒名借出公款,存入银行获息归己,等等。

上述可见,贪污案件的犯罪人都是在合法职务的掩盖下,利用主管、管理、经手财物的便利条件进行犯罪活动,一般不易为局外人所察觉。而且犯罪人在作案前,往往经过充分的预谋准备,作案后,往往伪装"积极"、"俭朴",掩人耳目,骗取信任。因此,贪污案件的犯罪手段,与其他刑事案件相比,具有更大的隐蔽性。

(三) 犯罪分子往往多次作案,犯罪持续时间长

贪污分子第一次贪污犯罪得逞之后,有了物质欲望得到某种满足的体验,其贪污犯罪心理自然强化,往往会萌发新的犯罪动机,驱使其重复犯罪,逐渐形成一种犯罪的心理定势,欲壑难平,恶习难改,如果犯罪不被揭露,此种犯罪行为会不断地继续下去。因此,贪污案件的一个重要特点是,犯罪分子往往多次作案,连续作案,犯罪活动持续的时间比较长,而且往往与行贿、受贿、诈骗、走私等违法犯罪活动相互交织在一起,涉及的部门多、范围广,情况错综复杂。

(四) 有赃款赃物可查

贪污案件与盗窃、诈骗、受贿等类案件一样,犯罪分子作案后一般都持有赃

款赃物。有些犯罪分子为了掩人耳目,逃避侦查,采取各种方法将赃款赃物加以隐藏或者转移。如有的将赃款赃物埋入地下,有的用贪污的赃款购买房地产或高档消费品,有的将赃款化名存入银行,有的将赃款赃物馈赠他人,等等。这就为侦查破案工作提供了有利的条件。

第二节 侦查贪污案件的一般方法

根据贪污案件的特点,主要应采用以下侦查方法:

一、调查访问

调查访问是侦破贪污案件常用的一种侦查措施。它对于扩大侦查线索,发现和收集犯罪证据,查明犯罪事实有着重要意义。

(一) 调查访问的对象

调查访问的对象主要包括:检举揭发人;发案单位的领导人、财务部门的负责人及其他财会人员;同发案单位有经济往来的对口单位的有关人员;被告人的家属、亲友及其他知情人。

(二) 调查访问的内容

通过调查访问主要应查明:被告人的一贯表现、生活作风、道德品质和经济收支情况;查账和盘点实物中所发现的问题;被告人是否有掩盖贪污罪行的活动及其他可疑行为;赃款赃物的去向;检举揭发人所举报问题的具体事实情节和举报根据。

在调查访问过程中,侦查人员应根据调查访问对象的思想情况和心理特点,采用相应的策略方法,做深入细致的思想工作,以达到调查访问的目的。

二、勘查现场

在侦查实践中,常常会遇到某些犯罪分子在实施贪污行为之后,为了掩人耳目,逃避侦查,伪造现场、谎报被盗或被抢;有的甚至放火销毁罪证,制造坏人放火或者不慎失火的假象,以达到掩盖其贪污罪行的目的。此类案件开始时多由公安机关受理侦查,经过勘查现场,揭穿伪装,搞清案件性质后,应当将案件移送检察机关继续进行侦查。检察机关在侦查过程中,应当认真地研究现场勘查记录和现场勘查获取的各种证据材料。必要时,可会同公安机关重新勘验犯罪现场,询问当事人和知情人,制作复查现场记录,并且在此基础上,正确认定案件性质,判明犯罪人伪造现场的动机、目的、手段方法,核实所报失物的种类、名称、数量、牌号、值价、特征,查明单位的账目、凭证、单据及现金存放地点,是否被烧毁或丢失,以发现侦查线索,收集犯罪证据。

三、清查账目

查账是侦破贪污案件的一种重要措施。因为贪污案件的犯罪人是利用职务上主管、管理、经手公共财物的便利条件实施犯罪行为的,此种行为一经实施,难免要在有关的财务账目上反映出来。从查账入手开展侦查,往往可以揭露和证实犯罪。

查账应在侦查人员的主持下进行,聘请熟悉财会业务,具有一定工作经验且与本案无利害关系的会计师或其他专职会计人员参加。

侦查人员对于与贪污犯罪有关的会计凭证、会计账簿、会计报表和其他会计资料,应当及时查封或者扣押,并可责令有关人员交出账外账、小金库等违反财会制度的账目和财物。

在侦查实践中,查账的一般方法是:

1. 审查账目与记账凭证和原始证据是否一致。账目、记账凭证和原始凭证,是反映一个单位的经济活动和明确经办人责任的依据。审查三者是否一致,可以发现有无贪污行为以及贪污的数额。

2. 审查总账与明细账是否相符。各单位的经济往来业务一般都有总账和明细账。总账是明细账的综合,明细账是总账的具体化,在正常情况下,总账记载的金额与明细账记载的金额之和是一致的。所以,将总账与明细账对照起来进行审查,就可以发现贪污行为是否存在。

3. 审查本单位的账目与有经济往来对口单位的账目是否相符。发生经济往来的两个单位各自都有对应关系的账目,在正常情况下,交往双方账目上反映的内容是相互一致的。在审查中,如果发现本单位账目上无收入,而对方账目上有支出,或者相反,而又作不出合理的解释,就说明贪污行为是存在的。

4. 审查本单位银行往来账目与开户银行账目是否相符。

5. 审查库存现金账与现金账是否相符。即核对现金账上反映的现金数额与库存现金数额是否一致。如果现金出纳员或其他经管现金的人员贪污、挪用现金,库存现金数额必然少于现金账上反映的数额。

四、盘点实物

有些贪污犯罪如果仅靠查账,很难从账面上发现问题,需要通过盘点实物来发现和证实贪污事实。一般的做法是:对库存物资、待售商品、固定资产等进行清查盘点,然后将库存实物与有关账目进行核对,看账目与实物是否相符。盘点实物必须全面、准确、细致,不能估算。对于某些物资、商品按规定允许的自然损耗、合理损耗,应当在短少的数量中扣除,既不能夸大,也不能无视损耗的因素。

盘点实物应在侦查人员的主持下进行,邀请与本案无利害关系,处事公正、责任心强的人员参加。

五、搜查证据

在侦查贪污案件的过程中，根据需要，可以依法对被告人以及可能隐藏罪犯或者犯罪证据的人的身体、物品、住处、办公地点和其他有关地方进行搜查。

侦查人员在搜查前，应当明确搜查的目的，了解被搜查处所的房屋结构、周围环境，被搜查对象的活动规律，可能隐藏赃款、赃物的处所等情况，切实做好搜查的准备工作。在搜查中应当按照先重点后一般的顺序，力求做到全面、细致。对所发现的赃款、赃物、账册、单据及其他证据材料，要以文字笔录、拍照、录像等方法加以记录，并依法予以提取或扣押。

六、司法鉴定

在侦查贪污案件过程中往往会遇到某些专门性问题，如有的犯罪人利用经手账目、现金的有利条件，违反财务管理制度，制造混乱，从中贪污；有的犯罪人采取伪造、变造账目、凭证、文书的手段进行贪污；有的犯罪人模仿有关领导人、主管人、领款人、收货人的签名或者私刻印章、偷盖印章等方法进行贪污。对于此类案件，应当依法进行司法会计鉴定、笔迹鉴定、印章鉴定和其他文书鉴定，为揭露和证实犯罪提供证据。

七、讯问被告，追缴赃物

讯问被告，追缴赃物是侦查贪污案件经常采用的重要措施。在破案之后，侦查人员应当及时对被告人进行讯问，以查清其全部犯罪事实情节及其犯罪同伙。讯问时，要根据不同的讯问对象，采取不同的策略方法，促使被告人如实交代问题。

对被告人贪污的赃款赃物应当及时加以追缴，以挽回或减少国家和集体的经济损失，获取犯罪证据。

第二十五章 贿赂案件的侦查

第一节 贿赂案件的特点

一、贿赂案件的概念与分类

贿赂案件,是受贿案件、行贿案件和介绍贿赂案件的统称。我国刑事法律规定的受贿罪、行贿罪和介绍贿赂罪,一般统称为贿赂罪。三者都属于贪污贿赂罪。

受贿罪,是指国家工作人员利用职务上的便利,收受贿赂的行为。本罪的主要特征是:(1) 侵犯的客体是国家机关、企业事业单位的正常活动。(2) 主体是国家工作人员。(3) 在客观方面,行为人必须具有利用职务上的便利,索取他人财物,或者非法收受他人财物的行为。所谓索取他人财物,是指受贿人通过各种方式主动向对方索要财物,受贿人处于主动地位。所谓非法收受他人财物,是指受贿人被动接受他人给予的财物,带有被动性。前者称"索贿",后者称"收受贿赂"。二者的表现形式虽然不同,但都是以"利用职务上的便利"和"接受他人的财物贿赂"为必备条件,缺少其中任何一个条件,都不能构成受贿罪。(4) 在主观方面,由故意构成。过失的行为不构成本罪。

行贿罪,是指为谋取不正当利益,给予国家工作人员以财物的行为。本罪的主要特征是:(1) 本罪的主体可以是国家工作人员,也可以是非国家工作人员。(2) 在主观方面,必须具有"谋取不正当利益"的目的。(3) 在客观方面,行为人必须具有主动向国家工作人员进行财物贿赂的行为。

介绍贿赂罪,是指在行贿人与受贿人之间进行沟通、撮合使行贿和受贿得以实现的行为。本罪的主要特征是:在客观上必须具有介绍贿赂的行为,如果只有口头表示,没有实施介绍贿赂的行为,或者虽已沟通关系,但行贿和受贿并未实现的,均不构成本罪;在主观上具有故意,即行为人明知自己的行为是促使行贿与受贿双方进行"权""钱"交易,而决意实施介绍行为,至于介绍人是否从中取利,一般不影响本罪的成立。

贿赂行为是剥削阶级统治的旧社会的遗毒,具有极大的腐蚀性和严重的危害性。建国以后,特别是改革开放以来,我们党和国家为惩治贿赂犯罪做了大量的工作,取得了令人瞩目的成绩。但是,由于种种主客观原因,当前贿赂犯罪仍很严重。近些年来,贿赂案件大量增多,贿赂犯罪活动比较猖獗。一些犯罪分子钻改革、开放、搞活的空子,大肆进行受贿、行贿等犯罪活动,严重地危害了国家机关的正常活动,腐蚀了党的肌体,损害了党群关系,使国家和人民的利益遭受重大损失。为了维护国家机关的正常活动,促进廉政建设,巩固人民民主专政,保障改革开放和社会主义现代化建设的顺利进行,必须坚决打击贿赂犯罪活动,特别是对国家工作人员中犯受贿罪的腐败分子必须依法从重惩处。

二、贿赂案件的特点

贿赂犯罪从本质上来讲是"权力与金钱的交易",即以权易钱,以钱买权。大多数贿赂犯罪分子是在一定范围行使领导权或管理权的国家工作人员,他们利用职务之便谋取个人利益。这就决定了贿赂案件具有以下基本特点:

(一) 犯罪活动的隐蔽性

贿赂案件的产生,是以行贿与受贿同时出现为前提的。行贿行为与受贿行为是相互依存、紧密联系在一起的。缺少其中任何一方,贿赂案件,就不可能存在。在一般情况下,行贿与受贿双方都是获利者,同时又都是法律所追究的对象。这种利益的一致性,往往促使行贿人与受贿人在作案时结成攻守同盟,相互包庇,互不揭发。而且大多采取"一对一"的方式交接贿赂财物,不开收据,不记账目,知情者很少,不易被发现。

(二) 贿赂手段的多样性

近些年来,随着反贿赂斗争的不断深入,犯罪分子行贿、受贿的手段不断变换,他们钻改革、开放的空子,以搞活经济为借口,制造种种假象,披着"合法"的外衣,进行贿赂犯罪活动,名目繁多,手段狡猾,给揭露犯罪、证实犯罪带来了许多困难。

(三) 犯罪主体的复杂性

贿赂犯罪的主体既包括国家工作人员、集体经济组织工作人员和其他从事公务的人员,也包括一般公民和外国人,还包括全民所有制企业事业单位、机关、团体。其中有些人是身居要职或者手握实权的国家工作人员,他们有较高的智能,较丰富的社会经验,而且一般都有种种关系网、保护层加以庇护,情况极其复杂。

(四) 有贿赂财物可查

贿赂犯罪是以"权力与利益的交易"为本质特征的犯罪。行贿人与受贿人双方交接贿赂财物是本罪的基本形式。这种贿赂财物多为现金、外币、黄金、首饰、古玩、珍贵文物、高级工艺品和其他高档商品、紧俏物资,等等。这些财物是客观存在,可以作为揭露和证实犯罪的重要证据。而且这些贿赂财物在转移或销售、使用中,也会由于来路不明或收支明显不符而引起群众的怀疑,这是侦查贿赂案件的一个有利条件。

第二节 侦查贿赂案件的一般方法

根据贿赂案件的上述特点,主要应采取以下侦查措施和方法:

一、调查询问

贿赂案件的侦查大多是由人查事,没有犯罪现场可供勘查,调查询问是基本的侦查措施。因此,侦查贿赂案件一般是从调查询问开始。通过调查询问,发现侦查线索,查清犯罪事实,获取犯罪证据,揭露和证实犯罪。

(一)调查询问举报人

举报人,即控告人、检举人,他们所提供的证言是主要证明材料。侦查实践表明,检察机关查处的贿赂案件,80%来源于举报。所以,仔细询问举报人,是侦查贿赂案件经常采用的措施。通过询问主要了解以下问题:犯罪人的基本情况;行贿与受贿的时间、地点、过程、次数;贿赂财物的名称、种类、数量、特征;交接财物的方式;受贿人允诺或者谋取了何种利益;赃款、赃物的去向或隐蔽地点以及其他犯罪事实情节。

为了保证证言的真实性,侦查人员在询问时,应当问明举报人的身份等事项以及举报人与被举报人的关系,并告知举报人应当实事求是地提供证据、证言,不得捏造事实,诬告陷害他人,以及故意捏造事实,陷害他人要负的法律责任。

接受和办理举报案件的人员必须为举报人保密,以保障举报人不受报复陷害。

(二)调查询问行贿、受贿单位的知情人

在实践中,有些行贿、受贿行为是企业事业单位、机关、团体的领导人员集体研究决定的。通常称为单位受贿罪、单位行贿罪。根据全国人民代表大会常务委员会《关于惩治贪污罪贿赂罪的补充规定》第6条和第9条的规定,单位受贿罪的主体是全民所有制企业事业单位、机关、团体的直接负责的主管人员和其他直接责任人员。单位行贿罪的主体是企业事业单位、机关、团体的直接负责的主管人员和其他直接责任人员。集体行贿或受贿案件,知情面比较广,除了参与研究的领导成员以外,还涉及到会计、出纳和购销人员等。由于参与人多,责任分散,思想顾虑比较少,而且往往还有账目或记录可查。通过询问行贿、受贿单位的知情人,可以查明全部案件事实,并取得有关的证据材料。

(三)询问行贿人、受贿人的家属

行贿人或受贿人的家属,特别是配偶、子女,一般对行贿或受贿情况比较了解,有的可能直接参与犯罪活动。因此,从调查询问行贿或受贿人家属入手,可以获取重要的证据材料。但是，由于他们与行贿人或受贿人之间的特殊关系，一般不愿意如实提供证言。在调查询问之前，应对行贿人或受贿人的家属进行分析研究，首先选择那些抗拒心理较弱，社会阅历较浅，与犯罪活动无牵连或牵连较少的作为突破口，有针对性地进行法制教育、前途教育，做耐心细致的思想工作，解除其思想顾虑，必要时，还可以出示某些证据，促使其转变态度，如实陈述所知道的有关其亲属行贿或受贿的事实情节。

（四）询问行贿人

行贿人是贿赂案件的重要一方，没有行贿的，就没有受贿的。但是，就行贿、受贿而言，受贿是矛盾的主要方面，收受贿赂的国家工作人员，历来是惩治的重点对象。对于行贿人，也应予以惩处。在现实生活中，行贿的情况比较复杂，有些是主动行贿，有些是被动行贿，即被勒索才行贿的。被动行贿人，实际上是被害者，不能按犯罪处理。主动行贿人是主动地以财物贿赂国家工作人员，但根据法律规定，只是"为谋取不正当利益"实施贿赂的，才构成行贿罪。因此，在实践中，对行贿很少按犯罪处理，行贿人大多数被作为贿赂案件的证人。询问行贿人是侦查贿赂案件经常采用的一种重要侦查措施。行贿人作为贿赂案件重要一方，与犯罪活动有牵连，思想顾虑比较多，一般不肯如实提供有关行贿、受贿的事实情节。尤其是那些为了谋取非法利益而主动行贿的，他们畏罪心理和侥幸心理比较严重，一般不肯轻易交代问题。这就要求侦查人员在询问前必须做好充分准备，了解行贿人在贿赂案件中所处的地位及其与受贿人之间的关系，掌握行贿人的思想情况和心理特点，采取稳妥有效的方法对行贿人进行政策法律教育，指明前途，晓以利害，并且要善于利用行贿人与受贿人之间的矛盾进行分化瓦解，促使行贿人揭发、交代行贿、受贿问题。由于行贿人与案件的处理结果有直接利害关系，对其陈述的内容应认真地进行审查核实，不能盲目轻信，更不能仅仅根据行贿人提供的证言，就作出被告人有罪、无罪或罪重、罪轻的结论。

询问行贿人是一项政策性、法律性很强的侦查措施，要根据行贿人的不同情况实行区别对待。那些行贿情节严重，已构成犯罪的行贿人，是属于本案的同案犯，不能作为证人进行询问。在询问时，不得向行贿人泄露案情，不得采用羁押、刑讯、威胁、引诱、欺骗等方法获取行贿人的证言。

二、检验会计资料

在经济往来中的行贿、受贿案件，往往会涉及到有关的会计凭证、会计账簿、会计报表和其他会计资料，侦查人员对这些会计资料，应当按照法定程序，及时予以查封或者扣押，并且应责令有关人员交出账外账、小金库等违反财会制度的账目和财物。

对所查封或扣押的会计资料，应当在侦查人员的主持下认真进行检验，在必要的时候,可以聘请与本案无利害关系的会计师参加。通过检验,发现和收集与案件有关的线索和证据。

检验会计资料的情况,应当写成笔录,详细写明检验经过、对象、内容以及能够证明贿赂犯罪的事实,并由参加检验的人员签字。

检验结束后,对于能够证明犯罪事实的会计资料,应当予以提取;不能提取的,应当予以拍照或者录像、复印、复制。

对于用作证据的会计资料,应当由提供会计资料单位的负责人和主管人员签字,加盖公章,并由承办案件的侦查人员认定。必要时,也可以进行司法会计鉴定。

在检验完毕后,对于查封或者扣押的会计资料,应当及时解封或者退还原单位。

三、搜查书证、物证

搜查是侦查贿赂案件常用的侦查措施之一。为了收集犯罪证据,查获犯罪人,侦查人员可以依法对被告人以及可能隐藏罪犯或者犯罪证据的人的身体、物品、住处、办公地点和其他地方进行搜查。

根据贿赂案件的特点,通过搜查所要达到的主要目的,是发现和获取能够证明行贿、受贿的书证、物证。具体包括以下两个方面:

1. 证明受贿人收受、索取财物和行贿人行贿及获得某种利益的各种书证。诸如:受贿人亲笔书写的收据或签名盖章的各种书面材料,记录受贿物品的记事本,索要或收受贿赂后的书信,以及集体行贿单位研究行贿问题的会议记录和下账的会计凭证、账册、白条子,等等。

2. 证明行贿、受贿的各种物证材料。诸如:受贿人所接收的各种贿赂物品、现金和用来购置的各种高档商品,以及行贿所获得的各种物质利益,等等。

搜查前要认真做好搜查的准备工作。应当详细了解被搜查对象的基本情况和搜查现场的周围环境,确定搜查的范围和重点,明确搜查人员的分工和责任。

搜查应当全面、细致。对搜查中发现的书证、物证,应当按照法定手续予以提取、扣押,如果不能提取原物,可以进行拍照、封存。对于查获的重要书证、物证及存放地点,应予拍照,并用文字说明有关情况,必要时,可以录像。

根据案件侦查工作的需要,可依法扣押被告人的邮件、电报。扣押被告人的邮件、电报,应当经检察长批准。填写《决定扣押邮件、电报通知书》,通知邮电机关将有关邮件、电报检交扣押。不需要继续扣押的,经检察长批准后,应当立即填写《停止扣押邮件、电报通知书》,通知邮电机关。

四、司法鉴定

对贿赂案件中涉及的专门性问题,可以指定或者聘请有关技术人员进行鉴定。这主要包括:

1. 对行贿、受贿有关的文书资料进行文书检验和笔迹鉴定。
2. 对有关的会计资料进行司法会计鉴定。
3. 对由于偷工减料等原因而形成的劣质工程进行工程技术鉴定。
4. 对商品和产品进行商品或产品鉴定。

五、采取强制措施

依法对被告人采取强制措施是侦破贿赂案件的重要方法。目的是为了防止被告人逃跑、自杀、串供、毁灭罪证,以保证侦查和审判活动的顺利进行。

根据《人民检察院侦查贪污贿赂犯罪案件工作细则》(试行)第119条、120条的规定,对于有严重贿赂犯罪行为应当逮捕的被告人,如果在逃,经检察长批准后,可以填写《提请发布通缉令书》,并附通缉犯的照片、身份、案情简介和《决定逮捕通知书》,提请公安机关发布通缉令追捕归案。必要时,也可以请有关人民检察院协助逮捕。对于应当逮捕的被告人,如果潜逃出境,应当及时采取有效措施,通过各种渠道,追捕归案;如果逃往国际刑警组织成员国或者地区,可以逐级上报,由最高人民检察院商请国际刑事警察组织中国国家中心局,向逃犯所在国家或地区发布通缉令,请求有关方面协助,追捕归案。

六、讯问被告

案犯被查获归案后,应当及时进行讯问。贿赂案件的被告人包括应当追究刑事责任的受贿人、行贿人和介绍贿赂人,其中大多为受贿人。讯问被告人是侦破贿赂案件的基本措施之一。它对于获取被告人的口供,查明案件事实,印证和核实证据材料具有重要意义。

贿赂案件的被告人多系国家工作人员和集体经济组织工作人员,他们一般有职有权,有的身居高位,大权在手,并且有种种关系网、保护层加以庇护,同案犯之间多订立攻守同盟,因此大都存在着侥幸心理,思想顾虑一般都比较重。他们不仅担心受贿的财物或行贿所获取的各种利益得而复失,而且害怕自己的名誉、地位、前途俱毁,又怕给家庭和子女造成不良后果。他们一般不肯轻易地供述犯罪事实,总是寻找种种借口进行狡辩,有的态度蛮横,抗拒讯问。为了使讯问达到预期的目的,侦查人员应当在全面熟悉案情的基础上,掌握被告人的思想情况和心理特点,采取相应的策略方法,排除其侥幸心理,解除其思想顾虑,促使其转变态度,据实交代问题。

为了弥补、减少由于贿赂犯罪给国家、集体造成的经济损失,获取犯罪证据,在讯问被告人时,要认真追查赃款赃物的去向。对被告人犯罪所得的一切财物,应当予以追缴,并制作《收缴赃款赃物通知书》一式两份,分别交被收缴人和附卷备查。对供犯罪所用的本人财物和其他非法所得的财物,应当予以没收,并制作《没收款物决定书》,填写《没收款物清单》一式二份,一份交给被没收人,另一份附卷备查。